21世纪教师教育系列教材·物理教育系列

物理学习心理学

张军朋　编　著

图书在版编目(CIP)数据

物理学习心理学/张军朋编著. —北京：北京大学出版社，2022.8
21世纪教师教育系列教材·物理教育系列
ISBN 978-7-301-33170-5

Ⅰ.①物⋯　Ⅱ.①张⋯　Ⅲ.①物理教学-学习心理学-师范大学-教材　Ⅳ.①G447

中国版本图书馆 CIP 数据核字（2022）第 139985 号

书　　　名	物理学习心理学
	WULI XUEXI XINLIXUE
著作责任者	张军朋　编著
策划编辑	李淑方
责任编辑	刘清愔
标准书号	ISBN 978-7-301-33170-5
出版发行	北京大学出版社
地　　　址	北京市海淀区成府路 205 号　100871
网　　　址	http://www.pup.cn　　新浪微博：@北京大学出版社
电子信箱	zyl@pup.pku.edu.cn
电　　　话	邮购部 010-62752015　发行部 010-62750672　编辑部 010-62753056
印刷者	河北文福旺印刷有限公司
经销者	新华书店
	787 毫米 ×1092 毫米　16 开本　14 印张　360 千字
	2022 年 8 月第 1 版　2022 年 8 月第 1 次印刷
定　　　价	55.00 元

未经许可，不得以任何方式复制或抄袭本书之部分或全部内容。
版权所有，侵权必究
举报电话：010-62752024　电子信箱：fd@pup.pku.edu.cn
图书如有印装质量问题，请与出版部联系，电话：010-62756370

内容提要

本书吸收了国内外物理学习心理学研究的最新成果,从现代学习心理学与中学物理课程学与教有机结合上,以专题的形式阐述了物理学习心理学的基本理论、研究进展和应用策略。内容主要包括物理学习中的表象、物理概念学习、物理问题解决、物理科学过程技能、物理学习中的元认知、物理学习的认知负荷、物理学习兴趣、物理学习动机、物理学习进阶、物理科学推理能力。

本书是华南师范大学创建国家教师教育创新实验区首批教师教育专家工作室主持人的研究成果,可作为高等师范院校物理学本科师范专业,课程与教学论(物理)专业研究生及教育硕士(学科教学·物理)的教材,也可以作为中学物理教师、物理教研人员的参考用书,并可作为中学物理教师继续教育的参考书。

前　言

"物理学习心理学"是为高等师范院校物理学专业本科师范生和课程与教学论(物理)专业研究生、教育硕士(学科教学·物理)开设的一门专业选修课程。本课程开设的目的,一是入门,从心理学视角为新教师打开一个纷繁复杂的物理学习世界,认识学生是如何学习物理的;二是解惑,使新教师获得物理学习心理学的基本知识和研究的最新进展,为自己独立开展物理学习心理学的研究打下基础;三是释疑,阐释学习物理中一些关键问题的心理学根源,帮助新教师解开物理学习中的一些谜团;四是策略,从物理学习心理学上提供一些解决学生学习物理中关键问题的策略,为在教学实践中对学生学习物理开展有效指导提供方法和方向指引;五是视野,本课程紧密联系国际国内物理学习心理学领域研究的最新进展,紧密结合我国当前基础教育物理课程与教学改革的实际,立足高视野,介绍物理学习心理学研究的最新成果及其在实践中的应用。本书就是为这门选修课程达到上述目的而编写的教材。

物理学习心理学是研究学生学习物理过程中,心理现象发生发展规律的一门学科,是心理学、教育心理学、学习心理学、认知心理学、学习科学、心理测量等学科与学校教育情境下的物理学与教相结合的产物,它是一门应用科学,但它不是心理学和学习心理学的一般原理在物理教学实践中的直接应用,而是具有明确的研究对象,体现物理学与教的特殊性,具有自身学科特色理论和方法的一门科学。

作为一门学科,物理学习心理学在我国还远没有形成具有自身学科特点的理论体系和实践应用体系。鉴于此,本书在介绍以科学学习领域为背景的学习心理学若干最新进展的基础上,结合国内外物理学习心理学研究的最新成果,从现代学习心理学与中学物理课程学与教有机结合上,以专题的形式阐述了物理学习心理学的基本理论、研究进展和应用策略。本书对物理学习相关的重要心理学问题进行了讨论,如物理学习中的表象、物理概念学习、物理问题解决、物理科学过程技能、物理学习中的元认知、物理学习的认知负荷、物理学习兴趣、物理学习动机、物理学习进阶、物理科学推理能力等。对每一问题都力求从多学科视角给予多角度的分析,并最终落实在物理课堂学与教的改革上。本书在写作指导思想上,不求全,但求新、求实,力求反映以科学学习领域为背景的学习心理学研究的最新进展,力求做到理论上分析透彻,解答物理课程学与教最为关切的心理学问题;实践上,突出可操作性,对于物理学与教给予示范和方向的指引。

本书是华南师范大学创建国家教师教育创新实验区首批教师教育专家工作室主持人的研究成果,可作为高等师范院校物理学本科师范专业,课程与教学论(物理)专业研究生及教育硕士(学科教学·物理)的教材,也可以作为中学物理教师、物理教研人员的参考用书,并可作为中学物理教师继续教育的参考书。

  物理学习心理学是一门正在发展中的学科,其中的许多问题有待研究和探索,本书中的不足和错误在所难免,恳切得到读者的批评指正。

张军朋

2022 年夏于广州

目 录

第1章 物理学习中的表象 ……………………………………………………… (1)
  1.1 物理表象概述 …………………………………………………………… (1)
  1.2 物理表象的建立 ………………………………………………………… (6)
  1.3 物理表象能力培养策略 ………………………………………………… (8)

第2章 物理概念学习 …………………………………………………………… (13)
  2.1 物理概念学习概述 ……………………………………………………… (13)
  2.2 物理概念学习的认知过程 ……………………………………………… (17)
  2.3 前概念与物理概念转变教学策略 ……………………………………… (20)

第3章 物理问题解决 …………………………………………………………… (33)
  3.1 物理问题解决概述 ……………………………………………………… (33)
  3.2 物理问题表征研究 ……………………………………………………… (37)
  3.3 物理问题图式研究 ……………………………………………………… (42)
  3.4 物理问题解决策略 ……………………………………………………… (47)
  3.5 提高学生物理问题解决能力的策略 …………………………………… (50)

第4章 物理科学过程技能 ……………………………………………………… (55)
  4.1 物理科学过程技能概述 ………………………………………………… (55)
  4.2 物理科学过程技能的习得条件 ………………………………………… (63)
  4.3 科学过程技能的评价方式 ……………………………………………… (67)
  4.4 物理科学过程技能的培养 ……………………………………………… (75)

第5章 物理学习中的元认知 …………………………………………………… (79)
  5.1 物理学习的元认知概述 ………………………………………………… (79)
  5.2 元认知与物理问题解决 ………………………………………………… (84)
  5.3 元认知理论在物理学习中的应用 ……………………………………… (88)

第6章 物理学习的认知负荷 …………………………………………………… (94)
  6.1 物理学习的认知负荷概述 ……………………………………………… (94)
  6.2 物理学习的认知负荷测量 ……………………………………………… (102)
  6.3 认知负荷理论在物理教学中应用 ……………………………………… (109)

第7章　物理学习兴趣 (119)
7.1　物理学习兴趣概述 (119)
7.2　物理学习兴趣的测量 (125)
7.3　物理学习兴趣的培养与激发 (129)

第8章　物理学习动机 (135)
8.1　物理学习动机概述 (135)
8.2　物理学习动机的理论 (141)
8.3　物理学习动机的激发 (149)

第9章　物理学习进阶 (160)
9.1　学习进阶概述 (160)
9.2　学习进阶的研究模式及开发方法 (167)
9.3　学习进阶在物理教学中应用 (172)

第10章　物理科学推理能力 (182)
10.1　科学推理能力概述 (182)
10.2　科学推理能力的研究进展 (190)
10.3　科学推理能力的测评研究 (194)
10.4　科学推理能力的培养 (200)

附录：科学推理能力测验 (206)
后记 (212)

第1章　物理学习中的表象

> **学习目标**
>
> 1. 知道物理表象的内涵、特点、种类和功能。
> 2. 知道物理表象建立的途径,会解释物理语言对表象形成的影响。
> 3. 描述物理表象能力培养的各种策略,并举例说明各种策略的应用。

表象是介于知觉和思维之间的中间环节,是感性认识上升到理性认识的过渡阶段。没有表象作为基础,就不可能有抽象思维和理性认识,也就不可能形成清晰的物理概念。当前中学生物理学习困难的原因有很多,其中大脑缺乏相关事物和过程的表象,物理表象单一、模糊是主要的原因之一。让学生形成有关物理现象、过程、状态的清晰表象,是物理教学的一项重要任务。在物理教学中,教师应引导学生自觉地进行表象思维活动,以促使学生的思维由形象思维向抽象思维转化。本章对物理学习中的表象进行阐释,包括表象的内涵、分类和功能与作用,并探讨物理教学中丰富学生表象和提高表象表征能力的方法。

1.1　物理表象概述

表象常被顾名思义地理解为"表面现象",例如,有人常说"根据事情的表象,我们可以看出……"这实际上犯了望文生义的错误。事实上,表象是心理学的一个基本概念。本节主要从概念上阐述物理表象的内涵、特点、种类、功能与作用。

1.1.1 物理表象的内涵

表象(Imagery),也称意象或心理表象(Mental Imagery),是客观事物不在眼前时,人们头脑中出现的关于该事物的形象。在心理学中,表象是指某一事物的形象在头脑中的反映。而在认知心理学中,表象包括信息加工的成果和信息加工的过程,通常包括记忆表象和想象表象。在教育心理学中,表象是一种较普遍的心理过程,人们感知过某一事物之后,它的形象常常会在头脑中留下痕迹,并保留下来,之后这个事物没有出现,但在一定条件刺激或影响下,它的形象依然会在头脑中重现。从信息加工的角度来讲,表象是指当前不存在的事物的一种表征,这种表征具有鲜明的形象性。

物理表象是人们过去感知过,但现时并不直接感知的那些物理现象、物理过程、物理模型的感性映像。它是人们过去对物理形象的反应在头脑中所留下的痕迹,当这些痕迹在物理学习中恢复或再现时,就成为物理表象。由此可见,物理表象是物理形象在人脑中的间接、概括的反映,这些形象包括客观物理事物的宏观形象和微观形象、局部形象和整体形象、静态形象和动态形象等。物理表象是存在于感知和思维之间的一个短暂过程,是具体感知到抽象思维的过渡。

表象是连接感知与记忆系统的桥梁,同时由于表象不需要客观事物的直接作用,可以不受时空的限制。因此,表象对人类的想象、思维等高级心理活动具有重要的影响。

研究表明,在物理学习中,学生思维加工的对象往往并不是感知的具体事物,而是感知之后形成的表象,表象是以事物形象或过程图景的形式存在于大脑之中的。

1.1.2 物理表象的特点

1. 直观性

直观性是指在物理表象中重现的事物形象,较为生动逼真,与客观事物本身相似。物理表象是在感知的基础上产生的,构成物理表象的材料均来自过去感知的内容。因此,物理表象是直观的感性反映。例如,当头脑中浮现出物理过程图景、理想化图景、几何图景和物理图像时,主体有"亲临其境,如见其形"之感。但是表象的直观性与感知的直观性存在差异,表象没有感知那么形象鲜明、生动、完整、稳定,具有模糊、零碎、可变的特征。

2. 概括性

概括性是指物理表象所包括的内容,比感知更具有一般性,它是具体事物的主要形象和同类事物的共同特征的综合结果。概括性的物理表象虽然有感知的原型,却不限于某个原型,而是对某一类对象的表面感性形象的概括性反映。它不表征事物的个别特征,而是表征事物的大体轮廓和主要特征。如提及"平抛运动",人脑中浮现的不是哪一个物体的运动形象,而是所有平抛运动共同具有的特征。但是,在对物理表象的概括中会混杂着客观事物的本质属性和非本质属性。因此,物理表象的概括能力有一定的限度,对于复杂的事物和关系,是难以用物理表象囊括的。例如,平抛运动的规律不可能在物理表象中完整地呈现,要靠语言来描述,用数学去表达。

3. 客观性与主观性

客观性是指个体感官感受的刺激转化为信息传递到大脑,形成记忆,提供表象;主观性是指人脑在原有表象的基础上加工改造而形成的新形象,即重新整合表象,生成新的表象(实际上这个过程已经形成思维了)。如观察斜面上小球运动形成的物理表象,该表象具有客观性,而伽利略理想实验中小球运动形成的物理表象则具有主观性。

4. 可操作性

可操作性是指,人们可以在大脑中对物理表象进行操纵,主体可以对物理表象进行比较、选择、分解、整合、加工,创造出"不可见"的新形象。例如,学习斜抛运动时,学生知道物体只受重力作用,但是初速度方向不水平,就会在头脑中与平抛运动进行比较,此时旋转平抛运动初速度的方向,形成斜抛运动的表象。这就是在头脑中操纵表象。

5. 编码的独特性

加拿大心理学家帕维奥(Paivio)1975年提出"表象与语言双重编码"理论。该理论认为,在人脑中同时存在着表象和言语符号两种信息编码和存储系统。这两种系统编码是相互平行、独立的。表象编码加工具体的形象信息,其形式为表象码,加工方式为空间加工;而言语编码加工抽象的语言信息,用言语听觉、抽象概念或命题的形式加工信息,加工方式为有序加工。但这两个系统相互也有联系,在一定条件下,表象码与言语码可以互译,言语码可以通过译码转换成感性形象再现,表象码也可以用言语形式储存信息。

1.1.3 物理表象的种类

物理表象的种类很多,根据产生的感觉通道、形成的过程和形式,可将物理表象进行不同类型的划分。

1. 按物理表象产生的感觉通道划分

根据产生的感觉通道不同,物理表象可分为视觉表象、听觉表象、嗅觉表象、味觉表象、运动表象、时间表象和空间表象。例如,能回想起物理教科书中的插图是视觉表象;在解决物理问题时想起老师对于某类物理问题的解决策略的提示是听觉表象;回忆起用电火花打点计时器做实验时有轻微烧灼的味道是嗅觉表象;想起实验操作步骤是运动表象;谈到杨梅流口水是味觉表象;场在空间中的分布及其随时间变化的情境所形成的时空形象是空间表象。

2. 按物理表象形成的过程划分

根据形成过程的不同,物理可分为知觉表象、记忆表象和想象表象。知觉表象是感知事物时在头脑中留下的印象。记忆表象是对静态的和动态的知觉的再现,是在记忆中保留的物理现象和物理过程等,它是记忆的主要内容,例如,某次观察到的实验现象的情景历历在目。想象表象是对知觉的概括和重组,是人脑对记忆形象进行加工、重组、改组后形成的新形象,这种形象是人们未亲身经历过的或世界上还不存在的形象。例如,单摆、弹簧振子、氢原子模型就是想象表象的结果。

3. 按物理表象的形式划分

根据形式的不同,物理表象可分为物理图景表象、物理图形表象、物理时空表象和物理理想化表象。

(1) 物理图景表象

客观物理事物是具体、生动、形象的,物理状态和物理过程可以分别看作是客观物理现象的照片和录像片,具有形象化的特征。一个物理问题可以认为是一个具体、生动、形象的物理图景,一个实验现象也可以认为是一个物理图景,一个物理过程可以看作是一组物理图景,唤起学生已有的表象也是创设物理图景等。这些物理图景都可以作为物理思维的材料和元素,我们把这种具有形象性的物理图景称为物理图景表象。物理图景表象是在感知的基础上对物理问题的研究过程的一个模拟缩影。没有物理图景表象,本来生动丰富的物理知识就会变成一堆枯燥难懂的材料,学生无法产生形象思维。

(2) 物理图形表象

物理图形表象主要是物理事物图像、物理过程图形等在人脑中复现所形成的形象。在解决实际物理问题时,常常先画出草图或示意图,以此作为分析的出发点;在对实验结果进行分析时,常常先描点、画图,进而得出物理规律。有时利用平面几何、立体几何和函数图像等知识直观地解决物理问题。总之,在物理学习中,存在着各种各样的图形,这些图形就会在大脑中内化形成物理图形表象。

(3) 物理时空表象

时空表象就是指人脑中存在的某一物理问题的时空形象。运动学中常常涉及物体位置的变化、物体位置随时间的变化。在研究运动学问题时,需要先明确物体所处的时间和空间关系。例如,学完平抛运动之后,学生能明确当物体以 $10 m/s$ 的速度运动 $1s$ 之后,它处于距出发点水平 10m,竖直 9.8m 的位置上(g 取 9.8m/s²),随着时间的推移,在水平方向上的位移均匀增加,相等时间间隔内竖直方向上的位移越来越大。

(4) 物理理想化表象

在研究物理问题时,为了形成概念、建立规律,有时需要抓住主要矛盾,忽略次要因素,形成物理模型、物理过程及物理实验的理想化表象。比如,在电学中,把不考虑尺寸、形状和电荷分布情况的带电体叫作点电荷,在实际研究电荷间的相互作用时,如果带电体的尺寸远远小于它们之间的距离,就可以把带电体看成点电荷,这就是一个物理模型理想化表象。在研究自由落体、竖直上抛、平抛运动时,忽略阻力的影响去研究物体的运动,这就是物理过程理想化表象。伽利略的理想斜面实验就是物理实验理想化表象。这些抓住本质、忽略次要特征而建立的特点鲜明、主题突出的新形象,就是物理理想化表象。理想化表象是形象思维和抽象思维高度结合的产物,有助于对物理问题的研究。

1.1.4 物理表象的功能与作用

物理表象作为对物理客体或情境的一种模拟表征,在完成物理学习的各种认知任务中发挥着重要的功能和作用。

1. 物理表象能促进对物理知识的理解

(1) 物理表象的"知觉期待"能提高认知效率

认知心理学研究表明,表象具有知觉期待的认知功能。当学习者的认知结构中储存有认知对象的相关表象,就会形成知觉期待,对相关信息能有效地做出恰当的处理,形成正确的认知。例如,认知者事前看过某人的照片比事前仅知道此人的面相特点的语言表征更容易辨认出此人。这是因为见过照片能使认知者产生相应的表象,形成良好的知觉期待,从而能较准确地做出判断。因此,在物理教学中,帮助学习者建立物理表象,会使学习者的认知效率显著提高。例如,在学习静电场时,可以引导学生先建立各类静电问题的电场线表象(点电荷电场、等量同种电荷电场、等量异种电荷电场等),当分析各种具体的静电场问题时,学生对其相应的静电场图景就会形成良好的知觉期待,可更快地提取电场线表象的相关信息。

(2) 物理表象的大小效应可加深对物理学习重点的理解

物理表象的认知存在相对大小效应,主体评定主观表象较小的客体要难于主观表象较大的客体。因此,在物理教学中,对认知整体中的重点对象应尽可能设计出相对较大的图示,能使认知主体形成相对较大的主观表象,从而加深其对学习重点的理解。例如,在学习物质结构时,若仅在一张图示中展示物质的各层结构,不做局部放大处理,得到的各级粒子的主观表象就较小,不利于学生对物质结构的局部特征和整体关系的理解。如果对各级粒子进行局部放大描绘(如图 1-1 所示),学生可以分别对分子、原子和原子核都获得相对较明确的主观表象,同时又能获得物质结构的各层整体表象。

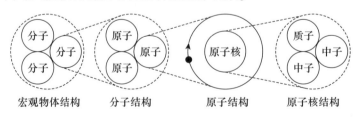

图 1-1 物质组成的各级粒子结构图

(3) 区分表象层次结构显示认知对象的物理内涵

人对复杂图景感知所形成的表象往往具有一种有组织的层次结构,其中每一部分的结构代表整体结构中的一个片段或组成部分。表象的层次结构表明,认知主体在心理上能对表象进行有组织的分割操作。在物理教学中,很多问题都涉及表象的层次性,如波的干涉具有两个子波列的独立传播图景、干涉区域条纹分布图景等表象层次;布朗运动具有分子运动图景和微粒折线运动路径的两个表象层次;平抛运动的图景具有抛物线和分解后的两个相互垂直分运动的表象层次;等等。因此,利用表象的层次特征,赋予其特定的物理内涵,用不同的图示方式区分不同层次的科学内容,能帮助学生完成表象的层次分割,形成有典型物理学意义的分隔表象层次,促进学生正确理解物理现象的科学本质。

2. 物理表象能促进物理知识的记忆

首先,唤起物理表象情景有利于保持识记的有效性。物理内容的表述高度量化,常采用公式作为基本表征,同时辅之以图像描述,图像转化为表象后,与公式记忆相互呼应,能有效地强化学习者的记忆。

其次,建立新、老物理表象的联系能巩固旧知识,强化新内容。学习新的内容既要以原有表象为基础,也要以新表象来丰富。例如在平抛运动学习中,匀速直线运动表象与自由落体运动表象是原表象,二者综合为一体,形成平抛运动的总表象(新表象)。新表象既包含了原表象内涵,又注入了新内容,将匀速直线运动、自由落体运动与平抛运动有机地组织为一体,不仅巩固了原有知识,还强化了新学习的内容。

3. 物理表象能促进物理思维的操作

心理学家把借助于表象而实现的思维活动称为形象思维,以区别于逻辑思维。

(1) 表象操作能辅助解决问题

表象具有空间属性,主体对表象可以进行旋转、扫描等独立的心理操作。实际上心理操作中的心理旋转和心理扫描与感知到的客体的物理旋转及空间扫描是类似的,客体在表象中的联系类似于客体在知觉中的联系,即其内部表征的机能联系与对外部客体的知觉联系相似。主体对视觉表象的心理操作与视觉操作在机能上具有等价性。在完成某种任务或解决问题时,需要依赖视觉表象操作或表象过程。表象不仅是一个个的映像,还是心理操作,形象思维活动可以以表象的形式进行。

(2) 表象操作有助于科学论证

作为对客体或情境的一种模拟表征,主体经常借助表象的形象化特征,表征出相应的物理事物,利用表象的旋转、扫描效应,对物理问题实行表象推演与操作,激发想象,获得物理认知的灵感,找到解决问题的新途径。从认知心理学的角度而言,伽利略的理想实验实际上是借助于表象操作来完成科学论证的。物理学家在科学创造中经常自觉或不自觉地采用表象进行思考,获得科学新发现。在物理学习中,表象操作也可以帮助学生进行科学论证。

(3) 表象操作能启发认知,提高科学思维品质

学生在学习中,如果不能在头脑中形成清晰的物理表象,将难以找到解决深层次物理问题的途径。物理教学实践表明,建立力的表象,有利于提高学生进行受力分析的能力;建立电、磁场线表象,能有助于学生理解电磁场辐射与传播的过程;建立规范的几何光学表象,有利于学生理解光的反射、折射和平面镜成像的过程等。在物理教学中倡导为学生创设丰富的物理认知情景,其目的之一就是使学生能获得生动典型的物理表象,建立良好的物理认知起点。

1.2 物理表象的建立

要充分发挥物理表象的作用,就应该对物理表象的建立过程有所了解。物理表象的建立主要包括以下几个方面:从感知到物理表象、唤起原有物理表象、批判地看待原有物理表象,以及重视物理语言对表象形成的影响。

1.2.1 从感知到物理表象

感知是客观事物通过感觉器官在人脑中的直接反映。对感性材料的加工总是在感知阶段之后进行的,这时的感性材料已经不是原来的感知,而是以前的感知在头脑中留下的感性映象,即表象。大脑中留下的个别物理现象的映象属于个别表象,个别表象与感知相比已经具有了一定程度的抽象性,个别物理现象的一些非本质特征在个别表象中已经被淡化甚至省略,而本质特征得到了一定程度的突出。例如,学生在用连接电流表的导线在蹄形磁铁两极间运动时,会观察到电流表的指针发生偏转,在这个过程中学生获得的感知内容是丰富的,包括导线的形状、颜色、长度、磁铁的形状,电流表指针偏转的角度等。但在一些个别表象中,上述一些非本质的感知内容常常被淡化或省略,只保留导线在磁极间做某种运动时,连在电路中的电流表会显示出回路中有电流产生的直观映象。

个别表象只能反映个别事物的特征,表象阶段更重要的是在个别表象的基础上建立反映一类事物共有特征的概括表象。概括表象是由个别表象概括而成的,由个别表象到概括表象一般是靠想象完成的。它所反映的个别表象的特征,不是原封不动、呆板的反映,而是有所改变、有所取舍的反映。概括表象所反映的常常是每个个别表象中那些相似的(或共同的)和比较固定的特征。但是,不管概括表象有多大的概括性,它总是还具有一定的直观性、具体性和形象性,是事物的直观特点的反映。概括表象不是思维中的概括,而是感性的概括,是一种低级的概括形式。在这种概括中,学生的认识仍停留在物理现象的外表特征,即感性的范围之内。例如,学生在学习电磁感应现象时,通过观察实验获得一系列物理现象的个别表象:① 导线在磁极间做某种运动时,连在电路中的电流表会显示出回路中有电流产生;② 当磁铁插入或拔出线圈时,与线圈相连的电流表会显示出线圈中有电流产生;③ 当改变原线圈中的电流时,与副线圈相连的电流表会显示出副线圈中有电流产生。在这些个别表象的基础上,学生将逐步注意到其中共同的、比较固定的特征,可能建立大致的概括表象,但这只是对电磁感应现象的初步概括,进一步的概括需要在思维中完成。

在感知基础上建立的表象,一方面可作为思维加工的素材,另一方面也可作为物理事实被储存于物理认知结构之中。在物理认知结构中,表象一般是以物理图景的方式被储存的。认知结构中是否有足够多、足够清晰的物理图景的表象,是反映一个人物理素养高低的重要标志。它是客观物理世界在头脑中的复现,是抽象的物理学理论的图解,是对概念、规律理解的强有力支持。例如,学完了牛顿第一定律,头脑中就要形成伽利略理想实验的生动图景:从斜面上滚下来的小球将在无摩擦的无限延伸的水平面上永远一直匀速地滚下去……又如,学习机械波(横波),大脑中要形成两个图像:一个是 $y\text{-}t$ 图,显示介质质点的位置是如何随时间而发生变化的(振动);另一个是 $y\text{-}x$ 图,显示介质中各质点在某一时刻所组成的波形,以及不同时刻波形的变化,从而反映出波形的传播。

1.2.2 唤起原有物理表象

物理学习并不总在学习的当时进行感知,而常常利用学生认知结构中的原有物理表象。例如,在分组实验前,要求学生进行预习,使实验装置、仪器、电路图及实验过程在学生头脑里形成表象,储存在记忆里,这样学生头脑中就构建了"做什么"和"怎么做"的表象。做实验时,学生头脑中的表象就是操作动作指令信息,增加学生的预先的表象活动,实验效率会明显提高。

原有物理表象可能是个别表象,也可能是概括表象。如果是个别表象,也要经历一个如上所述的从个别表象建立概括表象的过程。原有的概括表象可以直接用作进一步思维加工的素材。例如,平时对各种简单分布的电荷所激发的电场的表象储存得比较多的同学,当遇到复杂分布的电荷的电场问题时,就易于唤起头脑中已有的简单电场的表象,再用叠加的方法形成复杂电场的新的物理图景。

1.2.3 批判地看待原有物理表象

在原有表象的利用中要注意学生的原有物理表象是否正确。已有的研究表明,许多学生在日常生活中形成的物理表象有一些常常是错误的,错误的表象往往导致错误概念的形成,这是物理学习的一个障碍。

德国纳希蒂加尔(Nachtigall)认为,接受正式物理教育前的儿童倾向于以强烈的感情色彩去构造世界图画,形成直觉的内在表象。他认为,错误的物理表象有以下特点:① 是以个人为中心建立的;② 可以足够解释有限的特殊现象;③ 各个错误表象之间没有关联和一致性;④ 同一个日常生活的领域也许可以用几个不同的错误表象去描绘;⑤ 随着年龄增长而来的语言发展会导致表象和物理概念之间的矛盾;⑥ 错误表象可以是各种各样的,没有一个标准。

国外对儿童和中学、大学学生的错误物理表象做了大量调查,得到了许多丰富、具体的客观材料。例如,在五年级一个班上,10 岁儿童对物体下落的看法包括:① 地球有吸引力,把物体拉下来(正确表象);② 地球是磁铁,地球上每一样东西都有磁性;③ 空气压力压迫物体落下;④ 地球转动是每一件物体回到地球上的原因;⑤ 上帝不让万事万物到天上去打扰它,让每一个物体都落到地球上;⑥ 宇宙空间中的其他行星压迫物体落到地球上。

美国麦克洛斯基(McClosky)等人让 50 名大学生各自画出单摆的摆球在图 1-2 所示的四个位置上被烧断悬线时可能采取的运动路径。仅有四分之一的学生对所有四个图给出了基本正确的回答。大部分情况下,学生都忽视了悬线烧断瞬时摆球具有速度。例如,65%左右的学生,在摆球通过它的平衡位置悬线被烧断的 c 图中,画出了一条向下的直线。研究者认为,许多学生都有一套自己的关于运动物体行为的自成系统的信念,它们与正确的物理表象是相抵触的。

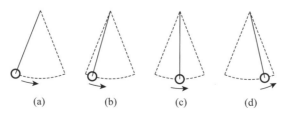

图 1-2　摆球的不同位置

为了不使错误的物理表象进入思维加工过程,学生在学习中应该批判地看待自己原有的日常生活经验,用实验事实加以检验。如果发现原有表象是错误的,应自觉纠正,而不能顽固坚持自己的错误经验而拒不接受科学事实。

1.2.4 重视物理语言对表象形成的影响

众所周知,物理中的显性知识都是通过语言来描述的。研究人员发现,用语言描述物理概念时,有些语言具有帮助学生建立表象的作用,即语言具有表象性,有助于物理老师在物理教学时把准学生学习的"脉搏",这对激发学生学习兴趣、打破原有认知平衡、提高物理教学效率有重要的作用。当描述物理知识的语言具有的表象性作用,能够促进学生学习物理知识时,就把这种作用称为语言表象性的"正作用"。但并不是所有具有表象性的语言对学生掌握物理知识都有正作用。事实上,由于前概念的影响,一些物理知识的表述可能让学生错误地理解物理概念或规律,从而干扰学生掌握相应的知识,这种作用就称为"负作用"。

例如,中学物理中的"电流"概念,由于"流"字的影响,多数学生会认为越靠近电源正极的用电器通过的电流大,位于后面的用电器通过的电流是前面用电器用剩下的(中学生常认为用电器"耗电"耗的是电流,而没有"耗电能"的认识),所以电流就小一些;同时,学生还会认为用电器工作的原因不是因为电流"流经"用电器,而是电流"流进"用电器,并且最终被消耗。由于这些错误理解,学生对"串联电路中的电流处处相等"等规律很长时间内都难以真正接受或运用,或者解题时能运用这些规律,但内心并不真正认可。这就是物理语言对学生学习产生的负面作用。不过,有意思的是,物理学史上关于电的科学探究,也因"流"字的影响导致了一些有趣的结果。在伽伐尼(Galvani)发现电现象之后,人们对电进行了多方面的深入研究。后有人把电想象成是流体(这大概是电流概念产生的最初形式),在这一概念的影响下,当时的另一些研究者就产生了一个设想:能不能把电流体装起来?结果,莱顿瓶被发明了出来。过去的历史和当下的事实表明,物理概念的表象性确实对物理知识的接受与理解存在着影响作用。但是,在享受将电流类比为水流等形象带来的理解电流概念的好处的同时,"流"字本身也给学生理解电流规律带来了上述的一些困难。要克服这些困难,教师必须帮学生建立适当的"电流"模型(必要时可辅以多媒体等教学手段):电流有像水流一样的"形体",导线就是其流通的道路;电流会以相同的"流动强度"通过串联的用电器,又常常以不同的"流动强度"通过并联的用电器;电流通过用电器时会将携带的能量转化为其他形式的"能",同时产生一些特殊的现象,如发热、发光等。如此,学生对电流的理解与掌握将更接近科学本质。

1.3 物理表象能力培养策略

认识物理现象和物理事实是学习物理知识的基础和出发点,只有对物理事实、物理现象、物理过程有清晰而明确的印象,才能在此基础上形成概念、认识规律。否则,就会把本来生动丰富的知识变成一堆枯燥难懂的材料,学生只能"学"到一些僵死的、无用的结论。学生之所以对一些概念难以建立、难以理解、难以掌握,主要原因是学生在进行抽象思维活动时,其头脑中缺少表象的支持。因此,在教学中,帮助学生形成有关事物的表象,将有助于学生克服学习中的难点。

1.3.1 丰富学生物理表象储备

物理学是研究物质结构、物质间的相互作用以及物质运动最基本、最普遍规律的科学。首先,物理学研究的对象大到宇宙天体,小到夸克等基本粒子,均有大小、形状、结构、分布等形象特征,其静态物理形象由图、形、光、色、影等五种元素组成。其次,物理过程及现象具有形象性。在物理学中,每一种运动、每一个过程、每一个现象都具有与之对应的形象,如匀速直线运动、曲线运动、机械振动和波、电磁感应、静电现象等都具有动态的形象。最后,物理学中创造了极其丰富的观念形象。一切物理模型、图形、符号、语言、公式等都是形象,时空有形象,状态有形象,场有形,维有形,坐标有形,矢量有形。因此,物理学科本身具有形象性特征,并具有丰富的表象的认知资源。

物理形象能否在大脑中形成表象须满足两个条件:① 物理形象能被物化,即指其能够用物化的形式被再现出来。形象物化可以有三种形式:一是将这种形象画出来;二是将这种形象的模型做出来;三是在现实中找到"相同"的形象。② 物化形象能被感知,即指在正常的感知情况下,物化后的形象能够被自己和他人感知到,这个物化形象就是原先所感知的物体。因此,在对学生进行形象化教学时,不仅要注意呈现形象化材料的数量,更要注意让形象材料被学生正确的感知,让每一个生动的形象真正转化成学生大脑中的物理表象。

1. 充分利用教材中的形象化插图

教材的内容图文并茂,插图多种多样,有大量演示实验和课外小实验,以及与内容相关的生产生活的插图;也有一些经典的图片,给学生再现当年科学家研究的场景(如伽利略在做铜球沿斜面运动实验的场景图);还有许多有趣的科学漫画形象生动地展现物理图景。在教学中要引导学生仔细观察分析,让学生展开丰富的想象,用自己的语言把场景、过程、现象等描述出来,或用直观的图示表示出来。这样能强化表象的形成,同时检查学生头脑中的表象是否准确、全面。

2. 重视观察和实验教学

物理形象的摄入主要是从视觉窗口,物理实验具有丰富的形象性,实验的装置具有空间形象性,实验过程具有动态形象,实验现象具有生动的直观可感形象,实验结果的分析常常采用数学图形的形象等。物理实验是增强表象活动的重要途径。在物理实验教学中,教师要注意学生的表象活动和训练,在演示实验之后,不要急于进行分析,应当让学生回忆并复述实验现象,在巩固表象的基础上去分析。表象又是人们从事实践活动的必要条件。例如,在学生进行电学实验之前,教师会要求学生预习。在预习的过程中,实验装置仪器、电路图及实验过程等会在学生头脑中形成表象并储存到记忆中。待做实验时,学生头脑中的表象就会发出操作指令,告诉学生"做什么"和"怎么做"。这样一来,学生进行实验的效率明显提高。所以,在实验教学中,给学生创造形成和复习表象的条件是必要的。

3. 利用多媒体组合使课堂形象化,丰富感知对象的表象

有机结合录像、投影、计算机等多媒体,让学生沉浸在一个个形象的世界里。利用多媒体,可以将在课堂教学中难以演示的现象和内容,以立体动态的信息展示出来,以丰富学生对感知对象的表象。例如,将两球发生弹性碰撞时两球的弹性形变和动能与势能间的相互转化,用动画模拟,可以将原本变化很快以致看不清的过程用慢镜头呈现;弹簧振子在振动过程中的位移 x、回复力 F、加速度 a 和速度 v 的大小和方向变化情况通过动画进行模拟,可

以使原本抽象的物理量的变化展现得形象、直观。结合声音、动画、图像等多媒体信息的刺激,激发学生形象思维,提高学生学习的兴趣和积极性,活跃课堂气氛,使学生变被动学习为主动学习,从抽象到形象,建立起正确的物理表象。

1.3.2 突出物理现象的关键特征

无论是进行物理实验、还是日常观察,学生所看到的物理现象总是本质特征与非本质特征的综合。要提高学生物理表象的清晰性、连续性和敏捷性,就要突出物理现象的关键特征,形成正确的本义表征,并能转化为命题表征。在对与物理有关的生活现象进行心理扫描时,要突出关键特征,充分利用原有表象的科学成分,使新表象形成的过程和结果都清晰正确。

1. 使感知对象清晰

教师在演示实验或者多媒体课件辅助教学中,采用扩大感知对象特征以及增加背景突出感知对象等手段,有意识地让学生注意到需要感知的物理现象,不仅是归纳新的概念和规律的需要,也是确保学生此后顺利完成表象心理的需要。

2. 使感知目标明确

教师在新课教学展示物理情景时,必须让学生明确观察的目标,突出关键因素。例如,演示平抛运动等效于竖直方向的自由落体运动和水平方向的匀速直线运动时,学生只有集中注意力观察到做曲线运动的小球与另外两个方向运动的小球同步,才能对运动的合成与分解留下深刻的印象,有助于学生在以后处理类似于水面上小船的运动情形时进行表象的迁移。

3. 对原有表象进行特写,突出关键特征

教师在课堂上利用表象再现科学现象、举例唤起学生表象时,要借助于语义表征突出关键要素,相当于给表象突出部分一个"特写"。教师的语言表达技巧和水平尤为重要。例如,学生对于海市蜃楼和沙漠绿洲等自然现象都有印象,甚至能回想起网络、电视等媒体上报道过此类现象的奇妙图片。但是,即使他们回忆起一些场景,也不一定能对其中蕴含的科学本质印象深刻。教师在讲述中应该突出重点描述"在特殊天气情况下","在海面或沙漠遥远的另一边地平线以下的地方"等条件,让学生仿佛能看到光密媒质与光疏媒质,也能抓住光路在不均匀媒质中改变的这个关键情景。生动形象的讲述不但可以将学生印象中本来不那么鲜明的场景生动地再现出来,而且还包含了一定的"特写",从而能够提高学生的表象能力。

1.3.3 设计可视化作业

可视化作业,就是教师将物理作业中涉及的情境可视化,以帮助学生直观地探索问题、解决问题,从而提高他们的抽象思维能力。完成可视化物理作业,有助于学生建构物理表象,促进学生思维能力的发展,进而增强学习兴趣。

可视化作业的具体呈现方式有:① 为学生布置调查或设计类作业,使学生在实践中接触实物、经历过程、感受物理知识。比如,让学生观察家里煮水时水的蒸发、沸腾现象,安装简单家庭电路,挖掘生活物品的物理功能等。② 可以借助微课等形式将与作业有关的实验、现象图像和视频,发送给学生,帮助学生建立清晰表象。

1.3.4 融合相关学科知识

相关学科知识是建立正确物理表象不可缺少的基本要素和前提。语文知识能加深我们对语言文字所蕴含的情境的理解,唤起学生头脑中已有的正确表象,也能帮助学生建立正确表象。几何知识可以帮助学生建构物体运动的空间情景,建立正确的时空表象,提高他们的表象操作能力。美术和音乐可以激活大脑的想象力因素,有利于学生创造新表象。哲学使学生的思维更严密、更敏捷,让学生善于抓住事物主要矛盾,去伪存真,帮助学生形成表象的深层表征——命题表征。可以说丰富的相关学科知识是学生建立正确的物理表象的手段和基础。

1.3.5 关注个体差异

研究发现,在视觉表象清晰度方面,女生相较于男生而言,能形成更清晰的静态视觉表象;在运动表象清晰度方面,女生比男生具有更清晰的表象。在心理旋转这种表象加工能力上,大量证据支持了男性心理旋转能力优于女性心理旋转能力。此外,儿童在表象清晰性上具有一定的优势。不同年龄段心理旋转能力是不同的,在准确性方面,儿童组与老年组基本上无明显差异,但在完成判断任务的速度上,儿童组明显优于老年组。因此,物理学习中,要关注学生的个体差异。如考虑到男生的静态视觉表象能力弱于女生,可以给其更多地呈现相关问题形象化的图片;女生在心理旋转能力方面弱于男生,则需要更多为女生呈现物体运动变化的动态过程,帮助其解决问题。

1.3.6 关注直觉思维培养

直觉思维是与逻辑思维相对的一种思维形式,但以往的教学只注重发展学生的逻辑思维能力,强调通过一步步的推理得到结论。其实,相对于逻辑思维,人们在解决实际问题时,使用的更多是直觉思维。所以,物理教学应注重培养和发展学生的直觉思维。

由于视觉化的映像表征是直觉思维的重要特点,而且其过程是非语言的,故丰富学生的想象力及心理表象能力可以使事物的诸因素同时以映像的形式直观地呈现于大脑之中,这有助于活跃直觉思维。而且心理表象与其表征对象具有相似的结构特征,能现实地表征客观对象的三维空间特征及各维度上的连续细节特征,并且能够承受各种施加于其上的心理操作:心理扫描、心理旋转、层次组织分解等。

另外,心理表象在无特殊需求之时,对客体情境是一种概括而非精确的模拟表征,这在问题解决中,尤其在物理问题解决中可以节约工作记忆空间,节省认知资源,利于激活问题的主要感知特征。几何光学问题的解决要依靠图形表象将右脑的直觉转化为左脑的语言逻辑证明,这种图解式的思维是直观的,能帮助摆脱逻辑思维的束缚,内隐地把握那些非语言的、变幻莫测的东西,使问题得以解决。故教学活动中应注重设计心理表象,应使学生习惯于将已了解和掌握的知识结构化,然后形成心理表象。此时,心理表象往往是联系头脑现有各部分知识网络所呈现出的模糊的图形或形象,由于其具有信息并行处理等特性,因而可以使直觉思维跨越空白和残缺,同时并行加工处理一大堆相关表象,从而迅速、敏捷地进行整体性的全方位的思考。这种思考很少因细节上的不足而中断,在识别隐蔽和变形事物上有很大优越性。

1.3.7 加强直观教学

直观现象是理解科学知识的起点,是学生由不知到知的开端,是获取知识的首要环节。然而目前物理课堂教学多以抽象知识为主,因此需要加强直观教学,使学生在感知基础上对所学知识形成正确的表象,借此引导其利用头脑中事物的具体形象和表象进行形象思维。教师可以从以下两个途径进行直观教学:一是利用实物模型或多媒体等现代信息技术将抽象知识生动形象地展现在学生面前,使学生通过直接的感知,形成表象;二是通过教师生动的直观叙述,引发学生联想,唤醒学生头脑中已有的表象,并力求在此基础上形成创造性的想象表象。

1.3.8 突显教材的特殊内容

突显,本为人机界面研究术语,是在与视觉搜索任务有关的计算机屏幕显示中,采用特殊方式(亮度、闪烁、颜色、加框线、加下划线等)突出显示多个项目中的若干个项目,从而提高视觉搜索效率的一种方法或技术。突显教材内容中重点、难点,可以调节学生学习时的注意分配以及学习和回忆时心理表象加工的侧重点。整理教材内容,绘制概念图、图表或思维导图等,不但给学生一种清晰的视觉感受,有助于他们形成视觉表象,而且从记忆加工水平来说,这种视觉表象属于一种深层次的精细加工,有助于记忆内容的巩固。

思考与实践

1. 物理表象对于物理教与学的意义有哪些?
2. 请选用一种测量方法,对高中生学习力学概念时的表象特点进行研究。
3. 基于本章的知识,设计一个提高学生"电场强度"表象的教学方案。

参考文献

[1] 吴庆麟. 教育心理学[M]. 北京:人民教育出版社,1999.
[2] 乔际平,邢红军. 物理教育心理学[M]. 南宁:广西教育出版社,2002.
[3] 李梅,周向群. 表象的物理认知功能[J]. 中学物理,2012(1).
[4] 梁树森. 物理学习论[M]. 南宁:广西教育出版社,1996.
[5] 段金梅,武建时. 物理教学心理学[M]. 北京:北京师范大学出版社,1988.

第 2 章 物理概念学习

> **学习目标**
>
> 1. 知道物理概念的界定、定义方法和分类,了解概念学习研究的主要发现。
> 2. 知道物理概念学习的认知过程,知道什么是物理概念的同化与顺应。
> 3. 知道什么是前概念?描述前概念的主要特征。
> 4. 了解概念转变理论研究的主要进展。
> 5. 描述物理概念转变的教学策略,并举例说明教学策略的应用。

概念是思维的基本单位。在日常生活和学习中,正是由于概念的存在和应用,减少了人们认知世界的复杂性,增加了经验的意义,增强了思考和推理能力,从而使人们的生活、工作、学习变得简单、易于理解。一门学科如果没有一些概念作为逻辑思维的出发点,就不可能揭示这门学科的内容,形成学科的体系与结构,这门学科也就失去了存在的价值。纵观物理学的内容,如果没有一系列物理概念作为基础,就无法形成物理学的结构体系。物理概念的学习是学生学习物理的基础。中学生普遍感到物理课程难学,究其原因,多数是由于教师只注意让学生背定义,记公式,做练习,忽视了物理概念及其形成过程的理解,致使学生没有形成正确的物理概念造成的。本章在概述物理概念学习的基础上,重点介绍与物理概念学习有关的研究发现,以及在物理教学中,教师如何利用前概念及物理概念转变策略进行教学。

2.1 物理概念学习概述

什么是概念?这个术语在不同学科有不同理解。在心理学中,严格来说其是指"符号所代表的具有标准共同属性的对象、事物、情境或性质"。如"电器""战争""圆周运动""红色"这四个词(语言符号),如果分别代表电器(一类物品)、战争(一类事件)、圆周运动(一类情境)和红色(物体的一类属性),则这四个词分别代表四个概念。事物之所以能分成不同的类别,乃是它们具有共同特征(或本质属性)的缘故。所以可以把概念定义为"符号所代表的具有共同关键特征的一类事物或性质"。概念是思维的基本单位,概念学习是意义学习中最基本的类型,掌握概念是个体学习规则、解决问题乃至进行创造的前提。在物理课程中,如何使学生形成、理解和掌握物理概念,进而掌握物理规律,并使他们的认识能力在这个过程中得到发展,是物理教学的核心问题。因而,物理概念学习是物理课程学习的关键。

2.1.1 物理概念的界定

物理概念是客观事物共同的物理属性或本质特征在人们头脑中的反映,是物理事实的抽象。它是在大量观察、实验的基础上,运用科学思维的方法,把一些事物的共同特征或本质属性集合起来加以抽象和概括而形成的。

物理概念概括的是一类物理现象或物理过程的共同特征或本质属性,而不是反映个别的物理现象或具体的物理过程。例如,"平抛运动"的概念,概括了物体只受重力作用且物体的初速度沿水平方向的一类机械运动的共同特征。

物理概念一般由概念的定义、内涵和外延三部分组成。物理概念的定义一般可由文字或数学公式来表示。例如,"密度"概念的定义是"物体的质量与体积之比",其数学表达式为 $\rho = \frac{m}{V}$。物理概念的内涵指物理概念所反映的物理现象、物理过程所特有的共同特征或本质属性,例如,机械运动反映了物体的位置随时间的变化,"功"反映了能量转化的量。物理概念的外延指具有概念所反映的共同特征或本质属性的对象,即通常所说的概念的适用范围。例如,"机械运动"概念的外延包括"具有物体的位置随时间的变化"这一特征的一切运动形式;"力"这一概念的外延包括"具有物体间相互作用"这一特征的所有的现象。

物理概念学习是指掌握一类事物的共同特征或本质属性,获得物理概念的一般性意义的过程。物理概念的学习是物理学习中的重要环节,如果学生不能形成正确的物理概念,不仅会影响他们对相关物理规律的理解,还会直接影响到他们的问题解决能力以及整个物理课程的学习效果。

2.1.2 物理概念的特点

物理概念既有一般科学概念的共性,又有自身的个性。概括起来,物理概念具有如下特点:

1. 客观性。物理概念是从客观存在的物理现象中概括和抽象出来的,它在内容上是具体的、客观的,物理概念不能脱离具体物理现象而存在。因此,在学习物理概念时,要了解概念引入的目的,并在具体的物理现象和过程中去理解、考查概念。

2. 抽象性。物理概念已脱离了具体的物理现象,反映了一类物理现象的共同特征或本质属性,它在形式上是抽象的。因此,要形成正确的物理概念,必须经过一个从现象到本质的科学抽象过程。

3. 量的规定性。大多数物理概念不仅具有质的规定性,还具有量的规定性,即大多数概念是物理量,可以用数学语言来表达。因此,学习物理概念时,在明确物理概念的物理意义的同时,还要注意培养运用数学方法解决物理问题的能力。

4. 可操作性。大多数物理概念可以通过一套测量程序进行直接或间接检验和测量。例如,力、质量、温度、电流、电压等物理量可通过仪器直接测量;速度也可通过测量长度和时间而得到;等等。对于那些具有定性特征的物理概念,如平衡、干涉、沸腾,亦可通过实验的途径去再现它的客观性。物理概念的这种可操作性特点,使具有高度抽象性的物理概念更加直观,从而为人们理解和掌握物理概念提供了一条有效的途径。因此,在学习物理概念时,还要掌握常用物理量的测量方法,以及常用仪器的使用方法。

5. 发展性。物理概念是随着人们所掌握物理知识的不断增加、研究物理问题的逐步深入而不断深化和完善的。如质量的概念,在初中阶段,学生只了解到物体所含物质的多少是质量,质量是物体本身的属性,它不随物体的形状、温度、状态而改变,不随物体的位置而改变,并且学会了用天平称物体的质量。到了高中阶段,在牛顿第二定律的学习过程中,通过演示观察加速度和质量的关系,学生对质量的概念有了新的认识:"质量是物体惯性大小的量度。"学生学习了万有引力定律后,又进一步认识到"物体质量的大小决定着引力的大小",初步形成引力质量的概念。在学习"牛顿运动定律的适用范围"这部分内容时,学生又了解到当运动物体的速度接近光速时,它的质量不再是一个恒量,而是随速度的增大而增大。在高中学习的最后一个阶段,学生还要学习爱因斯坦的质能方程,从而初步了解到物体质量和能量有一定的内在联系。由此可见,在中学物理学习的不同阶段,教材对质量概念有不同深度的阐述,学生对质量概念的理解也是逐步深化的。因此,在物理学习中,对物理概念的理解应该有一个由浅入深、逐步深化、发展的过程。

2.1.3 物理概念的分类

目前,物理概念的分类方法有多种,主要有以下两种:

① 常见的分类会把物理概念分为两类:定性概念和定量概念。所谓定性概念,即只有质的规定性的物理概念,如运动、气体、蒸发等;定量概念,即既有质的规定性又有量的规定性的物理概念,又叫作物理量,如速度、功、动量等。物理量又可以再进行分类(如图2-1所示)。

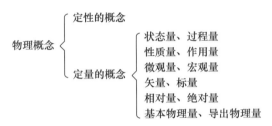

图2-1 物理概念分类框架图

② 根据对物理现象和过程的性质、相互关系的描述方式来划分,可将物理概念分为以下几种:其一,反映物质属性的概念,其特点是含义深刻、富有哲理性,不容易直接从其定义的文字上获得深入理解,如惯性、能量、质量等;其二,反映物体及其性质的概念,其特点是反映了物体及其变化的某种"率"(快慢、本领)以及相关特性,如速度、加速度、密度、电场强度、电容等;其三,反映物体之间相互作用关系的概念,其特点是与物体间相互作用密切关联,通常对于单个物体是没有意义的,如力、力矩、压强、冲量等。

2.1.4 建立物理概念常用的抽象思维方法

物理概念是观察、实验和科学思维相结合的产物。在学习概念的过程中,要重视建立概念的抽象思维过程和方法。这对于形成正确概念、加深对概念的理解都是至关重要的。归纳起来,建立物理概念常用的抽象思维方法有:

① 分析、概括一类物理现象的共同特征或本质属性。在已有生活经验和观察、实验的基础上,通过对感性材料的分析、比较、综合、概括,抽象出一类现象的共同本质属性,形成概念,如机械运动、力等。

② 抽象出物质或运动的某种属性。建立表征物质或运动的某种性质的物理量,如密度、速度、电阻、电场强度、磁感强度等概念的建立,就运用了这一方法。比值定义法是这一抽象、概括方法的重要组成部分。要特别注意,用比值定义法定义的物理量,只反映了物质

或运动的某一属性,与定义式中其他各量无关。

③ 用理想化方法进行科学抽象,建立概念。物理学中的一切理想模型(如质点、点电荷、理想气体等)和理想过程(如匀速直线运动、匀速圆周运动、自由落体运动等)都是用理想化方法抽象出来的物理概念,它忽略了对所研究问题作用很小的次要因素,抓住了主要因素。理想化方法是物理学中最基本、最重要的研究问题的思想方法之一。

④ 抓住新旧概念的逻辑联系,在已有概念的基础上建立新概念。例如,在速度、速度的改变等概念基础上建立起来的加速度概念等。事实上,物理学中多数概念都是在已有概念的基础上,在认识新现象过程中建立起来的。一个新概念的定义往往是根据新旧概念的联系提出的。因此,抓住新旧概念的逻辑联系也是建立物理概念的抽象思维方法之一。

⑤ 在对物理定律的分析讨论中建立概念。在物理学中,许多物理规律是在对实验现象的分析、归纳的基础上被发现的。在这类物理规律的数学表达式中,常常存在比例常数。这些比例常数可分为两类:一类是普适恒量,对于不同的物质是同一值,如库仑定律中的 k,万有引力定律中的 G 等;另一类因物质不同而不同,反映了物质的某种属性,因而是一个物理量,如滑动摩擦定律 $f=\mu F_N$ 中的动摩擦因数 μ,胡克定律 $F=kx$ 中的劲度系数 k 等都是物理量。对这类物理量要注意它所反映的物理本质,而不应仅仅将其作为一个比例常数来看待。

⑥ 用类比的方法建立概念。借助已有的物理概念,运用类比的方法建立新的物理概念,如类比水压时引入电压,类比光波时引入物质波,类比重力势能时引入电势能等。

⑦ 用等效的方法建立概念。等效的方法也是一种建立物理概念的基本思维方法。例如,把变速运动等效为匀速运动,引入"平均速度"的概念;把交流电等效为直流电引入"电流的有效值""电压的有效值"的概念;把电容、电感对交流电的作用等效为电阻,引入"容抗""感抗"的概念等。

2.1.5 物理概念学习的基本要求

① 明确为什么要引入这个概念,即要搞清楚该概念引入的目的和意义。

② 理解概念的建立过程,一要了解建立物理概念的事实依据。例如,观察、实验、生活实例、已有知识等都是获得感性认识的重要途径。二要掌握形成概念的抽象概括方法和思维过程。通过分析、比较找出共同特征,抓住本质属性,用简洁的语言表达。

③ 理解概念的内涵,即明确该概念反映的是哪一类物理现象或过程的本质属性,是如何定义的?它的物理意义是什么?如果是物理量,则其量值是怎样测量和计算的?单位是什么?是不是矢量?如果是矢量,它的大小和方向是如何规定的?

④ 明确物理概念的外延,即明确该概念所反映的本质属性的对象,也就是概念的适用范围和条件。

⑤ 弄清概念与相近概念的区别和联系。例如,学过位移的概念之后,应弄清位移与路程的区别和联系:路程是标量,是质点运动轨迹的实际长度;位移是矢量,其大小是始末两位置间的直线距离,方向由初位置指向末位置;只有在直线运动且运动方向不变的情况下,二者的量值才相等。

⑥ 学会运用概念,即能正确运用已学过的有关概念说明和解释有关物理现象,分析、处理和解决相关的实际问题。

2.2 物理概念学习的认知过程

从认知心理学的视角分析学生物理概念学习的过程,我们可以将物理概念学习的一般认知过程依次分为:感知物理现象、形成物理表象、构建物理概念、物理概念的同化与顺应四个过程。

2.2.1 感知物理现象

感知就是观察事物,从而在头脑中形成初步的印象、体验,不仅要观察,还要动手实验,或者在生产劳动实践中体会和感悟。总之,学生要直接接触学习对象,对有关事物和现象有一个明晰的印象,这是形成概念的基础。另外,教师形象化的语言描述,或各种形象化的直观教具的运用,同样会对学生形成物理概念起到非常重要的作用。所以,在物理概念教学中,不论是直接感知还是间接感知,对于学生获取大量的感性材料,形成对于概念的感性认识都是很重要的。

需要注意的是,感官通道的信息加工容量是有限的,它只能摄取和加工有限的外部环境信息,也就是说人们可同时利用的心理资源是有限的。所以,如果在学习过程中,教师同时呈现大量的客观刺激给学生,学生不仅不能较好地获取有用的信息,还可能增加其物理概念学习的难度。此外,心理学研究表明,人的不同感官对信息的吸收概率是不同的。所以在教学中,教师设置的物理情境要尽可能同时调用学生的不同感官。

对于同一物理现象,不同学生因个人的经验、兴趣的影响,会获得不同的感知内容。人有一种根据过去的经验来感知当前事物的倾向,所以教师在教学中要加强对学生的观察和引导,使学生有目的、有计划地感知,从而避免学生为众多刺激所困惑而分散精力,还可以在观察过程中协调记忆、思维、想象等心理过程,从而使学生能够维持比较持久的感知,并进行积极的思考。

2.2.2 形成物理表象

在学生的认知结构中,物理表象一般以物理图景的方式存储。换言之,每一个物理概念都有至少一个相对稳定的感知图式,称为概念的表象原型。例如,学生对"功"这一概念的认知,可能是以"人推箱子做功"的物理图景储存在其认知结构中的。学生对"冲量"概念的认知,可能是以"铁锤敲打铁钉""两个小球相碰"等物理图景储存记忆的。认知结构中是否有足够多、足够清晰的物理图景的表象,是反映一个学生的物理学习水平高低的重要标志。

表象与感知均属于感性认识,两者的不同之处在于,表象在某种程度上是对事物概括的反映。换言之,物理表象比感知活动更进一步,它是对物理现象和物理过程的感性认知的初步概括,是学生形成物理概念的必要前提。例如,在弹性形变概念的教学中,学生在观察被压缩的弹簧时,所获得的感知内容是很丰富的,包括弹簧的形状、颜色、形变量的大小,以及弹簧的软硬程度、作用力的大小等。但在相应的个别表象中,上述关于弹簧的非本质的感知内容常常被淡化或省略,学生只保留"弹簧在力的作用下形状发生改变,撤去外力的作用后恢复原状"的直观印象。因此,物理表象的形成,为学生更好地理解"弹性形变"的概念打下了基础。

学生能否形成清晰的、正确的物理概念的表象,对于学生能否形成物理概念有着至关重要的作用。

在物理学习中,教师要注意学生的表象活动和训练。当教师呈现了丰富的感性认识材料给学生之后,学生不一定就能够建立起合适的物理表象。教师可以在呈现感知材料之后,不急于立即引入概念,而是指导学生巩固物理表象。例如,当教师演示实验、学生观察现象后,教师不急于进行分析,而是让学生回忆并复述实验现象,要求学生用自己的语言来表达自己感知的对象,以便巩固表象。这种用回忆演示实验的方法,可以引导学生将感知操作内化为内部表象;在巩固物理表象的基础上,再让学生分析物理现象、分析实验过程,从而建立物理概念。

表象活动的任务是为了增进表象的概括性,削弱表象的某些细节。为此,表象活动就要依靠言语活动作为指导。通过言语的分化与强化,本质的特征就会得到加强,而非本质的特征得以弱化。由自觉表象活动所建立起的更一般的表象,比细节丰富而生动的感知材料(即瞬时记忆中的感知材料)在思维的信息加工过程中更容易被比较、被概括。

2.2.3 构建物理概念

在获得了丰富的感知、形成物理表象之后,在认知结构中的原有知识经验的支持下,学生的物理表象会转化为头脑中抽象的物理概念定义。学生形成物理概念,一般要经历认知定向、寻找共同特征、明确本质属性和定义物理概念等环节。

1. 认知定向

认知定向就是让学生明确引入某一物理概念的目的。也就是说,在感知物理现象、建立物理表象之后,教师应该让学生明确,下面应该做什么事情、为什么要做这些事情,从而使学生的认知活动有明确的指向。

2. 寻找共同特征

在引出物理概念之前,学生还需要经历寻找多个物理现象或物理过程的共同特征的环节,为抽象概括出物理概念做铺垫。对于直接从事实中总结出来的物理概念,如机械运动、圆周运动、形变、匀速直线运动,学生在寻找共同特征的思维加工阶段就有可能直接概括出,而不必再经历进一步的高度抽象思考。

对于比较抽象的物理概念,则需要根据抽象概括的思维活动得出共同特征,如密度、电场强度、动量等物理概念。例如,学习电场强度,可以从如下的分析中找出电场性质的一个共同特征。在电场中的不同点,试探电荷所受电场力的大小和方向一般是不同的,但是试探电荷的电荷量 q 增大一倍,其受到的电场力 F 也增大一倍,这说明试探电荷在电场中任一点,所受电场力 F 与其所带的电荷量 q 成正比,从而可以找出电场的共同特征:对于电场中任一固定点,无论放入电场中的试探电荷的电荷量 q 是多少,其受到的电场力与电荷量的比值 $\dfrac{F}{q}$ 的大小和方向,都与 q 无关,仅与电场有关。由此可见,$\dfrac{F}{q}$ 是一个能够反映电场在某一点性质的物理量,进而引入电场强度的概念。

3. 明确本质属性

上一个学习环节——寻找共同特征,只是学生对物理现象或物理过程做出了区分,但是他们还没有明确分析出现象或过程的差别所对应的物理本质是什么。所以建立物理概念的

第三个环节是学生要明确物理现象或物理过程的本质属性。

需要注意的是,在学生明确新概念的本质属性时,一般都需要学生原有知识经验的支持。例如,如果学生要理解"电势能"的物理概念,离不开学生对已知的"重力势能""功"概念的理解;学生要理解"功率"的概念,必须具备"功"的有关知识。换言之,如果学生要抓住物理概念的本质特点,需要将对新的物理概念的理解与已有的知识经验建立起有意义的联系。

4. 定义物理概念

当学生进行抽象思维,明确一类物理现象或物理过程的共同特征或本质属性之后,学生还需要用简洁的文字语言对该特征或本质属性进行明确表达,即给出物理概念的定义、概念的符号表示、数学公式表述。例如,"密度"概念的定义是"物体的质量与体积之比",其数学表达式为 $\rho = \dfrac{m}{V}$。

2.2.4 物理概念的同化与顺应

皮亚杰的认知发展理论认为,学生的认知活动就是建立认知图式。学生总是用已有的图式去认知事物,在此基础上进行认知图式的同化或顺应。如果学生能把外界的刺激纳入已有的认知图式,也就是在物理概念建立过程中,把新的物理概念纳入原有物理概念中,丰富原有的概念,这就是物理概念认知图式的同化过程。反之,如果学生学习的新的物理概念无法同化到已有的概念中,而是引起了结构的调整,使之更加合理,这就是物理概念认知图式的顺应过程。学生明确物理概念的定义表述之后,更重要的是要深化对物理概念的理解。学生深化理解的过程,就是新旧物理概念相互作用的过程。换言之,新的物理概念会使学生原有的物理概念认知图式发生同化或顺应。

在物理学习中,常见的一种现象是一些学生对物理概念的定义倒背如流,但并没有理解物理概念所反映的物理本质。在这样的情况下,学生并不算真正掌握物理概念,而是机械记忆物理概念的定义。出现这种现象的原因,可能是定义物理概念之前的学习环节的缺失,如给物理概念下定义前缺乏必要的感知表象、认知定向、寻找共同特征或明确本质属性的认知环节,也有可能是因为学习了物理概念的定义之后,学生没有回过头来对物理概念进行深入理解,使新的物理概念同化或顺应到原有的物理概念认知图式中。

在物理概念认知图式发生同化或顺应的学习阶段,适当利用例证或变式是十分有益的。例证是指能够呈现物理概念的具体实例,可以帮助学生形成物理概念的认知原型。学生在学习新的物理概念的初始阶段,所接触的例证需要具有典型性和代表性,这样才能突出物理概念的本质特征,使学生更容易理解。例证中的正面例子能强化学生对物理概念反映的本质属性的认识,而例证中的反面例子则可以帮助学生认识到什么物理情境属于这个物理概念、什么情境不是这个物理概念的。

变式是指在呈现物理概念的多个物理情境中,不断变更研究对象的非本质属性,从而使对象的本质属性更加突显。由此可见,变式的作用在于让物理概念所隐蔽的本质属性,因在不同的物理情境中反复出现而得以强调,从而使反映物理概念本质属性的刺激进入学生的认知图式,而那些非本质属性则被忽略。例如,学生学习"加速度"概念时,不仅要知道物体在加速运动的情况下存在加速度,还要知道物体做减速运动时也存在加速度。经历这样的学习过程,学生固有的"加速度是速度的增加"等错误前概念才能得以矫正。

2.3 前概念与物理概念转变教学策略

学生总是带着丰富的直觉经验进入课堂,也就是说,学生的物理学习并非从零开始。这些直觉经验,是学生在学习新的物理概念前,对客观世界各种自然现象初步形成的自己的看法和解释。我们把学生学习物理概念之前基于生活经验形成的对有关物理现象的主观认识,称为前科学概念,简称前概念,又叫日常概念。换言之,物理概念学习并非从零开始,而是在已有的前概念的基础上进行的。下面,将从前概念与概念转变的视角对物理概念学习进行阐述。

2.3.1 前概念

有一部分前概念与科学概念相一致,这部分前概念是学生以后进一步学习新知识的基础,称之为新知识的固定点或先前知识;另一些前概念与科学概念相冲突,影响学生对新知识的理解。所以,对学生而言,在学习和记忆过程中,主要的困难不在于对新旧知识的辨别,而在于这些新旧知识之间的矛盾。

1. 前概念的特点

(1) 前概念具有普遍性

不仅学生存在大量的前概念,即使是许多已经学习过物理课程的成年人也存在着前科学概念。例如,美国的研究者曾对近两千名已经接受过物理课程学习的成人进行基本的科学常识的调查,结果发现即使那些已经接受系统的物理课程教育的成人对一些简单的问题还都持错误观点,大概只有不到一半的被提问者能够正确回答"电子是否小于原子"的问题。

(2) 前概念具有经验性

学生的大部分前概念来源于日常生活经验。基于经验分析而不是科学知识和逻辑推理,是前概念的共同特点。比如,美国有学者对哈佛大学正在参加毕业典礼的应届毕业生问了这样的问题:"你认为冬天地球离太阳较近,还是夏天地球离太阳较近,为什么?"结果显示,有不少哈佛大学的毕业生认为,夏天地球离太阳较近,因为这就导致了地球在夏天接收到较多的阳光照射,因而我们觉得较热,但事实并非如此。

(3) 前概念具有隐蔽性

学生的前概念是学生内隐的思维结果,因此其表现出隐蔽性,不易被教师和学生自己察觉。也就是说,前概念的形成原因、学生会在什么情境下表现出前概念,以及如何表现出前概念,这些问题不易被梳理清楚。

(4) 前概念具有顽固性

前概念往往是个人生活经验长期累积而形成的,这些前概念并非凭空想象,能够被用来解释一些物理现象。换言之,前概念并非凭空出现的,它对学生而言是合理的、可解释的。所以,尽管部分学生在学习了物理概念之后,知道了物理概念的定义、内涵和外延,但他们仅仅是记住了物理概念的文字表述,并未真正理解物理概念。可见,前概念具有顽固性的特点,较难转变为科学概念。

（5）前概念具有再生性

尽管通过学习,学生可以接受相应的科学概念,但一段时间后,学生又恢复原有的想法,面对这一现象,他们又开始运用自己头脑中熟悉的错误前概念加以解释。为什么学生头脑中的前概念如此顽固呢？原因很简单,因为头脑中的前概念可以直观地解释生活中的各种现象,因此,虽然学生在考试和做题时会用科学知识去解释,但是回到生活中,学生又偏向于用原有认知去解释,久而久之,学生头脑中的科学概念似乎不复存在,而前概念具有再生性。

当学生在物理概念学习过程中发现了科学概念与前概念的矛盾时,学生会积极寻找证据来支持其中一个概念。只有当学生意识到自己的前概念是错误的时,才能发生概念转变。否则,学生的前概念和科学概念会同时存在、同时使用,或者糅合成新的混合概念。但前概念具有广泛性、经验性、隐蔽性和顽固性的特点,这导致了学生往往处于前概念与科学概念共存的认知状态。

2. 前概念的成因

前概念的形成机制较为复杂,究其成因,可以归纳为如下方面：

（1）日常生活经验的影响

在日常生活中,由于事物一些表面或明显的特征,学生会凭直觉经验形成前概念,而这些前概念往往忽略了事物的本质特征。例如,冬天在室外用手触摸铁柱比摸木头要冷,所以学生可能认为铁柱的温度比木头低;从同一高度下落的两个物体,学生可能认为重的物体先着地;等等。

学生不仅在力学、热学中存在较多由日常经验导致的前概念,对于较为抽象的电磁学知识亦是如此。例如,部分学生根据对水流的直觉经验,认为微观的电流和宏观的水流一样,都是有方向的,电流从正极流到负极,所以它先流过离正极较近的电子元件;或者认为电流是一种能量,要被先遇到的元件使用,因此后面的元件只能得到部分的电流;也有学生凭直觉认为电路元件个数越多,电阻就越大。由此可见,对于较为抽象的电磁学知识,学生也能基于日常生活经验来理解电流、电阻等物理概念,使之从日常经验的角度看起来较为"合理"。

（2）知识的负迁移

知识的负迁移是指学生原有的知识信息对学习新知识起干扰作用。这也是形成前概念的重要原因。例如,高中物理以初中物理知识为学习基础,但有时初中知识也对高中物理学习产生负面影响。在初中阶段,学生学习的"速度""力"等物理概念都是标量,仅讨论物理量的大小,并不涉及物理量的方向。而高中阶段,教材会引入"矢量"的物理概念。但是由于初中知识的负迁移,即使学生知道了"速度""力"等物理概念是矢量,既有大小也有方向,部分学生也会沿用初中阶段分析标量的方法来理解这些物理概念。

不仅学生已有的物理学科知识可以产生知识负迁移,其他学科的知识也会影响前概念的形成。例如,学生在学习电场强度时,一部分学生会用公式中的数学比例关系来说明物理意义,认为"电场强度跟试探电荷受到的电场力成正比,跟试探电荷的电荷量成反比"。

（3）对词语的错误理解

物理概念是用一定的科学语言来严谨定义的,这样的科学语言抽象、严密、简洁。但是对于某些物理概念而言,如果学生用在生活中形成的对词语的理解来解释物理概念,可能会形成前概念,如错误地认为"加速度是速度的增加""速度越大,加速度越大""物体做减速运动的过程中,不存在加速度""匀速圆周运动是指速度保持不变的圆周运动"等。

(4) 教学的误导

在物理教学过程中,教师的教学语言、教学方式也可能误导学生,使其形成错误的前概念。例如,在学习"电流""电压"概念时,教师常用"水流""水压"来形象类比"电流""电压"。这种类比教学,有助于学生将抽象的物理概念形象化,有助于学生形成物理概念的表象,从而更好地理解物理概念。但是这样的类比教学是需要谨慎对待的,教师需要明确地告诉学生"水流"与"电流","水压"与"电压"哪些部分可以用于类比、为什么可以用于类比、是不是在其他方面这两者也是类似的。否则,学生有可能误认为微观的电流和宏观的水流一样都有方向,电流从正极流到负极,会先流过离正极较近的电子元件。

2.3.2 概念转变理论

概念转变是指个体原有的某种知识经验受到与其不一致的新经验的影响而发生的重大改变。概念转变可以分为两类:一类是概念丰富(Enrich),即新知识的纳入补充了现有认知结构,通过积累的方式使这些知识发生变化,在这种情况下新知识与原有知识之间基本是一致的,所以这是一种相对容易的概念变化方式;另一类是概念改变(Modify),即新获得的信息与现有的信念、假定或有关理解之间存在着冲突,个体对现有的认知做出调整或改造,这一类概念转变只有当已有的信念与假设被修正了才能实现,这类概念转变是较为困难的,所以也有人称之为"原理转变"(Principle Change)或"信念转变"(Belief Change)。

由于学生在进入课堂前已经存在了大量的前概念,这些前概念会影响学生学习新概念,所以实现学生的前概念转变是非常重要的。国外对于概念转变的研究主要开始于20世纪70年代,在20世纪80年代后,大量的研究开始涌现。其中较为著名的概念转变模型包括波斯纳(Posner)的概念转变理论、奇(Chi)的概念转变理论、沃斯尼亚杜(Vosniadou)的概念转变理论、迪塞萨(DiSessa)的知识碎片模型等。

1. 波斯纳的概念转变理论

在对前概念研究的基础上,1982年波斯纳等人提出了著名的概念转变模型(Conceptual Change Model,CCM)。波斯纳等人指出,概念转变理论旨在回答两个问题:第一,在什么条件下,一个错误概念会被一个科学概念所替代;第二,制约着学习者选择与接受新概念的概念生态圈的特征是什么。

(1) 概念转变需要满足的条件

波斯纳等研究者认为,一个人原来的概念要发生转变需要满足四个条件:对现有概念产生不满、新概念具备可理解性、新概念具备合理性、新概念具备有效性。

① 对现有概念产生不满(Dissatisfaction)。只有当学习者感到自己的某个概念失去了解释物理现象的作用时,他才可能改变原有的概念,甚至即使他看到了原来的概念的不足,也会尽力做小的调整。也就是说科学家和学生不愿意对他们的概念做较大的改变,除非他们认为较小程度地改变概念后无法达到相应的效果。因此,在概念转变发生前,学习者必须已经积累了一些无法解决的难题或特例,并丧失了对现有的概念能够解决这些难题的信心。现有概念所无法解释的事实(反例)引发了个体的认知冲突,这可以有效地导致对现有概念的不满。

② 新概念具备可理解性(Intelligibility)。学习者必须能够明白,新概念是如何能够充分解释已有经验的;他们需懂得新概念的真正含义,而不仅仅是从字面上理解新的概念。所以

他需要把各片段联系起来,建立整体一致的表征。

③ 新概念具备合理性(Plausibility)。学习者需要看到新概念是合理的,而这需要新概念与个体所接受的其他概念、信念相互一致,而不是相互冲突的,换言之,新的概念与个体所接受的其他概念或信念可以一起被重新整合。个体能够看到新概念的合理性,意味着他相信新概念是真实的。任何被采纳的新概念必须至少看起来能够解决原有概念所难以解决的问题,否则将被认为是不合理的。例如,天文中的一个新思想,如果与现有的物理知识不一致或其并没有清晰的物理意义,是很难被接受的。

④ 新概念具备有效性(Fruitfulness)。新概念应该具有被拓展、开创新探索领域的潜力,它能解决原有概念所难以解决的问题,并且能向个体展示出新的可能和方向,且具有启发意义。新概念的有效性意味着学习者把新概念看作是解释某问题的更好的途径。

概念的可理解性、合理性、有效性之间密切相关,其严格程度逐级上升。人对概念有一定的理解是接受概念的合理性的前提,而接受概念的合理性又是意识到其有效性的前提。

根据波斯纳的观点,如果满足了上述概念转变学习的四个条件,学生所持有的错误概念就会被科学概念所替代或改变。

(2) 概念生态

波斯纳等人在提出概念转变模型时,认为当学生在学习新概念的时候,若能满足概念转变的条件,新概念的相对状态(Status)就会升高,学生自然而然就愿意接受新的概念,并放弃原有的概念。

然而事实上,使用这样的理论并不如预期中顺利,例如,许多科学知识在用于解释现象时,比前概念还不能令人满意或难以理解,学生自然没有理由去进行概念转变。

此外,学生也都缺乏对新概念的元认知(Metacognition),所以学生常会继续持有他们的错误概念,而将科学概念置之不理。

这样的结果促使研究者重新审视学生概念转变的困难,认为影响学生概念学习的不单单只是概念转变模式中的四个条件,还应该有更多因素参与概念转变的过程,影响学生接受新的概念的意愿。

面对批评者的质疑,波斯纳等人开始重视影响学生学习的其他更复杂的背景因素,他们把影响概念转变的个体的经验背景称为"概念生态"(Conceptual Ecology)。

波斯纳认为,概念生态为学生提供了一个概念转变的环境,该环境中的各个因素都影响着学生概念转变的进行。

近年来,许多研究者指出,在学生的概念转变学习中,构成概念生态的因素对学生学习的过程产生着非常重要的影响。综合关于概念生态的研究,一般认为概念生态包含以下7个组成因素:

① 认识论信念(Epistemological Commitments)。研究表明认识论信念与个体对概念的理解、相信以及应用的程度有关,也就是说,个体具有的认识论信念会影响其对概念所处的状态的认识。

波斯纳等人的研究指出,通过深入了解学生的概念掌握情况,研究者可以找出他们对知识的认识论信念的类型。同时,休森(Hewson)也指出,通过对学生有关认识论信念的了解可以帮助教师确定学习者所处的概念状态。

② 原有概念(Prior Knowledge)。学习者的原有概念通常来自过去的经验。研究表明,

个体的过去经验与知识的建构息息相关;也就是说,知识的学习必须与学习者本身的经验有所关联。

有研究者将某些科学概念与学习者非正式教育所得的经验加以连接进行研究,结果显示,非正式教育环境所接触的课程、阅读、媒体、朋友及亲人,都是学生概念与知识的来源,特别是参与课外的科技活动,对于学生科学概念的发展有重大的帮助。

③ 学习的本质(Nature of Learning)。学习的本质是指学生如何获取知识的方式,例如,记忆的方式或理解的方式。以密度概念的学习为例,知识的本质探讨的是"什么是密度,它与物体浮沉有何联系性"的问题,学习的本质探讨的是"学生如何学习密度概念"的问题。

④ 概念的本质(Nature of Conception)。概念的本质探讨的是学习者如何表征知识。例如,学习者可能用反例(Anomalies)、类推(Analogies)、隐喻(Metaphors)、范例(Exemplars)或图像(Images)等方式来解释密度/浮沉的概念,这些呈现方式都是概念本质的一部分。

这些概念的本质会影响学习者直觉地判断自然现象的合理性。例如,当学生被教师问及重物是否比较容易下沉时,学生可能会以轮船或大树干也很重的实例,来解释重物不一定就会下沉的现象。

以下是一些常被学生用来解释概念的方式:

● 反例。当某事例与原有的概念发生某种冲突时,学习者会将它视为反例。这种冲突对于概念生态的发展有相当重要的影响。

● 类推与隐喻。有研究者针对概念生态如何影响问题解决的研究中指出,"类推"在科学概念的发展上,扮演一个极其重要的角色。当人们在解决一个不熟悉的问题时,通常会用自己熟悉的类似的事物来诠释。此外,他们在研究学生将某一问题类推到其他问题的方法时,发现学生类比问题的方式大多注重于外在的因素,如视觉或数字等。

此外,隐喻在真实世界与文化的经验中是很常见的。休森等指出,隐喻可以让个体利用某类事物来理解或检验另一类事物。隐喻是在解释难以理解的抽象概念时,使用的一种重要的概念性工具,因此,它可以促使新概念被理解。

例如,密度这个抽象概念可以用具体的视觉模型(如以点状多少代替质量大小,正方形大小代替物体的体积)来诠释物体质量分布的情形,进而理解密度的概念。

● 范例。范例也会与学习者先前对事物合理性的直觉产生冲突。当学生有某些错误概念时,以范例的方式进行概念的诠释有时无法有效地促进学习。

例如,直接以轮船为范例,告诉学生重物不一定会沉。其结果可能让学生认为只要是船都不会沉。因此,虽然范例可以帮助学生理解新的概念,但是教师在使用范例时必须注意,除了范例本身对学生而言必须是可理解或可接受的之外,教师必须适时澄清范例所要传达的概念,以免误导。

⑤ 问题解决的策略(Problem Solving Strategies)。当学习者解决问题时,其概念生态潜在地影响学习者形成假设、澄清假说,进而解决问题的过程。

帕克(Park)指出,看待问题的方式会随概念生态的改变而改变。对于某一特定问题,并不是所有概念生态的组成因子都会产生影响,而这样的限制会随问题的不同而有所不同。

此外,概念生态组成因子间也不是独立的,在许多情况下,组成因子间的界线是相当模糊的或是相互关联的。虽然学习者在问题解决的过程中,不会呈现出所有的概念生态组成因子,但是问题解决的策略还是被视为探讨概念生态的重要依据。

⑥ 情意领域(Affection Field)。情意领域对于学生的学习有相当大的影响。例如,学习态度不佳或学习情绪低落都是学生学习的障碍。研究发现,学校教授的知识大部分都不是直接易懂的,因此,很容易让学生对所学的知识产生不信任或厌恶的感觉,导致学习意愿低落,无法进行有效的概念学习,最后学生的概念还是停留在一些他们认为亲切且实用的概念上。再者,学生对于教师的授课或传授的知识所持的态度,也会影响学生主动参与学习的程度与自我建构学习的能力。因此,教师不能不重视学生在情意领域方面的表现。

⑦ 科学的本质(Nature of Science)。学生对"科学的本质"的看法也影响学生对知识本质与学习本质的认识。例如,假如学生认为科学的本质是科学概念和理论,学生就会坚持客观主义的知识观,把在学校所学的科学知识作为客观事实和绝对的真理,那么学生的学习可能会着重于事实的记忆。

假若学生认为科学的本质并不是科学理论和法则,而是在这些理论与法则建立的过程中隐含着的科学探索精神和科学方法,学生就会坚持建构主义的知识观,认为这些科学原理是会变化的,并且认为科学知识一定是通过科学方法获得的。

(3) 波斯纳概念转变理论的发展

需要说明的是,波斯纳等人提出的概念转变理论是建立在皮亚杰的认知理论基础上,并借鉴库恩的科学史与科学哲学对知识的"范式更替"的观点提出来的,该理论比较重视概念转变的整体一致性,强调"概念生态",特别是其中的基本信念对具体概念的制约作用。波斯纳等人的概念转变模型用科学理论的发展来类比个体的概念发展,所以该理论所指的概念并不能完全代表学生学习的各种概念,而是指一些较难转变的概念,尤其是指一些科学概念,例如时空观等,这可以说是该理论存在的局限之一。

波斯纳提出的概念转变模型,在物理学习的研究领域引起了广泛的影响。然而,人们也对该概念转变模型提出了一定的批评,概括起来有以下几种。

① 吉尔-佩雷斯(Gil Perez)等研究者发现,学生的错误前概念往往是与他们认识世界的直觉经验方法相联系的,所以我们不要只看到概念内容的改变,而忽视了学习者在认识方法上的改变。

② 不要用纯认知的观点来解释概念转变过程,应该注意到学习者的学习动机、学习态度的影响。研究发现,学生积极的态度、较高的责任感对概念转变很重要,而消极的自我印象、过度的焦虑或消极的态度等会妨碍认知冲突的产生。

③ 不要过于强调儿童日常经验中的核心信念对概念学习的限制,概念转变常常并不是随着核心信念的改变而彻底地变化,而是一个一个地进行的,这与科学理论的革命不同。

④ 波斯纳的概念转变模型过于关注学生前概念对知识结构的负面影响而忽视了前概念中的积极价值,并且过分强调认知冲突的作用,而实际上,概念转变并非全部是建立在认知冲突基础上的概念取代。

⑤ 一个概念的转变并不一定是一步完成,最初的前概念与科学概念之间有一段过渡,这个过程是渐进的,学生的前概念和科学概念往往会同时存在和使用,或者糅合成新的混合概念。

针对以上批评,波斯纳等人在1992年对其概念转变模型做出了修改。例如,针对上述第二点意见,他们把动机因素纳入概念生态中,这其中包括学习动机、对某学科的本质和价值的认识等。针对上述第三点批评意见,他们把将要发生转变的概念本身也看成是概念生态的一个组成部分,以体现某个具体概念与个体的经验背景之间的双向相互作用,从而强调概念生态本身也是不断发展变化的,而不是静止的。另外,他们指出,所谓的错误前概念有时并不是直接以现实表现的形式存在于学习者头脑中的,而只是个体根据现有经验体系为背景而推论出来的。

自从波斯纳提出概念生态之后,许多研究者通过实验对概念生态进行研究,研究发现:首先,学生的概念生态与学习是息息相关的,概念生态潜在地影响学生对自然现象的了解;其次,学生的概念生态存在着较大的差异,这种差异主要表现在概念生态的组成因子及其关联性。

2. 奇的概念转变模型

奇等人提出了基于本体论的概念转变理论,该理论从不同于波斯纳等人的研究视角对概念转变进行了阐述。奇从本体论的角度将概念分为三类:物质(Matter)、过程(Process)、心理状态(Mental State):"物质"指的是含有特定属性的东西,如红色的太阳、坚硬的固体等;"过程"指的是事件的发生,可能有序列、有因果关系,也可能只是概率问题,但它反映出自己特定的属性;"心理状态"则指情意态度的部分。每一个基本类别下又有若干子类别,层层展开,好像树枝一样延伸开,从而构成本体论树。

如果学生把某种概念归到它本不属于的类别中,这便造成了错误概念。根据日常生活经验进行分类与根据认知心理层面进行分类,如果两者不一致,将导致错误概念。例如,科学的"电流"概念指自由电子在电场力作用下定向移动,是属于"过程"类别的物理概念,但学生由于把电流与水流类比,常将它放置在物质类别中,认为它具有物质的特性,就会把水流的特征附加到电流上——电流能够被储藏(电池中含有电流)、电流具有流动性(电流从电池流向灯泡)、电流能够被消耗(点亮灯泡电流被消耗,"电流会用完"),从而形成对"电流"概念的错误理解。这是因为学习者在心理层面将原本属于"过程"类别的概念划分到"物质"类别,从而把"物质"类别的特征附加在这个概念上,造成概念的错误理解。

由于在三种根本的本体论类别上的混淆而造成的错误前概念是最难转变的,比如,把"力"看成是物质而非物体与物体的相互作用过程,这一混淆将会妨碍学生对力学中物理概念的学习,如惯性定律、弹力、摩擦力概念等。换言之,这些基本概念对具体物理概念的学习存在着制约关系。

基于本体论的概念转变理论对概念转变的促进有两方面的启示。首先,课程、教材和教师应关注学生的本体论信念,比如,教材应明确提出"过程"类别,让学生清晰地意识到许多科学概念属于"过程"类别下"基于条件的相互作用"的子类别;其次,教师应注意教学语言,避免使教学语言强化了学生错误的概念分类,比如,教师在电流概念教学中常常用水流比喻电流,虽然这样的类比能使电流形象化,但很可能会促使学生用流体的特征理解电流,因此在教学过程中教师用水流比喻电流应当谨慎。

奇等研究者从本体论的角度提出的概念转变理论,强调关注学生对科学概念在本体论层面上的分类,与波斯纳从认识论角度提出的概念转变理论形成一种互补,对学生的物理概念学习具有启发作用。

3. 沃斯尼亚杜的概念转变理论

沃斯尼亚杜是学生概念认知研究领域较有影响力的学者,她基于发展心理学对儿童朴素理论的研究成果,提出了框架理论,并从框架理论的角度对概念转变加以阐释,在科学课程学习领域进行了大量的实证研究。

沃斯尼亚杜指出,概念根植于对它们起约束作用的更大的理论结构中,理论结构包括框架理论(Framework Theory)和具体理论(Specific Theory)。具体理论包含信念(Beliefs)和心理模型(Mental Models),具体理论受框架理论的约束在特定的问题情境中生成。当学习者在包含错误的本体论和认识论的框架理论下吸收新的信息时,学习者将会产生错误的概念。沃斯尼亚杜的这种框架理论包含本体论和认识论的前提基础,从婴儿的朴素理论发展而来。她认为,学生关于物质世界的朴素框架理论(Naive Framework Theory)在儿童时期就建立了,并逐渐形成了个体本体论和认识论的基础。在认识与理解自己观察到的客观世界的结果及所接受信息时,学生就建立起了关于物质世界的具体理论,但具体理论会受到了框架理论的限制。

沃斯尼亚杜等人对幼儿园到初中三年级的学生如何理解物理学中的"力"的概念进行了深入的研究,研究结果发现:学生对力的理解包含两种本体论和认识论信念,即"力是物体内部固有的属性"和"力是运动物体获得的属性"。学生在框架理论的约束下会生成具体理论,该具体理论将被用于解决特定的问题。例如,学生在"力是物体固有属性"这一框架理论的影响下,吸收了对物理现象的观察以及社会学习在内的外来信息——"物体有大小轻重""某些物体能推拉或阻碍其他物体",这些外来信息整合成了"力是体积大的或质量重的物体具有的属性"的心理模型,而这个心理模型被学生用来解释研究访谈中面临的问题情境,理论结构如图 2-2 所示。

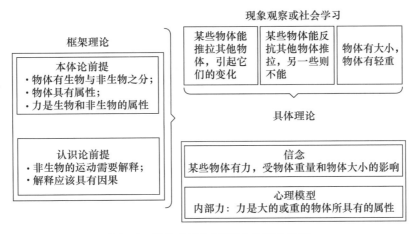

图 2-2 学生关于"力"概念的理论结构

沃斯尼亚杜等人还对学生关于地球的心理模型进行了访谈研究,研究发现:学生的一些本体论的、认识论的信念对学生的具体概念有重要影响,他们通常持有"空间有上下之分""没有支撑的物体会下落"的本体论和认识论信念,在这种框架理论的影响下,学生容易形成"圆盘地球""中空地球"等关于地球形状的心理模型。这种框架理论使得学生无法相信地球是球形的,因为如果地球是球形的话,住在地球下方和两侧的人岂不要掉下去了?另外,他们还研究了儿童对昼夜交替的理解,也发现了儿童各种经验间的一致性,比如,一个儿童把大地看成是扁平的,那他便很难相信昼夜是地球的自转造成的。

基于框架理论的概念转变理论认为,学生错误的心理模型可以被放弃,但背后的本体论和认识论信念很难被抛弃,因为它一般不为学习者所意识和检验。因此,概念转变需要促进学生的元概念意识,需要促进学习者对理论结构尤其是框架理论的意识和反思。同时,该理论认为仅仅挑战学生的错误概念或错误心理模型并不能完满地实现概念转变,因为错误的根源在于概念背后起约束作用的框架理论,它从婴儿朴素理论发展而来,具有一定的牢固性,挑战这些认识论和本体论的前提才能引发根本的概念转变。

4. 其他的概念转变理论

休森等人在波斯纳的概念转变理论的基础上,把概念的可理解性、合理性和有效性称为概念的状态。采用外部的、可观测的"概念状态"作为标识,来描述学习者内部的、内隐的概念转变学习过程。他们认为,概念的可理解性、合理性、有效性三者之间密切联系,概念的可理解性是低状态,合理性是中间状态,有效性是最高状态,概念转变的过程就是新概念状态不断提升、原有概念状态不断下降的过程。换言之,学习者对概念有一定的理解是认识概念合理性的前提,而学习者认识到概念的合理性又是意识到其有效性的前提。并且新概念的状态和原有概念的状态,都会对概念的转变产生影响,这两者之间存在交互作用。值得注意的是,概念的上述三种状态并不是实际上的概念,而只是个体所看到、所意识到的可理解性、合理性和有效性,是个体对新、旧信息整合过程的元认知监控。索利(Thorley)给出了判断概念状态的操作性指标,形成了一套诊断学习者概念状态的工具,为概念转变研究引入了新的方法和思路。研究者可以通过观察、访谈或问卷调查的形式获取有关信息,诊断学生的概念所处的状态。

迪塞萨认为学生对物质世界的直觉知识是零碎的(Knowledge in Pieces),人的日常经验并不像科学概念那样与某些基本原理紧密地联系在一起,而是一个个的初级认知图式,这些认知图式是对物理现象或物理过程的表面的解释,而非逻辑推理产生的认识。例如,让学生解释为什么夏天比冬天热,许多学生会回答是因为夏天的时候地球更靠近太阳。这样的回答来源于学生在日常生活中积累的"越靠近火越热"的直觉经验。错误的前概念是由特定的零散的认知图式引起的,概念转变学习就是要让这些分立的、零散的图式,与其他复杂的知识结构联系起来,而这一过程需要在系统的教学中完成。

杜施尔(Duschl)和吉托姆(Gitomer)认为,不要过于强调核心概念在概念转变中的作用,应该从目的、方法和概念(理论)三者之间的相互作用来认识概念转变。儿童的具体概念到底在何种程度上受其核心概念的制约,而具体概念又在何种程度上影响到核心概念的改变,这是一个需要探索的重要问题。

2.3.3 概念转变教学策略

近40多年来,研究者们对于学生的物理概念学习开展了大量理论研究,并且在理论研究的基础上,将研究成果应用于物理概念的教学实践中。研究者把物理概念学习看作儿童关于自然现象的原有概念的发展或转变,而不是新信息的点滴累积过程。研究者提出了建立在这个观点之上的各种学习模型。这些工作对于课堂教学实践都有重要意义。

根据目前已有的研究成果,研究者将促进概念转变的教学策略分为两大类:第一类教学策略建立在认知冲突和解决冲突基础上;第二类教学策略以学习者原有的前概念为学习的基础,利用比喻和类比的教学方法将前概念扩展到新概念。这两类教学策略所强调的侧重点不同,前者强调认知冲突在物理概念转变学习中的作用,其观点可以看作来自皮亚杰的理论,认为学习的核心是学习者积极参与对知识的重组,是以学生的认知结构为基础进行扩展的教学策略;后一种教学策略强调以学生已有的前概念作为学习的支点,强调前概念是新概念学习的学习资源,强调前概念对新概念学习的积极作用。

1. 以认知冲突为基础的教学策略

波斯纳的概念转变理论指出,"对原有概念产生不满"是概念发生转变所需满足的第一个条件。自此之后,激发认知冲突(Cognitive Conflict)的教学策略,成为研究者和教育者广泛采用的概念转变策略之一。许多促进概念转变的教学过程是建立在构建及解决认知冲突的基础上的。这些教学过程包括创设一定的物理情境,使学生明确自己对一些物理现象所持的前概念,然后通过教学环节直接挑战学生的前概念,从而引起认知冲突,为学生的概念转变创造条件。

(1) 产生式教学策略

科斯格儒(Cosgrove)和奥斯本(Osborne)等研究者提出了一种"产生式教学策略",要求学生明确地解决不同观点之间的差异,例如学生之间的、教师的、教材的观点。该教学策略由四个阶段组成:

① 预备阶段:教师需要理解科学家的观点、学生的观点和自己的观点。

② 集中阶段:给学生创造学习机会来探索与概念有关的情境,最好是真实的日常生活情境,鼓励学生阐明自己的观点。

③ 挑战阶段:学习者之间对现有的观点进行争论、辩护或质疑;然后,教师再介绍科学的观点。

④ 应用阶段:给学生提供各种物理情境来应用新的物理概念。

科斯格儒和奥斯本等研究者强调,科学概念只有通过实验演示或类比的方法,使学生认为它是明智的和合理的,才能积极地接受它。这一点也是符合波斯纳的概念转变理论的。

(2) 以对话为基础的教学策略

查朴尼(Champagne)等研究者提出了一种以对话为基础的教学策略,该教学策略能够用于改变学生在特定的领域内的前概念。具体而言,它包括以下几个步骤:

① 首先使学生明确他们用于解释或预测一个常见的物理现象的前概念(例如,关于向外排气的气球的运动)。

② 每个学生对自己的预测或概念作进一步的分析论证,并向全班同学介绍自己的观点。

③ 学生尽力阐述自己的观点是正确的。经过讨论和争论,每个学生都能明确自己对于有关物理情境中的观点。

④ 教师演示物理现象(例如,释放气球、敲击音叉),并用科学概念对物理现象或物理过程进行理论解释。

⑤ 让学生进一步讨论,让他们将自己的分析与科学的分析进行比较。

已有的教学研究表明,在教学过程中,讨论、考虑他人的观点,将所研究的情境与其他的真实物理现象相联系,对于促进概念的转变非常重要;同时指出,必须激励学生增强自主学习的动机,经过这种教学课堂讨论的学生的物理概念的学习质量能够有所提高。

(3) 基于认知冲突的五步教学策略

斯托夫莱(Stofflett)和司徒塔特(Stoddart)提出了基于认知冲突的概念转变五步教学策略:

① 给学生提供一个有挑战性的情境,鼓励学生根据自己已有的经验背景做出个人的预测。

② 学生先进行小组讨论,然后全班一起交流他们的预测与解释,从而暴露出他们的前概念。

③ 学生以小组为单位,设计实验来检验他们的预测。

④ 根据实验结果与学生依据错误概念所产生的预测之间的冲突在课堂展开讨论,使学生初步接受科学概念。

⑤ 教师及时提供一些类似情景,使学生能够将从实验中得到的科学概念延伸到其他情景中,从而进一步巩固科学概念。

2. 以学生的前概念为基础的教学策略

与引起冲突并要求学生解决冲突的教学策略不同,第二类教学策略是建立在学生已有前概念的基础上,通过教学,使学生的前概念向科学概念发展和拓宽。最为常用的是类比教学策略,在此主要介绍布朗(Brown)和克莱门特(Clement)提出的架桥策略,其能够增加有益的直觉经验,并减少错误直觉经验的应用范围。利用学生原有的直觉经验形成的前概念,在被学生误解的"靶例"和"锚例"之间形成类比关系,通过这种方式来发展学生对科学物理概念的理解。架桥策略包含四个步骤:

① 创设一个靶子问题,暴露学生与讨论主题相关的错误概念。比如,大多数初学物理的学生对于静止在桌子上的书会受到向上的力,往往产生错误的概念。最典型的观点是,桌子是被动的,不能对书施加向上的力。

② 教师举出一个符合学生直觉的类比例子(例如,用手托着一本书),这个例子称为一个"锚例"或"锚"(锚的直觉含义是初学者所持有的和物理理论基本相容的信念)。

③ 教师要求学生在锚例和目标事件之间作出明确的对比,并试图建立类比关系。

④ 如果学生没有接受这种类比,教师再试图找到一种或者一系列"架桥类比",即在目标和锚之间插入的概念化的中介物,例如,对于放在桌子上的书,可以用放在弹簧上的书作为中介物。

以上关于促进概念转变的教学策略有许多共同点:

① 概念转变教学需要一些迎合学生前概念的直觉物理情景(如布朗等所说的"目标问题"(Target Question)、科斯格儒和奥斯本提出的"集中教学阶段"(Focus Phase)、查朴尼等提出的对话教学的第一个教学流程等)。

② 学生需要明确自己已有的前概念以及自己的观点和科学概念之间的差距,而且这一学习过程需要学生自主完成。

③ 让学生将自己对现象的观点表述出来,可以帮助学生发现自己的前概念。

④ 有效的讨论能促进学生的概念转变。

⑤ 科学概念需要通过实验、教师演示或类比等其他教学方法的配合,才会使学生认为科学概念是合理的。

灌输式教学或简单的结论式教学,不可能使学生真正地理解科学概念。学生可能记住和接受了科学概念的定义,但并不意味着彻底放弃了原有的错误概念。概念转变教学要求教师提供丰富、具体、具有说服力的科学事实,使学生认识到自己原有概念的不足,引发认知冲突；引导学生对实际中的问题进行讨论，通过生生之间、师生之间的相互交流和讨论，使学生从不同的角度改进自己的经验和认识，转变自己不正确的观点，逐步实现对概念全面、准确的理解；要重视引导学生去应用概念解决实际问题，在实践中深化对概念的理解。

学生的物理概念学习并非从零开始。他们每天都置身于物质世界中，会不自觉地形成对客观世界的直观认识，所以学生总是带着丰富的前概念进入物理课堂学习。物理概念教学需要充分考虑到学生的前概念，立足于前概念与概念转变的视角，关注学生的物理概念学习。

思考与实践

1. 教师在教学中可以通过哪些途径了解学生的前概念？
2. 试分别列举力学、热学、电磁学中的三个常见的学生前概念。
3. 基于前概念及概念转变模型，设计一个关于"热传递"概念教学的方案。

参考文献

[1] GUZZETTI B J, WILLIAMS W O, SKEELS S A, WU S M. Influence of text structure on learning counterintuitive physics concepts[J]. Journal of research in science teaching, 1997, 34(7).

[2] CHINN C A, BREWER W F. The role of anomalous data in knowledge acquisition: a theoretical framework and implications for science instruction[J]. Review of educational research, 1993, 63(1).

[3] DEMASTES S S, GOOD R G, PEEBLES P. Patterns of conceptual change in evolution[J]. Journal of research in science teaching, 1996, 33(4).

[4] VOSNIADOU S, BREWER W F. Mental models of the day/night cycle[J]. Cognitive science, 1994, 18(1).

[5] HAMMER D. Student resources for learning introductory physics[J]. American journal of physics, 2000, 68(S1).

[6] DISESSA A A. Toward an epistemology of physics[J]. Cognition and instruction, 1993, 10(2-3).

[7] CHI M T H, SLOTTA J D, DE LEEUW N. From things to processes: a theory of conceptual change for learning science concepts[J]. Learning and instruction, 1994, 4(1).

[8] VOSNIADOU S. Capturing and modeling the process of conceptual change[J]. Learning and instruction, 1994, 4.

[9] WHITE R T, GUNSTONE R F. Metalearning and conceptual change[J]. International journal of science education, 1989, 11(5).

[10] POSNER G J, STRIKE K A, HEWSON P W, GERTZOG W P. Accommodation of a scientific conception: toward a theory of conceptual change[J]. Science education, 1982, 66.

[11] GIL-PEREZ D, CARRASCOSA J. What to do about science "misconceptions"[J]. Science education, 1990, 74(5).

[12] PINTRICH P R, MARX R W, BOYLE R A. Beyond cold conceptual change: the role of mo-

tivational beliefs and classroom contextual factors in the process of conceptual change[J]. Review of educational research,1993,63(2).

[13] DREYFUS A,JUNGWIRTH E,ELIOVITCH R. Applying the "cognitive conflict" strategy for conceptual change—some implications, difficulties, and problems[J]. Science education, 1990,74(5).

[14] 吴娴,罗星凯,辛涛. 概念转变理论及其发展述评[J]. 心理科学进展,2008(6).

[15] IOANNIDES C,VOSNIADOU S. Exploring the changing meanings of force:from coherence to fragmentation[J]. Cognitive science quarterly,2001,2(1).

[16] VOSNIADOU S,IOANNIDES C. From conceptual development to science education:a psychological point of view[J]. International journal of science education,1998,20(10).

[17] HEWSON P W. A conceptual change approach to learning science[J]. European journal of science education,1981,3.

[18] DUSCHL R A,GITOMER D H. Epistemological perspectives on conceptual change:implication for educational practice[J]. Journal of research in science teaching,1991,28.

[19] SCOTT P H,ASOKO H M,DRIVER R H,等. "为概念转变而教"策略综述[J]. 物理教师(高中版),2003(5).

[20] STOFFLETT R T,STODDART T. The ability to understand and use conceptual change pedagogy as a function of prior content learning experience[J]. Journal of research in science teaching,1994,1.

第 3 章　物理问题解决

> **学习目标**
>
> 1. 知道问题和问题解决的含义,描述问题解决的特征。
> 2. 描述原始物理问题与传统抽象习题的主要特点,描述结构良好物理问题与结构不良物理问题的主要特点。
> 3. 知道什么是问题的外部表征和问题的内部表征。
> 4. 描述并举例说明物理问题的多元表征。
> 5. 描述并举例说明物理问题四层次表征。
> 6. 比较专家与新手物理问题表征的差异。
> 7. 解释物理问题图式在问题解决中作用。
> 8. 知道物理问题解决策略的弱方法和强方法,并解释物理问题解决过程的策略。
> 9. 举例说明提高学生物理问题解决能力策略的应用。

在物理教学中,让学生学会解决物理问题,掌握解决物理问题的技能和技巧,是教师在教学中期望达到的最重要的目标。教师不仅希望学生获得物理知识和技能,还希望学生像科学家那样,能够综合运用学到的知识和技能来解决问题,掌握科学的思维方式。《普通高中物理课程标准(2017年版)》指出,教师应通过问题解决促进物理学科核心素养的形成,促进其基于真实情境的学科和跨学科问题解决能力的发展。本章将阐释物理问题、物理问题解决的含义及类型,介绍物理问题表征理论和物理问题图式理论,探讨物理问题解决策略,最后提出若干提高学生物理问题解决能力的策略。

3.1　物理问题解决概述

3.1.1　问题的含义

格式塔心理学家唐克尔(Dunker)在1945年提出关于问题定义的观点是:"当有机体有了目标,但又不知道如何达到目标时,就产生了问题。"问题是指个体面临的,不能直接用已有的知识、经验和方法加以处理,而必须重新组织已有的知识信息才能解决的疑难情境。

当代认知心理学对问题比较一致的定义是:"问题是给定的信息和目标之间有某些障碍需要被克服的刺激情境。"任何一个问题都含有三个基本的成分:一是给定的条件,即已知信息,是一组已知的关于问题的条件的描述,或在问题中已经给出的各种信息,即问题的起始状态;二是要达到的目标,即问题要求的解决方案或目标状态;三是存在的限制或障碍。问题的起始状态到目标状态之间不是直接的,必须通过一定的认知活动或思维活动才能找到答案。而问题的本质是主体对客体的认知差距,是环境与思维之间的失调状态。

中学物理研究的问题,是针对若干个物理概念和规律,在一定的物理情境或者一定的条件下要求学生解决的相关问题。

3.1.2 问题解决的含义和特征

问题解决是指经过一系列认知操作完成某种思维任务,在心理学上问题解决一般被定义为一系列有目的认知操作活动过程,是指由一定的情境引起的,按照一定的目标,应用已有知识和技能等,经过一系列的思维操作,使问题得以解决的过程。该过程需要问题解决者运用并重组已有的信息、知识、经验,寻找新的策略方法,制订实施的方案,朝着问题的目标状态进行内隐性操作(思维)和外显性操作(动作)。问题解决的定义主要包括以下三个要点:首先,问题解决具有目的指向性;其次,问题解决是一系列的操作;最后,这种操作也是一种认知操作,也即问题解决本质上是一种思维活动。

问题解决有以下4个特征:

第一,问题情境性。问题总是由问题情境引起的。问题情境就是出现在我们生活中的,使我们感到困惑但又不能利用经验直接去解决的情况。这种情境性能促使我们进行思考,开动脑筋,并采取相应的策略去改变、去解决这种情境。问题解决的过程就相当于是问题情境消失的过程。当一个问题解决之后,再遇到同类情境时就不会再感到困惑。

第二,目标指向性。问题解决是有明确目标指向的。问题解决的过程就是寻找和达成目标的过程,可以通过直觉与猜测,也可以通过分析与推理,还可以通过联想与想象,但无论通过哪一种途径,都必须受到目标的指引。

第三,操作序列性。问题解决包含一系列心理操作,这种操作是成序列、有系统的。序列出现错误,问题就无法解决。采用不同的方法和途径解决同一问题时会呈现出不同的序列。选择一种解决问题的方法和途径,实际上就是选择了一种序列和系统。

第四,认知操作性。问题解决的活动至少要有认知成分的参与,它的活动依赖于一系列的认知操作。解决问题当然应该伴随情感,也常常需要付诸行动,但是不可缺少的是认知操作。认知操作是解决问题的最基本成分。

3.1.3 物理问题解决的含义及类型

1. 物理问题解决的含义

物理问题解决是指学生在理解和掌握物理知识和技能的基础上,在课内或课外,面临一个具有新意的物理问题时,力图寻找有关的物理概念、规律、方法去解决这一问题的心理过程。有些问题的回答,像"复述牛顿第一定律的内容"等,因为学生在思考答案的过程中只是检索记忆而没有重要认知成分的参与,不能被认为是物理问题解决活动。物理问题解决是指需要通过分析现象、补充内容、增加条件、选择方法、设计程序、计算数据、实验验证、实践检验等过程才能完成的活动。

2. 原始物理问题与传统抽象问题

根据物理问题的内容呈现形式,可以分为原始物理问题、传统抽象问题。

原始物理问题是关于物理方面的实际问题,是自然界及社会生活和生产中客观存在的,尚未被分解、简化、抽象加工的典型物理问题。它具有以下特点:

① 是对物理现象的描述,没有对物理现象做任何程度的抽象;
② 基本是文字的描述,通常没有任何已知条件,其中隐含的物理变量、常数等需要学生自己去设置;
③ 没有任何示意图,解决问题所需要的图像由学生自己画出;
④ 对学生来说不是常规的,不能靠简单的模仿来解决;
⑤ 来自真实生活情境;
⑥ 具有趣味和魅力,能引发学生的思考,并向学生提出智力挑战;
⑦ 不一定有唯一的答案,各种不同水平的学生都可以由浅入深地做出回答;
⑧ 解决它需伴以个人或小组的活动。

【例 3-1】 原始物理问题 1

各地区的燃气价格涨了,电价也提高了,调整后的价格分别为:电价 0.56 元/度,一瓶 15kg 的液化气价格为 78 元。一个四口之家原先用功率为 2000W 的 80L 电热水器洗浴,但由于电热水器需要预热一定的时间直到预定的温度后才可使用,使用起来比较费时,因此他们考虑换个燃气流量为 0.02kg/min 容积为 8L 的可随开随用的燃气热水器,却不知是否会比电热水器更划算,在忽略损耗的情况下,请你利用所学的知识帮他们做出选择。

【例 3-2】 原始物理问题 2

一名同学骑着自行车,以一定的初速度在水平面上做直线滑行,需要多远的距离自行车能够停止?

传统抽象问题是指物理教材或辅导材料上的例题、思考题、练习题和测试题等,这种问题是把物理现象进行抽象、简化、分解,经人为加工出来的物理习题。这类习题往往是为巩固物理概念、规律而人为加工选编出来的。它具有以下特点:

① 不是对物理现象的描述,而是对现象的高度抽象;
② 虽然也是文字的描述,但所有已知条件都已给出,不需要学生自己设置;
③ 凡是解题所需要的图像都已给出,不需要学生自己画;
④ 对学生来说是常规的,靠简单的模仿即可解决;
⑤ 少部分来自生活真实情境,大部分没有生活真实情境;
⑥ 缺乏趣味和魅力,主要用来训练学生掌握知识;
⑦ 有唯一的答案或计算结果;
⑧ 一般靠个人思考就能解决,基本上不需要小组活动。

【例 3-3】 传统抽象问题

各地区的燃气价格涨了,电价也提高了。调整后的价格分别为:用电价格 0.56 元/度,一瓶 15kg 液化气的价格为 78 元。现有一台 8L 燃气热水器和一台电功率为 2000W 的 80L 电热水器。在同等使用环境与同等热水产出量的前提下,电热水器需要预热一定的时间,直到预定的淋浴温度才可使用。而燃气热水器一般可随开随用,表 3-1 是一些使用参数(不计热损耗),试根据相关数据分析居民用哪种热水器更划算?

表 3-1　两种热水器比较

参数和名称	80L 电热水器	8L 燃气热水器
每次淋浴时间	10min	10min
淋浴出水量	8L/min	8L/min
电功率；燃气流量	2000W；0.02kg/min	2000W；0.02kg/min
初末温度	$t_0=15°C$　$t_末=40°C$	$t_0=15°C$　$t_末=40°C$

对比例 3-1 与例 3-3，例 3-3 提供了完美而详细的模型数据，包括初末温度、淋浴出水量和每次淋浴时间，为了让所用物理规律更加"明显"，题目还用表格的形式将两种热水器的所有数据一一对比，有"考试经验"的学生看到 t_0 和 $t_末$ 就可猜测出一定用到公式 $Q=cm(t_末-t_0)$。但是在实际生活中要解决这样的问题，某些数据条件，如温度、时间是需要通过调查或估计等手段获得的，也不可能正好就是 10min、15℃、40℃ 这样便于计算的整数。而例 3-1 构建了一个真实的问题情境，学生需要根据问题情境并结合自己的生活常识估计前后温差和洗浴时间，选定合适的物理规律并独立提出方法，使问题得以解决。

物理教学改革的创新主要体现在教学思想、教学方式，特别是对学生科学思维能力的培养上。创新应当是在继承基础上的创新，创新与继承是相辅相成的。因此，物理教学应当以传统抽象问题的演练为基础，以原始物理问题的解决为升华。

3. 结构良好物理问题与结构不良物理问题

问题解决的过程就是通过一系列的操作，从问题的初始状态开始，经过各种中间状态，达到问题的目标状态的过程。所有问题状态的集合即为问题空间，问题解决最重要的就是对问题空间的心理建构和操作活动。根据问题空间是否明确，可以把问题分为结构良好问题和结构不良问题。

借鉴认知心理学的理论，可以将结构良好物理问题定义为初始状态、中间状态和目标状态都很明确的物理问题。这类问题的已知条件已经明确限定，待求的未知物理量也很确定，只要分析一下已提供的条件或物理情境，选择对应的概念或规律，遵循其适用条件，根据不同类型问题选择相应的解题方案，把提供的已知物理量代入公式或方程式，得到正确答案就是水到渠成的事。

【例 3-4】 结构良好物理问题

一质量为 M 的静止木块，从倾角为 θ、长度为 L 的斜面顶端下滑，木块与斜面的摩擦因数为 μ，求当物体到达斜面底端时的速度？

与结构良好问题相比，结构不良问题具有如下五个特点：

① 和具体情境相联系；

② 问题的描述比较模糊；

③ 给定信息不完全；

④ 目标不确定；

⑤ 不知道哪些概念、规律和原理对于解决问题有用。

因此，结构不良物理问题可以定义为初始状态、中间状态和目标状态三者至少有一个没有明确界定的物理问题。例如，设计一个实验来验证动量守恒定律，就是典型的结构不良物理问题。问题的成分是未知的,问题空间的结构不明确。这类问题通常有多种解决途径和解决方案。

【例 3-5】 结构不良物理问题

宽广的路面上,汽车匀速行驶,突然发现前面不远处有一小孩横过公路。司机可以采取什么方式避免事故?请根据学过的理论求证自己选择的方式在什么范围内有效。

应试教育广为诟病的一大弊端是培养出的学生只会做题,而这些题目的初始条件都是现成的、目标状态都是已知的,大都是结构良好问题,学生不需要选择目标状态,不需要从大量信息中选择对解决问题有用的信息,这种问题训练出来的学生,往往缺乏选择能力和迁移能力,学到的知识只能在考试情境中使用,而换一种情境就不知所措了,具体表现为缺乏解决实际生活和工作情境问题的能力。究其原因,因为学生得到的训练都是解决结构良好问题的训练,其认知能力受到很大的局限。要改变这种状态,就必须从培养解决结构不良问题的能力入手,让学生在真实世界中体验问题的复杂性和丰富性,学会选择、推理、评价和监控,这是摆在教育者面前十分重要的课题。

3.2 物理问题表征研究

问题表征是问题解决的关键和研究的核心。表征是认知心理学的基本概念,认知心理学家一般将信息在头脑中的呈现方式称为表征,它包含信息和信息表征两种含义。物理问题表征是学生通过阅读题目获取信息并运用所学物理概念、原理对问题信息进行加工,建立正确的物理模型,顺利完成由已知到未知转变的能力。

具体学科问题的表征层次虽各不相同,但有共同之处,都认为问题表征可分为高、低两个层次,低层次问题表征以字面理解、表面特征的提取与加工为主,高层次问题表征则是以问题的内部结构特征和理论范畴为主。物理问题表征既有普通问题表征的共性,又有物理问题的独特个性。物理问题表征模型是基于动力学问题提出来的。

主要有两种比较有代表性的观点:① 廖伯琴教授在麦克德莫特(McDermott)和拉金(Larkin)提出的物理问题解决表征层次理论基础上,进行了物理问题表征的动态和静态研究,将物理问题表征分为文字表征、朴素表征、物理表征和数学表征四个层次;② 邓铸博士提出中学生物理问题解决是问题表征态不断变化的过程,经历了无表征态、外部表征态、初级内部表征态、低级范畴性表征态、高级范畴性表征态和符号化表征态,这种变化过程具有非线性的、连续的和静态与动态结合的特征。

3.2.1 问题的内外部表征

问题表征的概念包括了问题的外部表征和内部表征。

问题的外部表征即问题本身的提法、问题的外部结构和情境等。它不只是对内部意识的刺激和输入,还对许多认知任务具有指导、约束作用,甚至还能决定认知行为。问题的外部表征最早被定义为问题情境的成分和结构,包括物理符号、物体、维度、外部规则、约束条件或边界条件等,这些信息只能被知觉系统觉察、分析和加工。而物理习题的呈现和表述常常用到多种外部表征形式,包括文字、算式、示意图、曲线图等,而这些表征方式常常是问题能否成功解决的决定性因素。这种物理问题的外部呈现方式包括文字、符号、图表、图形、照片等。

问题的内部表征就是个体依赖自身的知识结构,通过注意、记忆和思维等心理过程,产生的对物理问题的进一步理解和解答。内部表征的信息,必须依靠认知操作,从记忆系统中提取。一般来说,正确的物理问题内部表征是解决物理问题的关键。不完整的内部表征会成为问题解决的最大内部障碍。

3.2.2 物理问题的多元表征

多元表征是指一个概念或问题以多种形式表征。物理问题中常用到的表征形式分为以下几种:文字表征、数学表征、图像表征和图片表征,统称为物理问题的多元表征。一个物理问题可用多种形式来表征,举例如下:

① 文字表征是指用语言文字来描述物理过程、情景或推理过程。

【例 3-6】 一辆汽车在一个标志牌前初速度为零,以 2m/s^2 的加速度向前开出,当汽车的速率达到 10m/s 时,它将继续以恒定的速率前进。

② 数学表征是指用方程等数学表达来描述物理过程、情景或推理过程(例 3-6 的数学表征如图 3-1 所示)。

$0<x<x_1$ 并且 $0<t<t_1$	$x_1<x$ 并且 $t_1<t$
$x=0+0 \cdot t+(1/2)(2\text{m/s}^2)t^2$	$x=x_1+(10\text{m/s})t$
$v=0+(2\text{m/s}^2)t$	$v=+10\text{m/s}$

图 3-1 例 3-6 的数学表征

③ 图像表征是指用连续性图像、离散性图像或图表等来描述物理过程、情景或推理过程(例 3-6 的图像表征如图 3-2 所示)。

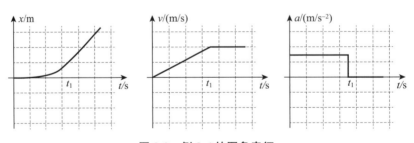

图 3-2 例 3-6 的图象表征

④ 示意图表征是指用图片、图画形象地描述物理过程、情景或推理过程(例 3-6 的示意图表征如图 3-3 所示)。

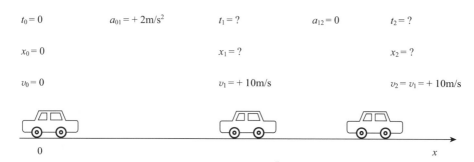

图 3-3 例 3-6 的示意图表征

在建构和应用知识时,科学家们常常以多种方式来呈现知识,检查知识间的一致性,使用一种表征来帮助建构另外一种表征。例如,1950 年,费曼示意图提供了一套形象易理解的量子化处理的表征,同时也开发了一套示意图与方程间相互转化的法则,推动了量子电动力学发展。这些定性的表征,特别是图表或示意图表征,有助于物理学家进行定性的物理过程的推理以发现数据间的规律,避免了复杂的数学计算。

已有研究发现,中学生对物理问题的各种表征有一定的使用意识,但是掌握情况不是很好,还不能在各种表征之间进行灵活转换。而在具体的物理题目中,部分学生往往也不能综合应用几种表征方式,导致无法正确解答物理问题。而在不同表征形式方面,学生普遍认为数学表征形式更容易理解,他们认为图像、图表表征最难,文字表征次难。测试结果也是符合学生自己的评价结果:图像、图表类题目错得最多,文字表征、数学表征形式的题目完成得很好,这可能与平时的经常进行相应的解题训练有关。

3.2.3 物理问题四层次表征研究

在麦克德莫特和拉金的物理问题解决的四个表征层次和安西(Anzai)的问题解决模式的基础上,廖伯琴 1999 年提出了关于物理问题解决的表征体系。解决物理问题时将依次产生四个表征层次:文字表征,朴素表征,物理表征和数学表征。① 文字表征主要与问题的文字描述有关。② 朴素表征则与问题的整体框架有关,与日常生活经验及具体物体有关,若学生受生活现象的影响而停留在此表征层次,则容易产生物理前概念,出现经验解题模式。③ 物理表征产生于学生对抽象的物理概念的理解,在该表征层次,若学生对物理概念或原理的理解有误则会产生错误的科学表征,导致错误的科学解题模式,反之则产生正确的科学解题模式。④ 数学表征则与问题的物理公式或有关推导有关,这与学生所使用的数学工具有关,如几何、代数或微积分等。

从时间上判断,文字表征从开始读题至读毕;朴素表征从开始画图到画图毕或读题毕;物理表征从第一次物理词汇出现至不再有新的物理概念或原理出现;数学表征从第一个数学公式出现至数学推导完毕。

【例 3-7】一质量为 M 的静止木箱,从倾角为 θ,长度为 L 的斜面顶端下滑,木箱与斜面的摩擦因数为 μ,求当物体到达斜面底端时的速度。将一名学生各表征层次的开始和结束时间绘制在图表上,如图 3-4 所示。

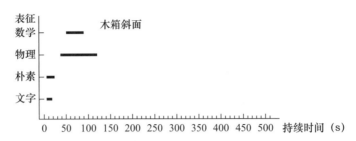

图 3-4　一名学生在解答例 3-7 的问题时，在各表征层次上的持续时间示意图

图 3-4 直观显示了被试解决该物理问题时，在各表征层次的开始和终止时刻。图中各横线左端点为开始时刻，右端点为终止时刻，而横线长度则为各表征层次的持续时间。由图 3-4 可见，物理和数学表征有明显重叠，文字和朴素表征也有重叠现象。这说明在解决该力学问题时，被试对各表征层次的构建不一定是独立的。

研究发现，被试的数理基础不会影响其对文字表征的构建，因为在该表征层次，被试主要陈述题目情景和任务，进行浅层次的任务加工，不易出错。这说明在问题解决过程中，数理基础不影响一般性的思维活动。但是在朴素表征层次，数理基础扎实的被试的解题策略则比数理基础一般和数理基础差的被试好，因为数理基础扎实的被试边读题边画图，显著地早于数理基础一般和数理基础差的被试构建朴素表征。这说明数理基础扎实的被试能更好地利用图形理解题意。图形可减轻短时记忆的负担，图形能帮助被试迅速理解题意，有时一个图可使被试节约很多文字描述。数理基础扎实的被试便能迅速地以问题草图代替问题的文字描述，这种解题策略实际上是节约了问题空间。问题空间是问题解决者在解决问题时所经历的各种问题状态。

3.2.4 专家与新手物理问题表征的差异

自 20 世纪 60 年代人工智能兴起以来，人们逐渐对专门知识的个体差异产生了浓厚的兴趣，其中典型的有关于新手与专家的研究。专家是对某一事物精通，或者说有独到见解的人。新手是指刚刚接触某一个事物的并且在接触之前对它不了解或者是了解得很少的人。由于专家和新手知识背景的不同，二者在处理同一问题时存在一定的区别。研究者认为，专家之所以能够高效率地解决问题，是因为他们具备不同于新手的问题解决能力。故面对具体情境时二者的区别及具体表现形式是当今心理学研究的热点，人们希望通过对专家和新手在问题解决能力方面的差异研究，为教学提供一定的借鉴。

奇和格拉泽(Glaser)曾调查分析了已经取得物理学博士学位的专家与刚读完大学物理学一年级课程的新手对问题理解的差异。研究者给被试 24 个物理问题，要求对其分类，并通过口语报告研究被试的分类依据和思考过程。研究系统概括了专家与新手解决问题中 6 个方面的能力差异，其中在表征方面表现为：

1. 用于表征问题的时间差异

奇等人的研究发现，虽然专家问题解决的速度比新手快 4 倍，但他们在分析与理解问题上所用的时间比新手多。原因是他们有更多可利用的知识，他们需要思考与当前问题最有关的是什么知识。专家不会像新手那样一遇到问题就马上开始运用各种方程式来计算问题,他们往往通过选择能够解题的适当原理来对问题表征,以此进行更广泛和更深入的思考。专家利用他们的知识能够对特定的问题情境进行复杂的分类加工。

相同的还有塔尔迪厄(Tardieu)等人的研究结果,也证明专家与新手由于其专业知识的差异,专家比新手能更快更正确地进行问题推理。他们不但在知识量上有差异,而且其知识在记忆中组织的方式也有差异,专家花较多的时间去理解所欲解决的问题,而新手则用较少的时间去理解问题,将大量的时间花费在尝试不同的解决方法上。这也是导致数理基础差者出错概率大,且在物理和数学表征层次所占时间多。

2. 表征的深度差异

当遇到一个新问题时,专家能很快抓住问题的实质,根据问题的内在结构表征问题。在奇的研究中,研究者给出20个描述物理学问题的名称。当请新手和专家将问题分类时,新手使用的典型名称是"斜面上的木块",专家使用的典型名称是"牛顿第二定律"。

新手完全根据问题的图形或者文字的相似性来进行分类,专家则根据解题的基本原理来分类。从分类的结果看,新手使用的是问题的表面结构来对问题进行表征,而专家使用问题的深层结构对问题进行表征。

在物理问题解决中,已有不少关于专家与新手的比较研究。在物理教学中,优、差生的问题解决差异也引起了研究者们的注意。由于优生与差生在学校接受物理教育的时间和环境相似,且知识背景也大致相同,因此优、差生之间的差异与新手、专家之间的差异是有区别的。

其中,廖伯琴基于麦克德莫特和拉金物理问题的四步表征构建下,设计实验研究了大学生中优、差生解决物理问题的表征层次。麦克德莫特和拉金物理问题的4种表征包括:字面表征;初始表征,或"真实世界"表征,主要由问题的表面特征决定;科学理论表征,即"物理表征",主要由问题的深层特征决定;数学表征。

实验研究表明,在物理表征和数学表征层次,被试在解决问题时,需要物理知识和数学知识的综合应用,因此,具有数理基础优势的被试在这两个表征层次的出错概率便显著地小于数理基础一般和数理基础差的被试。

数理基础差的被试,缺乏构建有关问题解决模式的学科知识,所以在其构建的问题空间中无法迅速找到有关作用于问题目标的算子,因此,其在这两个表征层次所耗的时间明显比数理基础好的被试长。并且即使其偶尔找到某个算子,也不一定完全正确,只能在其没有明确解题路径的问题空间瞎碰,因此这便导致其出错的概率显著地大于数理基础扎实的被试。

面对新的物理问题(靶问题),优生能应用已有知识(源问题),对靶问题进行一系列不同层次的表征,在整体上能对问题构建出有机统一的抽象表征。在此基础上,优生便能对目标问题进行深层次的本质分类,即以物理原理分类,迅速地用正向推理的方法建立目标问题与源问题之间的联系(这主要在科学理论表征层次中完成),致使其产生迁移,达到问题解决的目的(即在数学表征层次中得出所求量)。

差生虽然具有相应的知识,也能建立不同层次的问题表征。但是其各个层次的表征还未形成有机的整体。他们较多地受文字表征和初始表征的影响,其科学理论表征和数学表征并不完善,因此差生不可能从整体上对目标问题形成抽象表征,他们通常只能建立具体表征,这便导致其在进行物理问题分类时以问题的表面特征为基础,在科学理论表征层次上只能采取手段——目的法,进行逆向推理。

研究结果表明：优、差生的表征层次有差异。优生有完整的科学理论表征，与其他三个层次的表征形成了有机整体，明显基于物理原理分类，本质上进行的是正向推理；而差生则受初始表征的影响较大，其科学理论表征不够完善，明显基于"表面特征"分类，问题解决时本质上进行的是逆向推理。

3.3 物理问题图式研究

图式理论是在20世纪70年代兴起，吸取了行为主义和认知学派的成果，结合了信息科学和人工智能等领域对知识表征和问题解决的研究，已成为现代认知心理学的重要理论之一。

关于什么是图式，有关认知心理学的学者们给出了不同定义。认知科学家鲁姆尔哈特(Rumelhart)将图式定义为"表征某些方面某些刺激领域的有组织的知识体系或心理结构"。切纳普坦(Chinnappan)把图式定义为一组知识，包括核心概念的信息，这些概念之间的关系，以及关于如何使用这些概念的知识。我国学者皮连生认为图式是"人脑中组织良好的整体性的信息结构或大的知识单元"。这种单元包括陈述性知识和程序性知识，两者相互交织在一起。

梅耶(Mayer)认为图式含有一些"槽"，可以用来输入和储存信息。"槽"中所含内容及它们之间的联系囊括和抽象了一类具体事件，这种抽象可以帮助人们储存大量的信息和认识客观世界。因此，他认为图式具有以下四个特征：概括性，说明图式是存储信息的框架，可以在各种情景中使用；知识性，说明图式作为人所了解的内容储存于头脑中；结构性，说明图式按照一定的规则或主题将知识组织起来；理解力，说明图式可以帮助人们理解相关内容。

吴庆麟提出，图式在人的认知活动中所起的作用在于使人迅速地识别属于某一范畴的新例证或事件，并依据这种最初的识别对现在遇到的新情况做出推论。人的记忆中贮存的这些图式还有助于人的问题解决行为。

图式作为一种知识的组块存在于人的头脑中，影响着人们对外界信息的理解和对外界刺激的反应。在特定学科或技术领域内的问题研究兴起后，图式逐渐被引入问题解决领域中，延伸为"问题图式"。辛自强认为问题图式是"针对领域中特定类型问题解决的一种整体性的表征方式，它允许问题解决者根据问题解决的方式对问题进行分类，是造成专家和新手问题解决技能差异的根本原因"。邓铸等人认为，问题图式是"由与问题类型有关的原理、概念、关系、规则和操作程序构成的知识综合体，具有多层含义，并与成功解决问题密不可分"。因此，问题图式与某类问题解决有关。它将解决该类问题所需的陈述性知识和程序性知识构成一个整体。问题解决者在遇到新问题时首先对问题进行归类，并利用相应的图式来帮助其成功解决问题。问题图式的存在使人们在解决问题时方便快捷，效率更高。

综上所述，图式用于表征客观事物及其关系，是一种心理的结构；它需要个体选择新信息，并将其整合到个人的心理结构中，因此处于动态发展中；它是陈述性知识和程序性知识的组合体，帮助人们理解客观世界。

3.3.1 物理问题图式的内涵及分类

由于常见的物理习题结构良好，在物理习题中，本质特征相近、可以归为一类的特定习题,有着较为明确的特征,在涉及物理对象、物理状态、物理过程方面有相同或相近的属性,可归为一类后形成相关物理问题的问题图式。

这类物理习题的问题图式涉及两个方面:问题图式的陈述性知识,即物理习题特征(通常所说的物理习题模型);问题图式的程序性知识,即解决此类问题的方法。问题图式的程序性知识即解决此类问题的有效方法,也就是强方法,可以将解决此类问题的步骤和每一步所需技能联系起来,比如,解决人船类型习题的方法、解决三力平衡问题的方法、解决浮力习题的方法、解决电路动态变化类习题的方法等。如果解决者在面临一个比较新的物理问题时,不能快速地识别该问题的本质特征和具体模型,即不具有该问题的问题图式,就没有多少思路可以借鉴。所以经常会采用弱方法来解决该问题,比如,整体法、隔离法、图像法、微元法等,效率不高。

基于问题图式的内涵,以及专家与新手在解决问题中的差别,我们将习得的问题图式类型分为三类。

第一类是物理解题策略图式,这种图式中问题情境不尽相同,但采用的是相同的策略。解题的一般策略是感知问题,分析问题的性质和特征,设想可能的解决问题的方法,通过推理判断选定解决问题的方法,检验结论的可靠性。

第二类是物理解题方法图式,比如等效的方法、理想化的方法等,问题中所涉及的物理情境、条件可能不同,但解题时所使用的思想方法、思维方法是一样的。

第三类是物理问题图式,问题情境虽然不同,但物理实质和遵循的规律具有同一性。例如,静止的湖面上有一只长为 L 质量为 M 的小船,质量为 m 的人从船尾缓慢走到船首,不计水对船的阻力,问小船能后退多远。问题中系统不受外力作用,总动量守恒。系统初动量为 0,末动量为 0。系统内的各物体的初速度为 0,它们同时运动同时停止,因此末速度也都为 0,系统内有一个主动运动的物体,运动过程中满足 $Mv_1+mv_2=0$。这一十分普通的"小船模型",其实是一类问题的概括,是典型物理问题图式。

3.3.2 物理问题解决中问题图式的获得

每一类物理问题都有一些共同特征和基本的方法技巧,如果将这些共同特征加以概括,便成为该类问题的图式。选取该类问题中存在一定差别的样例可以帮助学生形成问题图式。问题图式一般被认为可以通过比较一类相似或类比问题的归纳过程或概括过程而获得。现代心理学认为,类比问题解决和样例学习是问题图式获得的两种主要方式。

在实际教学中,学生主要通过样例学习学得问题图式,学生通过以下几种方式从样例学习中学得问题图式:

① 教师通过例题的分析和讲解直接揭示出其中的问题图式;
② 在教师引导下,由学生概括总结出问题图式;
③ 学生自己反省已解决问题的过程,体会并概括出问题图式。如果学生能用自己的语言陈述问题模型特征,即能陈述问题中涉及对象、对象状态、物理过程等方面的特征,进而能从不同文字表述的题目中,识别出此题目属于哪一类型可以解决的问题,能用自己的语言陈述解决此类问题的有效方法,并确定该方法可应用的场合,且能正确解决此类问题,就算学生已经基本习得该类问题的问题图式。

下面以两道物理问题为例,简述学生作为新手如何通过样例学习获得该类问题的图式。

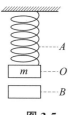

图 3-5

【例 3-8】如图 3-5 所示,一轻弹簧上端悬于顶壁,下端挂一物体。物体在 AB 之间做简谐运动,O 点为其平衡位置,物体在 A 点时弹簧处于自然状态。在物体从 A 点运动到 B 点再返回 A 点的整个过程中,讨论其速度、加速度、动能、重力势能和弹簧弹性势能的变化情况。

【例 3-9】如图 3-6 所示,小球从高处自由下落,其正下方竖直放置一轻弹簧。在它从刚接触弹簧到弹簧恢复至原长的过程中,讨论其速度、加速度、动能、重力势能和弹簧弹性势能的变化情况。

图 3-6

例 3-8 和例 3-9 属于同一类问题。这类问题与光滑水平面上的弹簧振子表面相似但本质不同,这会给刚学习简谐运动的新手造成一定的障碍。成功解决两个样例的新手,形成问题图式的过程大致如下:

① 样例表征阶段。新手首先分析例 3-8 和例 3-9,了解问题的已知信息和未知信息,大致判断出它们属于物理学的哪个领域。

② 问题解决阶段。部分新手会首先想到已习得的经典样例(光滑水平面上的弹簧振子)并进行类比,在解题失败后转而采用解决力学问题的弱方法。这一阶段还有新手可能会直接采用弱方法。

③ 分析比较阶段。成功解决这两个样例的新手在经过分析后,能够清楚这两个问题是相似的,并且和光滑水平面的弹簧振子有一些不同。但这时的分析多局限于问题的表面现象,如这两个问题都是竖直方向,而以前学过的是水平方向。

④ 问题图式形成阶段。如果新手再做进一步分析,他们会寻找两个问题及其解决方法的相同之处,并区别光滑水平面的弹簧振子。但是,新手由于知识技能的缺乏和思维的局限,就算成功解决了两个样例,也很难从问题的本质特征和问题解决策略上进行分析说明。

⑤ 更精确的问题图式形成阶段。如果要正确形成该类问题的图式,还需要对问题进行精细加工,例如从问题的本质特征和解决问题所需的技能技巧角度来把握两个样例的特点。这个过程需要新手做大量的练习或者通过教师(专家)的帮助指导。

3.3.3 物理问题解决中图式的应用

已获得的问题图式可以帮助学生解决学科领域内的新问题。下面以例 3-9 竖直方向上弹簧小球问题和一道高考题,分析如何应用已有问题图式来解决新的物理问题。

【例 3-10】如图 3-7(a)所示,磁铁 A、B 的同名磁极相对放置,置于水平气垫导轨上。A 固定于导轨左端,B 的质量 $m=0.5\text{kg}$,可在导轨上无摩擦滑动。将 B 在 A 附近某一位置由静止释放,由于能量守恒,可通过测量 B 在不同位置处的速度,得到 B 的势能随位置 x 的变化规律,见图 3-7(c)中曲线 Ⅰ。若将导轨右端抬高,使其与水平面成一定角度[如图 3-7(b)所示],则 B 的总势能曲线如图 3-7(c)中Ⅱ所示,将 B 在 $x=20.0\text{cm}$ 处由静止释放,

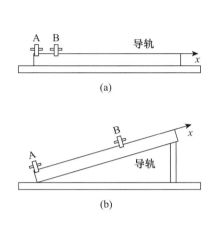
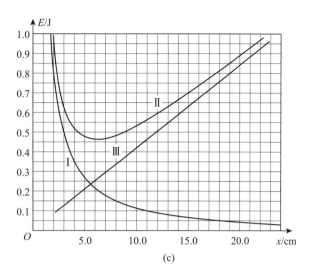

图 3-7

① B 在运动过程中动能最大的位置。
② 运动过程中 B 的最大速度和最大位移。
③ 图(c)中直线Ⅲ为曲线Ⅱ的渐近线,求导轨的倾角。
④ 若 A、B 异名磁极相对放置,导轨的倾角不变,在图(c)上画出 B 的总势能随 x 的变化曲线。

1. 基于问题图式的物理问题分析

例 3-10 以两磁铁之间的相互作用为背景,以斜面上的运动磁铁(磁铁 B)的能量变化为主线,以最终的情景迁移为结果。试题创设的新情景隐含了很多解题线索,但考生只要清楚该题与竖直方向上的弹簧小球问题如出一辙,便可轻松解决本题。表 3-2 对比了两种情景的表面特征和内在特征。其中,弹簧小球问题选取小球刚接触弹簧到弹簧压缩至最短的过程;题目选取磁铁 B 刚释放到 B 的速度减为零的过程。

从表 3-2 中可以看出,两个问题在本质上是相同的,前文所述的例 3-8 和例 3-9 就是这类问题中的经典题目。高三学生在经过大量练习后基本具备此类问题的图式,有的学生甚至达到了自动化的程度。但是由于试题表述和情景设置都比较新颖,特别是两个问题在表面上分属于物理学科中的不同领域,很少有考生将它们联系起来,因此在问题表征上产生障碍,难以正确识别图式。

2. 利用问题图式解决物理问题

在识别出问题图式后,需要将题设情景和问题图式中的各"槽"进行对应,将题给信息填入"槽"中。这一步可在问题表征过程中完成,表 3-1 已做好这一步。在填好各"槽"后,问题图式会帮助被试搜寻和提取相关知识并将它们有效地组织起来,用于解决新问题。

表 3-2　弹簧小球问题(竖直方向)和例 3-10 题设情景对比

	弹簧小球问题(竖直方向)	例 3-10 题设情景
表面特征	由两个物体组成,其中一个物体在内力作用下运动,另一物体因固定而保持静止。	
待解决问题	讨论运动物体的受力情况、运动情况以及系统的能量变化情况。	
研究对象	小球(运动物体)	磁铁 B（运动物体）
受力情况	重力(竖直向下)、弹簧弹力（系统内力、竖直向上）	重力沿斜面分力(沿斜面向下)、磁力（系统内力、沿斜面向上）
牛顿第二定律方程(向下为正)	加速段：$mg - k\Delta x = ma$ 减速段：$mg - k\Delta x = -ma$	加速段：$F - F_{磁} = ma$ 减速段：$F - F_{磁} = -ma$
运动情况	先做加速度减小的加速运动,速度达最大后做加速度增大的减速运动,直到速度减为 0。	
能量变化	重力势能：变小 弹性势能：变大 动能：先变大再变小 总势能：先变小再变大 总能量：守恒	重力势能：变小 磁能：变大 动能：先变大再变小 总势能：先变小再变大 总能量：守恒
最大位移处	弹簧压缩至最短,小球速度为 0,重力势能完全转化为弹性势能。	B 运动到最底端,速度为 0,重力势能完全转化为磁能。

例 3-10 的问题①需要找出磁铁 B 运动过程中的动能最大处。考生首先需要从能量变化的"槽"中找到"总能量",了解总能量的变化规律。在知道总能量守恒后,再根据图式的提示,选取能量转化和能量守恒两个知识点,并利用图式中隐含的解决策略来解答本题。

再如问题③中提到"曲线Ⅲ是渐近线",但它的真实面目是什么,很多考生感到迷茫。利用问题图式可以很容易找到解题线索。从表述上看,Ⅰ、Ⅱ和Ⅲ都是能量曲线。填好各"槽"后发现,Ⅰ（磁能曲线)和Ⅱ（总势能曲线)都已确定,还缺少动能和重力势能。"槽"中的动能和势能变化关系表明,二者在任一时刻的代数和都相等(能量守恒),因此排除动能。问题迎刃而解。

从上面的分析过程看,问题图式确实能够提高问题解决的效率,因为它含有一定的知识和强方法,如题中分析能量变化的强方法。但是由于问题图式的存在,被试在解决问题时会忽略大量信息,如在解决问题③时完全略去曲线Ⅱ和曲线Ⅲ的关系,实际上这个关系却是问题必须给出的信息之一。当然,如果再深入分析,本题和竖直方向的弹簧小球问题在能量及受力上都不完全相同,因此属于该类问题的一种变异。但这些都是次要的,依然可以利用问题图式进行解答。

3.3.4 物理问题图式与物理问题表征

物理问题表征和问题图式既有区别又有联系。问题表征是问题图式形成的基础,也是问题图式应用的基础,没有问题表征过程也就无法形成新的问题图式和应用已有的问题图式。问题图式又反作用于问题表征,直至问题的解决。因为学生对物理问题进行表征时总是首先从长时记忆中提取与外部问题相近的问题图式,这时问题解决过程基本就是选用合适的问题图式的过程。对于高水平的问题,表征问题时需要深化整合、灵活迁移已有的问题图式;对于一些挑战性的问题,没有直接同化当前情境的图式,问题表征的过程也就是尝试建立这类问题的新图式。下面以一道计算题为例。

【例3-11】如图3-8所示,有两条位于同一竖直平面内的水平轨道,相距为h。轨道上有两个物体A、B,通过一根绕过小定滑轮的不可伸长的轻绳相连。A在下面的轨道上以匀速率运动,在绳子与上方轨道成30°角的瞬间,绳子BO段的中点处有一与绳相对静止的小小水滴与绳子分离,求小水滴P脱离绳子时的速度的大小和方向及落到下轨道所需的时间。

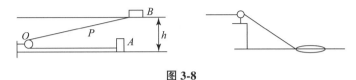

图 3-8

这一问题初看起来十分棘手,但联想到拉船靠岸的过程,绳上一点的运动是沿绳方向和垂直绳子方向的两种运动的合成,绳子速度又已知,问题则化难为易。

图式的水平也影响到问题表征。图式的水平主要表现为个体所掌握的知识经验的概括程度不同。一级水平为"一对一"的图式,即把一道题及其解法作为图式。二级水平为"典型或最佳实例"图式,即记住某类题中一道典型题的解题思路,以后遇到类似问题,就以此为例去解决。三级水平为"概括表征"图式,即摒弃题的具体内容,概括了某类题的一般特征及解题思路。具有三级水平图式的学生在问题解答时,只是把当前问题当作一般中的典型问题,因而能够迅速找到适宜的问题表征。而能力差的学生,往往是依样画葫芦,问题只要稍有变化,即便实质未变,也难以解答,原因是他们长时记忆的是"一对一"的低水平的图式。

3.4 物理问题解决策略

问题解决策略是人们在解决问题的过程中搜索问题空间、选择认知操作方式时运用的策略的总称,指问题解决者用来调节自身注意力、学习、回忆和思维的技能。物理问题解决策略是指在物理问题解决过程中,为了提高物理问题解决的效率和准确性,而有意识采用的一般思维规则和调控整个解题过程的行为手段。

3.4.1 物理问题解决策略的弱方法和强方法

探索物理问题解决策略,是物理问题解决过程中的一个重要步骤。我们一般采用两种基本的解题策略:根据问题结构提出的一般性指导方法,安德森称之为"弱方法";涉及特殊领域知识的针对性方法,称之为"强方法"。在某一专业领域有效地掌握相当数量"强方法"的人被称为"专家",其他掌握"强方法"较少并主要靠"弱方法"来解决问题的人就称为"新手"。物理习题的解答需要多个概念和规律的综合运用,如何从自己的认知结构中挑选出解答该习题的物理规律,这就需要有解题的策略或方法。研究发现,专家与新手在从认知结构中选择出解决问题需要的物理知识与技能的方式不同,也就是说专家与新手在解决同一问题时采用的方法和策略不同,解题的效率也是不同的。面对一个新的物理问题,新手采取人们在面临新问题时所采取的一般行为方式,从大量的搜索活动中寻找解题办法。常用的是手段目的分析法,即逆向推理的方式。专家则无需进行大量的搜索工作,而会以一种相当自动化的方式,识别某个熟悉的问题图式,然后执行与这一图式相关的解题步骤,即正向推理的方式。与专家相比,所有新手都或多或少地表现出一定错误,主要有计算错误、公式错误和思路阻断;专家倾向采用比例计算或嵌套计算的方法来解题,而新手大多采用逐步计算方式来解题。

物理习题大多属于结构良好的问题,在众多的物理习题中,对于其中本质特征相近或相似一类的习题,一般来说存在着解决此类习题的强方法,如解决子弹打木块类型问题的方法、解决小船过河问题的方法等。

当解决者在面临一个比较新的物理问题时,不能快速地识别该问题的本质特征和具体模型,就没有多少思路可借鉴,这时就会采用弱方法来解决该类问题。物理问题解决策略中常用的弱方法,一种是手段-目标分析法,一种是逆推法。手段-目标分析法是纽厄尔和西蒙提出的,其核心是选用算子来消除初始状态与目标状态之间的差别。换言之,就是将需要达到的问题的目标状态或总目标分成若干子目标,通过实现一系列子目标,最终达到总目标,从而解决问题。这是一种正向推理方法,也有人称之为顺推策略。

顺推法的步骤是:

① 从题目给出的条件入手,运用所学过的物理概念、定律,推导出一个或几个新的物理量。

② 将推导出的物理量同其他已知量建立关系,或者在已推导出的物理量之间建立关系,再求出另一个或几个新的未知量,一直到得出题目所求量为止。

逆推法是一种从未知到已知的策略。从待求的量本身出发,不断设问,逐步向前逆推到已知条件,最后再返回到结论,求出结果。这种方法需要一步步分析欲得结果需要哪些条件,其步骤是:

① 从回答题目所求直接入手,在我们学过的物理公式中找出一个适当的公式,将题目所求表示出来。这个公式叫母式。

② 观察母式右端是否有未知量,若没有,将已知量代入母式就得到所求结果;若还有,则将这一个(或几个)未知量从母式中提出,作为新的未知量。

③ 再从学过的物理定律和公式中,根据题意和已知条件找出一个(或几个)新的公式,将提取出来的未知量表示出来。这些公式称为子式。

④ 如此重复推演下去,直到等式右端全部为已知量为止。

采用顺推法解题,利用相似性策略向目标推进,对于较为简单的题目,形成思路比较顺利轻松;但对于比较复杂的问题,会同时面临许多条件而无从下手,甚至有时从已知量下手,并不能推出所求结果,而是误入歧途。相形之下,用逆推法考虑问题比较有章法可循。它把一个大目标分解为各种小目标,首先试图消灭最主要的差别因而去寻找一个联系、一种方法(可能是一个公式),而这种联系、方法可能与已知条件仍存在着差别,因此就要先消灭这种差别。事实证明,这种方法是问题解决的一种极为普遍而有效的方法。

物理问题解决策略的强方法只适用于某些特殊问题的解决,不具有一般性和普遍性,它是在长期的物理问题解决实践中已形成的一些特定思维方向、总结出的一些特殊的解决方法,这些方向和方法是行之有效的,有助于加快物理解题速度,减少解题失误,提高解题效率。

3.4.2 物理问题解决过程的策略

1. 审题阶段的策略

审题,是对问题的理解和表征阶段,包括解题前的读题和对题目内容的分析理解。一个物理问题,一般包含给出的条件、习题求解的目标和目标与条件间的联系。审题阶段的主要任务在于清晰明确题中有用条件和目标,从整体上判断问题的求解方向。

在一个情境较为复杂的物理问题中,除了有显性的各种对解题有用的数据、物理术语、参数、附图以外,还可能包含文字叙述中隐含着的各种条件,有些隐含信息还必须经过对题意的初步分析才能有效地识别。通常所说的"难题",也正是难在对这些隐含条件的分析和挖掘。因此,能否挖掘出隐含信息将直接影响到解题的成败,是审题阶段的重要策略之一。例如,在动力学问题中,研究对象的受力情况、运动状态及运动过程等对问题解决构成强约束条件的关键信息可能不是以明显的条件出现,而是隐含在问题的文字叙述中,需要解题者自己去发现、挖掘和识别。例如,"启动""小球没入水中1m深处""子弹刚好穿过木块"等,都表示研究对象在该时刻或该位置的瞬时速度(初速度或末速度)为零。有些问题的隐含条件埋得比较深,例如,一个物体在水平面上运动,初速度是$10m/s$,加速度为$4m/s^2$,求$5s$末该物体的位移。这样一个题,它就把匀减速运动,减速到$0m/s$所用的时间这一条件隐含起来了,如果忽略情境的分析,生硬地将数字代入公式,就会得到很荒谬的结论。

问题解决策略研究表明,在充分理解和表征问题的基础上,如果能够激活一个适当的图式(产生式规则),解决方案就会跃然而出。其中模式辨认是激活已有图式的一个重要策略。在解决物理问题时,模式辨认是指解题者感知题目有关信息,分析题目的重要特征,然后对这些信息和特征进行综合,判断问题所属的类型,并根据题目类型,迅速从记忆中提取有关经验知识进行求解。简而言之,模式辨认就是人们利用经验中比较熟悉的问题类型来反映当前问题的整体特征。物理问题中的模式是指题目中若干元素按照一定的关系集合在一起的一种结构,它是解题者通过先前的学习在大脑中形成的一种"图式",而一旦对问题的类型做出正确的识别,也就在整体上把握了问题,于是就可以以模式为"索引",从大脑中迅速检索出相应的知识,使问题顺利而便捷地得到解决,无需盲目尝试。从这一点来说,模式识别减少盲目尝试的可能性,有利于提高解题效率。

2. 寻求解题方案的策略

研究认为,建构物理解题方案的过程是一个类比推理的过程。在学生解题的类比推理研究中,研究者们一致认同把问题划分为源问题和靶问题。源问题是指在长时记忆中贮存的学生已经解答过的问题或例子;靶问题是指当前要解决的新问题。在表征的基础上,解题者能否构建出合理的问题解决方案,关键在于能否激活相适宜的类比源问题。

学习者在激活源问题的过程中一般采用猜测、表面相似及结构相似三种策略,其中使用最多的是结构相似策略,其次为表面相似策略,最后为猜测策略。成功的解题者多采用的是结构相似策略。解题者在长时记忆中找到了相似的源问题,同时也激活了解答靶问题的原理及程序,但由于源问题和靶问题之间存在的差异,解答源问题的程序并不能直接运用于解决靶问题。另外,如果要解决的问题是复杂的,激活的源问题解题程序和原理也不止一个,因此,解题者必须对源问题的解题程序和原理进行整合和修正,形成一个新的解题程序,这就涉及以怎样的策略来重新建构解题程序。

此时物理问题解决者需要调用前文探讨的物理问题解决策略中的强方法和弱方法,此处不再赘述。

3. 回顾阶段的策略

在回顾阶段,策略的功能在于检验、证实结果的正确性,以及适当地拓展、扩大解题成果。就物理问题而言,个体可以采取多种方式、从多种角度来对结果进行检验评价,诸如从物理题解答案的合理性检验,即看题解答案是否合情合理、符合实际;从对称性检验,即根据事物的对称性看是否为题解所反映;从协调性检验,即看物理题解与题目条件在问题情境中是否保持协调一致,有无逻辑矛盾;等等。对于结果的讨论拓展,个体也可能多方面地进行,如将题解向更高层次进行概括,即将结果从特殊推向一般,是指形式上更为简洁,意义上更为概括,适用面更广;从题解中发现新的规律,即通过从不同角度审视题解,发现在先前学习中未曾认识的规律性的关系,以获得对该类问题新的认识和新的方法;将题解用于新的问题情境,即将已经解决的问题作为范例,将其解法与结论用于同类新问题的解答。

4. 过程中的自我监控

物理问题解决中的调控策略存在于物理问题解决的整个过程,主要作用是对物理解题思维的反馈和调节,体现在对解题活动的自我意识、自我分析和自我调节。对于一些较为复杂的物理问题,其解题步骤并不是一蹴而就的,也不是在整个过程中一成不变的,由于问题的复杂性,或解题者思维缺陷等主、客观原因,解题的进程有时会中断,或偏离正确的方向。因此,物理问题解决过程是一个需要不断对所发生的情况进行自我评估并随时加以必要调整的动态过程。按照控制论的观点,如果把解题看成是一个系统,则该系统会因为内部变化和外界影响,具有一定的不稳定性,必须对系统进行调整,才能使之稳定,这就是控制。要对系统实现有效的控制,需要及时获取系统的输出信息,并将它返回到输入端,从而对系统的输入和再输出施加影响,这便是反馈。可见,问题解决中的反思调节策略就是"反馈和控制"的原理在解题活动中的应用。具体说来,优秀解题者解题时,在即将采取某一方法或前测,往往对各种可能性进行了仔细的考虑。在问题解决过程中,往往表现为对行动的清醒意识,对目前处境及时的评估,并对自己的行为做出相应的调整。他们在解题中不仅看当前,同时善于"向前看"和"回头看";当发现解题出错时,他们不是简单地放弃已有的工作,而是力图从中吸取有益的成分。当获得结果后,又能自觉地对解题过程加以回顾。

3.5 提高学生物理问题解决能力的策略

3.5.1 合理归因,增强学习动机

教育心理学家加涅认为,"态度"是通过学习形成的影响个体行为选择的内部状态。这意味着态度是一种内部状态,即反应的倾向性或反应准备状态,它不是实际反应本身;态度决定了人们的行为选择,即决定人们愿不愿意完成某些任务。态度不是天生的,而是个体通过与其环境相互作用,通过经验组织或学习而形成的。态度构成中不仅有认知成分,还有情感成分和行为成分,其中情感成分是伴随个体对于态度对象所具有的带有评价意义的观念和信念而产生的情绪和情感,是个体态度的核心。因此,在学科问题解决教学中,培养学生解决问题的积极情感体验,是提高学生问题解决能力的首要任务。

根据有关态度学习和改变的内在机制的研究,培养学生解决问题的积极情感体验,首先要在较为长期的教学目标基础上,确定相对短期的,且容易达成的教学目标。注意问题的适切性,即问题本身要有趣、有用,问题难度、广度要适宜,问题在"重复"中要富有新意、并要有一定的针对性,问题要表现出阶梯、并具有适度的开放性等。只有选用合适的问题,并通过学生成功解决这类问题的实践活动,才能有效培养学生解决问题的积极情感体验,维持学生的成就感,并产生对新的成功的期待,形成连续的成功体验,使学生真正领悟到成功解决问题的快乐和意义,产生解决问题的积极性。

从学生的角度看,正确进行成功解决问题或失败解决问题的合理归因分析,也是提高他们自身解决问题积极性的有效途径。归因理论指出,学生对于学习成败的归因,将直接影响学生今后对成功的预期和努力程度,同时也会产生积极或消极的情感体验。研究表明,持有积极动机模式的学生更多地认为能力是可以通过学习提高的,他们更有可能选择具有挑战性的任务;而持有消极动机模式的学生则把能力视为不变的,他们往往放弃个体的努力。因此,在教学过程中,教师可以通过设置合理的问题系列,对学生的成功和失败进行有效控制,同时引导学生正确地分析结果的产生原因,来逐步改变学生对自我能力的理解,提高自我效能感和解决问题的积极性。

3.5.2 关注知识的"量"与"质"

理论研究及教学实践均表明:扎实的物理知识是制约物理问题解决最为重要的因素,因为它能在问题解决过程中为双向推理找到有效的思路和突破口,实现知识的顺畅提取;而离开了相关学科或专门领域的知识基础,某些相关领域问题则根本无法解决。在一定意义上,学生的学科问题解决活动就是按照给定的问题情境对各物体间、各现象间、各过程间、全局与局部间、整体与部分间关系进行辩证分析,然后根据相关学科知识进行定性或定量的"关联"。要有效地实现这一"关联",学科教师不仅应当积极促进学生相关学科知识"量"的增多,更应该努力提高学生相关学科知识的"质"——帮助学生了解相关学科知识的总体结构,深刻理解每一知识点在整体知识结构中的地位、作用及运用特点,在大脑深处形成因果、源流、主次、轻重、隶属、对比等有机协调的学科知识逻辑体系,以提高学生学科知识的组织化程度。例如,在物理学科总复习阶段,可引导学生将某些物理量(比如"功"的概念)与其他物理量(如动能增加、势能减少、电场力的功、电流的功、光电子逸出功等)之间的关系加以联系,使学生对物理学科知识有一个全面的把握,这是解决物理学科问题所必须具备的基本功。

3.5.3 形成问题图式

在物理教学实践中,要形成一定"量、质、类"的物理问题图式——物理问题的原型和该种类型物理问题的解决模式,可以考虑以下一些途径:

(1) 问题图式的变式训练

抽象性与具体性要求之间的矛盾在解决问题场合最为突出。学生学会了对具体问题的解决方法,不一定就能够解决其他问题。解决问题的能力或解决问题的迁移形成必须对问题解决方法进行抽象,但是,教师抽象出来的图式却不能为学生直接接受,它需要学生在具体的问题解决活动中通过排除不重要细节,概括问题解决规则,比较多种变式情境等过程加以建构。例如,在物理教学中,学生要形成一般的碰撞问题图式,必须通过求解各种具体碰撞问题——两个物体接触力的碰撞、不接触力的碰撞;冲力的碰撞、摩擦力的碰撞;力学中的碰撞、热学中的碰撞、电学中的碰撞、微观粒子的碰撞等来实现。

（2）问题图式的样例学习

样例学习是与例题教学不同的一种教学处理。例题教学是由教师讲解例题,然后让学生做练习。样例学习是向学生书面呈现一批解答好的例题,学生可以自学这些样例,再试着去解决问题,并通过这些问题的解决与样例的比较,形成物理问题图式。从图式的形成机制来看,样例可以使同样的规律信息在学习者的加工记录中反复出现,因而便于学习者察觉规律,同时消除与加工规律无关的信息和加工环节,提高人的自动化加工能力。

（3）问题图式的开放性训练

认知发展心理学认为,"手段-目的"分析的问题解决策略属于比较幼稚的、急功近利性的解决问题思路,不利于从学科的知识体系去认识问题,因而不利于形成问题图式,最终阻碍解决问题能力的发展。与此相反,专家的顺向推理思路则立足于从大的知识体系,对问题做规律性的分析,看到问题的条件马上就会形成对问题的组织推理,即把问题涉及的条件和任务纳入该学科的问题体系中去。基于这一认识,教学中应设法使学生形成反映知识体系的问题图式,为此,在物理问题解决教学中通过对物理问题一题多解的归纳和一题多变的拓展,并通过在此基础上对物理问题的进一步抽象、概括和归类,特别是采用无特殊条件和无特殊问题的开放式训练,即从一种情景进行辐射,网罗同类操作模式,将有利于学生形成关于物理问题图式的一种体系化的认识。例如,在"带电粒子在电场中的运动"这部分内容教学中,可以就带电粒子在电场中的静止(密立根油滴实验)、匀速直线、匀速圆周、类双星、加速、减速、偏转、摆动、连续粒子流轰击等各种情况让学生主动建构,最终形成有关带电粒子在电场中运动的一系列问题图式。

3.5.4 掌握学科专门策略

教学实践表明,单靠问题解决"量"的积累并不必然导致学生问题解决能力"质"的提高。优秀学生与中等学生解决学科问题能力差异的最主要原因并不是基本知识的差异,而是问题解决策略上的差异,不同的问题图式中也含有特定的问题解决策略。因此,在物理问题解决教学中,教师应当将解决物理问题的有效思维策略十分清楚地提炼出来,明确地、有意识地教给学生,并让学生在物理问题解决的实践活动中掌握使用各种策略。

相对于表现在物理问题解决过程中识别、表征、选择、应用和反思等各个环节上的一般策略,一些特定物理问题的解题技巧和特殊方法,则为我们提供了大量的解决物理问题的物理学科专门策略,对我们解决许多实际而又具体的物理问题更为有用。这类策略内容丰富,例如,物理问题解决中的模式识别策略、问题转化策略、逻辑推理策略、结合关联策略、极端分析策略、图解表征策略、虚设微元策略、回顾反思策略等,是我们在物理问题解决教学过程中需要让学生理解、掌握和熟练应用,以解决物理专门领域问题的主要内容。

除此之外,科学探究作为一种有效的学习方式,其合理性被教学实践所证实,并被大家广泛接受和认同。科学探究"需要做观察,需要提问题,需要查阅书刊及其他信息源以便了解已有的知识;需要设计调查和研究方案;需要根据实验证据来核查已有的结论;需要运用各种手段来收集、分析和解释数据;需要提出答案、解释和预测;需要把结果告之于人;需要明确假设,需要运用判断思维和逻辑思维;需要考虑其他可能的解释。"对科学探究的深入研究发现,"问题、事实、解释、评价、发表与交流"不仅仅在流程上相互联系,在内容上更是相互渗透,它们构成了科学探究不可缺少的基本要素而贯穿于探究的始终。提出问题、分析问题、共同研究、解决问题,然后再提出新的问题,通过问题解决的连续思维序列实现个体的认知发展,这是科学探究的过程,也是问题解决的过程。发展学生理解探究学习的策略和从事探究学习的能力,是提高学生解决物理问题能力的又一条途径。

3.5.5 反思解题过程

从学生向教师学习策略,到策略在新情境下的正向迁移,再到学生能根据新的问题情境自发地生成策略,是学生问题解决能力发展变化的三个阶梯,也是学生之间问题解决能力差异的主要原因。能够自发地生成策略是学生问题解决能力发展的最佳境界。

研究表明,要实现问题解决策略从学习、迁移,到自发生成这一最终目标的顺利发展,必须把策略的学习提高到反省认知水平,即学习者必须清晰地意识到所学习的策略是什么,它所适用的范围,怎样应用、何时应用,以及应用的效果。很明显,解决这五个问题实际上就是学生对自己认知过程和认知结果的认知——反省认知或称为元认知。

在实际教学中,从教给学生物理问题解决策略到学生自发地生成问题解决策略,实质上也是学生主要靠外部评价向自我评价、从外控向内控的转变。为了实现这一转变,"启发式自我提问方法"或者"元认知训练问题提示单"是极为有效的途径,它能把思维过程控制的主动权交给学生,并促使学生对问题解决过程的监控从外控向内控不断地过渡、从有意识向自动化逐渐地转化,最终形成稳定而有效地调控自己思维过程的元认知技能,自发地生成问题解决策略,从而最大限度地促进学生问题解决技能的迁移和问题解决能力的发展。

把问题解决策略的学习提高到元认知水平,教师可以在自己评估之前为学生提供对自己的答案加以评估的机会,使学生养成良好的自我评估习惯,并能够根据新的问题情境自发地生成问题解决策略,这是教师试图帮助学生发展的一个重要方面,对提高学生的物理问题解决能力具有特别重要的意义。

思考与实践

1. 举例说明物理问题解决策略的应用。
2. 物理问题表征和图式理论给予物理问题解决教学什么启发?
3. 如何针对物理问题解决策略开展研究?请设计一个具体研究方案。

参考文献

[1] 陈琦. 当代教育心理学[M]. 北京:北京师范大学出版社,2005.
[2] 李新乡,张军朋. 物理教学论(第二版)[M]. 北京:科学出版社,2009.
[3] 刘湘敏. 高一学生物理问题解决中多元表征能力的研究[D]. 广州:华南师范大学,2007.
[4] 居海军. 基于图式理论的高中生解决物理新题的差异研究[D]. 上海:华东师范大学,2012.
[5] 吴怡. 关于优等生和中等生在解决高中动力学基本问题策略上的比较研究[D]. 苏州:

苏州大学,2003.
- [6] 谢柳.基于问题图式的物理问题解决障碍诊断及对策研究[D].上海:华东师范大学,2012.
- [7] 邓铸.问题解决的表征态理论与实证研究[D].南京:南京师范大学,2002.
- [8] 廖伯琴,黄希庭.口语报告法比较研究物理问题解决中不同数理基础被试表征体系的动态差异[J].心理发展与教育,1999(4).
- [9] 廖伯琴,黄希庭.大学生解决物理问题的表征层次的实验研究[J].心理科学,1997(6).
- [10] 廖伯琴.中学力学问题表征体系的动态特征[J].心理学报,2001(3).
- [11] 侯建芳.高中学生解决原始物理问题与物理习题的表征对比研究[D].北京:首都师范大学,2007.
- [12] 李同吉,吴庆麟.论解决结构不良问题的能力及其培养[J].华东师范大学学报(教育科学版),2006(1).
- [13] 邓铸,余嘉元.问题解决中对问题的外部表征和内部表征[J].心理科学进展,2001(3).
- [14] 吴庆麟等.认知教学心理学[M].上海:上海科学技术出版社,2000.
- [15] 简妮·爱丽丝·奥姆罗德.学习心理学[M].汪玲等,译,北京:中国人民大学出版社,2015.

第4章 物理科学过程技能

> **学习目标**
>
> 1. 知道科学过程技能的定义。
> 2. 解释基本过程技能、综合过程技能、科学思维技能及其相互关系。
> 3. 讨论科学过程技能的性质、特征和习得条件。
> 4. 解释并举例说明科学过程技能的评价方式,并比较各种评价方式的利弊。
> 5. 讨论物理科学过程技能的培养策略。

科学过程技能(Science Process Skills)是蕴含在科学探究活动中的基本技能,是学生进行科学探究学习的基础。教师要想引导学生进行更为深入的探究,从粗放的探究学习转到精细的探究学习,训练学生掌握基本的科学过程技能是重要的途径。本章将阐释物理科学过程技能的定义、构成、性质和习得条件,介绍科学过程技能评价的方式,并探讨关于科学过程技能的若干培养策略。

4.1 物理科学过程技能概述

在科学教育中,科学过程技能是学生科学素养的重要构成,也是学生能力体系中一个不可或缺的要素。对科学过程技能的评价是科学教育中备受关注的焦点问题之一。在学校教育中,"科学过程技能"源于1959年布鲁纳提出的"发现式教学法"(Discovery Instruction)。这一思想在当时引起了科学教育界的强烈反响,并引领了其后的科学教育改革。本节就科学过程技能的定义、要素、分类、性质和特征做一概括性介绍。

4.1.1 科学过程技能的定义

关于科学过程技能的定义,目前还没有一个公认的表述。美国科学促进学会(American Association for the Advancement of Science,AAAS)于1961年推出SAPA(Science-A process Approach)课程,在课程中首次提出科学过程技能,并进行了界定:科学过程技能为一组具有广泛迁移力的、适合多种科学学科且体现科学家工作性质的能力。

国内学者,如龚正元于2008年则将科学过程技能定义为:科学过程技能是科学家进行科学研究活动所必备的基本技能,包括智力技能和动作技能,其中以智力技能为核心,它也是学生进行科学探究学习活动时所需要和掌握的基本技能。2013年,罗敏玲认为科学过程技能是科学工作者在科学研究过程中必须具备的最基本的思维方法与操作技能,是有效解决问题所必需的特定技能。从本质来看,它是一种对复杂知识进行有序信息加工、需要动作技能辅助的心智活动技能,是科学领域里最典型的技能。

2013年，我国学者甘汉铤、陈文典认为，科学过程技能是从事科学探究的"执行能力"。他们还对科学过程技能进行了操作性定义：① 它是从事科学探究活动时必须经历的过程，可以是外显的操作过程或内在的心智活动历程；② 它是一种工作方法或处理事情的方式；③ 它是科学探究的过程、处理一个确定问题的过程所需的种种技能。

科学过程技能虽有不同的定义方式，但上述定义表现出一个共同之处，即"科学过程技能是进行科学研究需要涉及的一系列技能"。关于科学过程技能的认识主要涉及以下4个问题：① 科学过程技能本质上是什么？② 科学过程技能属于心智技能还是动作技能，或是两者都包含在内？③ 科学过程技能的行为主体是谁？④ 科学过程技能处于什么活动过程中？

关于第一个问题，科学过程技能从本质上是技能，应是"经过练习而获得的合乎法则的认知活动或身体活动的动作方式"。

关于第二个问题，大部分学者倾向于将科学过程技能归属为心智技能，也有一些学者认为科学过程技能既包括心智技能，又包括动作技能，且以心智技能为核心。尽管观点不一，但学者们都一致认同心智技能在科学过程技能中的重要地位。本书赞同科学过程技能应以心智技能为核心，由有机融合的心智技能与动作技能组成。

关于第三和第四个问题，科学过程技能的行为主体既可以是科学家或者科学工作者，也可以是学生；科学过程技能既可以处于科学研究活动中，也可以处于科学探究学习活动中。本书主要探讨学生学习领域的科学过程技能。学生的探究学习与科学家从事科学研究活动在性质上是相似的，只是水平上有差异，主要表现为学生的探究学习是探究学生的未知，而科学家的探究活动是探索人类的未知。

具体到物理科学过程技能，基于上述分析，本书对其定义为：物理科学过程技能既是物理研究工作者进行物理科学研究活动所必备的基本技能，也是物理学习者进行物理课程学习活动时所需要掌握的基本技能。

科学过程技能是由一系列技能构成的。由于科学活动的多样性以及科学的快速发展，科学过程技能的组成要素也是在不断变化和发展的。它既包括通用的技能，也包括学科特有的技能。AAAS将科学过程技能分为两类：基本科学过程技能和综合科学过程技能。综合科学过程技能是基本科学过程技能的发展和综合应用。

根据物理学科特点，物理学中的科学过程技能由基本科学过程技能、综合过程技能和科学思维技能3个部分构成。

① 基本过程技能：观察、分类、测量、预测、推理、交流6个科学过程。

② 综合过程技能：控制变量、解释数据、形成假设、形成操作性定义、建立模型、完成实验。

③ 科学思维技能：比较与对比、应用概念、理解图表、因果推断、归纳、做出判断、解决问题等。

基本过程技能和科学思维技能是综合过程技能的基础。基本过程技能、科学思维技能和综合过程技能始终相互支持、相互促进，三部分技能的整合构成了中学物理的科学过程技能。

4.1.2 基本过程技能

1. 观察(Observation)

要进行研究必须先占有资料,而要获得可靠的资料就需要观察。不进行观察或缺乏观察技能,就不能获得有价值的科学事实。观察是科学探究中最基本的过程,仔细观察是任何科学家进行研究时所必要的。观察不只是用眼睛看,还包括:① 五官的观察。用眼睛、鼻子、耳朵、舌及手指等,调动视觉、嗅觉、听觉、味觉及触觉等进行观察。② 定量的观察。用数量表示观察结果,例如,一支粉笔约10cm,一匙白糖约2g等。③ 变化的观察。鸡蛋放入清水中沉底,放入一定浓度的盐水中悬浮等。④ 比较的观察。用不同频率的光照射锌板,有的光使验电器的指针张开,有的光没有使验电器的指针张开;有的物体表面摸起来是光滑的,有的摸起来比较粗糙等。⑤ 使用仪器的观察。借助仪器扩展观察的范围,如利用显微镜观察微小的物体,利用望远镜观察遥远的星系。

在科学研究活动中,科学家必须亲自做直接的观察,以便取得第一手资料。俄国生理学家巴甫洛夫十分重视观察在科学研究中的作用,写下了"观察、观察、再观察"的座右铭。要取得第一手资料,观察必须真实和准确,即必须如实反映所感知的事物。为此,要把观察到的内容仔细地记录下来,记录的形式可以是用文字描述,也可以是绘图或绘制表格。通过观察得到的信息称为证据,或者说是数据。

2. 分类(Classifying)

分类是根据事物相似程度分门别类。设想要在一个排列无序的图书馆里寻找一本书,恐怕是很难的。幸运的是,图书管理员会把相同主题或者同一作者的书归类到一起。把某些特征相似的物体归类到一起的方法称为分类。根据大小、形状、用途和其他一些重要特征来进行分类,这是将观察到的事物加以整理的过程。科学家也像图书管理员一样,用分类的方法把信息或者事物有序地组织起来。对事物进行分门别类以后,它们之间的相互关系就变得清晰易懂了。科学家为了使科学研究条理化,创造了种种分类的方法。

3. 测量(Measuring)

测量是将未知量与已知量进行比较,从而得出未知量的值。测量使观察更精确。当科学家们进行观察时,仅仅得出结论说某件东西"大"或者"重"是不够的。他们必须用工具来测量某个物体究竟有多大或多重。通过测量,科学家能把他们的观察表达得更为精确,在交流时就能给出更多的信息。

测量是科学探究活动中必备的技能之一。应用测量技能,学生能够测量物体的长度、体积及其他特性。进行测量时,不但需要选择适当的测量工具,而且还要能处理测量所得的数据,并且能够判断什么时候可以用近似测量来代替精密测量。

把观察和测量的结果用精确的数学关系表达出来即应用数字。运用数学语言来描述和分析资料,既简明又能说明问题。所以科学家常常从事计算、测量、制图、列方程式等工作。

应用数字是科学家研究的一个重要过程。应用数字技能放在科学活动中的理由:① 使学生知道,应用数字是最基本的科学过程。② 给学生机会,将数字应用于有关科学实际问题的答案上。在测量中,每一学生都会记录各种不同的数据。他们记下的数据可能是有关长度的、质量的、时间的、温度的或体积的。他们会明白,无论他们多细心,再测量时,也得不到相同的数值。应用数字还包括求平均值的技巧。在测量过程中,一般我们会采用多次测量取平均值的方法,多次测量取平均值可以减小误差,使测量结果更接近真实值。

4. 预测(Predicting)

预测是根据现有知识或观察到的现象推测将要发生的事件。例如,天文学家知道地球、其他行星,以及月球都在固定的、可预测的轨道上运行。他们就能根据这些知识做出精确的预测:日食和月食的时间,以及行星在夜空中出现的时间和位置。气象预报会对第二天的天气做出许多预测——温度将会是几度、是否会下雨、风力有几级。预报员用观察和关于气象变化的知识来预测天气。这种预测技能实际上是根据现有证据和既往经验对将来的事件做出推论。由于预测是推论的一种,所以它也有可能会出错。在物理课上,我们可以通过实验来检验预测的正确性。

如果不是根据现有知识或观察和测量的结果做出预测,那么这个"预测"就是一个无意义的臆测或猜测而已。我们周围的环境中,许多事物的变化都具有规律性及周期性。因此,经过仔细的观察和测量,就可做出预测。预测与表达是分不开的,从观察与测量结果所得到的相关曲线,可用外推法进行预测,多数预测都能加以验证。学生在尝试预测时,应帮助学生发展判断预测可靠程度的能力。因此,在发现所做的预测不正确时,学生应核对预测的依据。

5. 推理(Inferring)

推理是用逻辑的合理的推断来形成能被实验验证或被事实证据支持的结论。推理建立在已知事实和观察结果的基础上。对观察到的现象做出解释,就是在进行推理,或者说做出推论。例如,当我们在家中听到狗在"汪汪"直叫时,我们可能会推想有人正在家门外。要做出这个推论,我们需要把现象——狗叫声——以往的知识经验,即当有陌生人接近狗时往往会叫——结合起来。只有这样,才能得出符合逻辑的结论。

要注意,推论不一定就是事实。它只是对现象的多种可能解释中的一种。比如狗也可能因为想出去散步而一直叫。哪怕是根据正确的观察和逻辑推理而得出的推论,最后仍然可能会发现它是错的。要证明推论正确,唯一方法就是再进一步调查。

6. 交流(Communication)

交流就是将观察的结果呈现出来,方式包括口头、数字、图表、图片、视听媒体或语言文字等。交流不仅是科学探究的过程技能,也是人类自古以来所从事的活动。清晰、精确而公正地表达是任何活动所必需的,也是一切科学研究工作的基础。通过交流,观察结果才得以公开、沟通、检验,并有利于研究者本人发现现象之间的关系,以便进一步预测和推论。

当我们在打电话、写信,或听教师讲课时,都是在进行交流。交流就是与其他人交换看法、分享信息的过程。有效的交流需要许多技能,包括听说读写,以及建立模型的能力。

科学家们通过交流了解彼此的研究成果、信息和想法。他们经常通过科学期刊、电话、书信,以及互联网络来交流他们的工作。他们还通过参加各种学术会议来交流看法。

4.1.3 综合过程技能

1. 控制变量(Controlling Variables)

原因是导致事物发生的因素,而结果是发生的事件。在实验中,可以通过控制变量来确定原因和结果,变量是能影响实验结果的任何因素。一个设计良好的实验一次只能测量一个变量。通过这样的实验,可以确定导致结果的真正原因。因此,控制变量的技能在科学研究中至关重要,它涉及实验能否成功,能否真正揭示事物的因果关系。它包括两个方面:一是抓住要观察的对象,将其突显出来,以便集中观察;二是减少或根本排除干扰因素,以便发现因果联系。

科学探究活动中经常使用控制变量的技能。因为在一个研究中需要辨认各种有关的变量,分别加以适当的控制,即操纵一个变量,同时保持其他一些变量不变,观察另一变量是怎样发生变化的,这样才能得到可靠而又能重复的结果。

2. 解释数据(Interpreting Data)

数据本身并没有什么意义,重要的是从数据中所得到的启示。解释数据的目的在于进一步产生推理、预测及假设,进而寻求所研究问题的答案。在解释数据时,重要的是要区分事实和观点。判断一个陈述是不是事实的依据,就是看这一陈述是否可通过观察或实验来证明。如果能够证明,则该陈述是事实。

实验数据的采集、处理与解释是一项重要的科学技能,是学生科学素养的重要组成部分。处理与解释数据就是将科学研究过程所收集的各种资料加以整理、分析、研判并解释的过程。当学生通过探究活动获取实验数据后,需要具有对数据进行处理和分析,并对处理和分析的结果进行解释的能力。

3. 形成假设(Constructing Hypothesis)

假设是根据现有知识对所要研究的问题提出暂时性的回答,或者是对发生的某一现象做出的可能性解释。我们可以通过观察或实验来验证假设。如果观察或实验的结果不支持假设,则需要根据观察到的结果提出新的假设。

提出假设是科学探究的重要组成部分,所形成的假设不一定是正确的,因为假设必须经过验证。假设所叙述的对象,往往包括了同一类事物的全体,因此要找出一个不支持假设的观察,远比找所有支持假设的证据容易。如果假设通过了许多验证,没有发现有任何不支持假设的证据时,我们接受它为已经验证的假设,从而形成概念,建立规律;但如果新的证据出现不支持已形成的概念或规律时,它们需要进行修正。如果实验中存在不支持假设的证据,假设必须修正或放弃。

4. 形成操作性定义(Forming Operational Definition)

操作性定义是指说明如何观察或测量某一现象、事物或结构所用的操作。要判断某一定义是不是属于操作性定义有两个标准:第一,这个定义要描述需要"操作什么",也就是需要"做什么";第二,这个定义要描述需要"观察什么"。例如,两个相互接触的物体,当它们做相对运动或具有相对运动的趋势时,在接触面上会产生一种阻碍相对运动或相对运动趋势的力,这种力叫作摩擦力。在摩擦力的定义中,两个物体相互接触,并且它们之间要做相对运动或者形成相对运动的趋势;在进行了上述操作后,观察这两个物体的接触面,会产生一个阻碍相对运动或者相对运动趋势的力,这便是摩擦力的操作性定义。

5. 建立模型(Making Models)

模型是用直观生动简化的展示来解释所研究的事物。模型可以是立体的,也可以是一张示意图、设计图或图表。当我们用画图的方法来帮助别人理解所说的意思时,这样的图画就是一种模型。模型是用来显示复杂事物或过程的表现手段。建立模型能帮助人们理解他们无法直接观察到的事物。

科学家们经常用模型来代表非常庞大或者极其微小的事物,比如太阳系中的行星、细胞的细微结构等。这些模型是物理模型——能直观反映真实物体形状的图画或三维结构。另外还有一些抽象模型——能描述事物活动规律的数学方程式或者描述性文字。

6. 完成实验(Finishing Experiment)

完成实验就是进行一个完整的实验。虽然并不是所有的实验都遵循相同的步骤,但其基本模式大多都与下列所描述的相近。

(1)提出问题(Posing Question)

实验是从提出一个科学问题开始的。科学问题是指能够通过收集数据而回答的问题。例如,"纯水和盐水哪一个结冰更快?"就是一个科学问题。因为你可以通过实验收集信息并给予解答。

(2)构想假设(Constructing Hypothesis)

第二步是构想一个假设。假设是对实验结果的预测。和所有的预测一样,假设是建立在观察和以往的知识经验上的。但与许多预测不同的是,假设必须能够被检验。严格的假设应该采用"如果……,那么……"的句式。例如,"如果把盐加入纯水中,那么这水会需要更长的时间才能结冰",就是一个假说。这样的假设其实就是对你要进行的实验的一个粗略概括。

(3)实验设计(Experiment Design)

接下来需要设计一个实验来检验假设。在计划中应该写明详细的实验步骤,以及在实验中要进行哪些观察和测量。

设计实验时涉及两个很重要的步骤,就是控制变量和给出可操作定义。

① 控制变量:在一个设计良好的实验中,除了要观察的变量以外,其余变量都应该始终保持相同。变量(Variable)是指实验中可以变化的因子。其中人为改变的因子称作独立变量或操作变量(Manipulated Variable)。在实验中,往水里加盐就是调节变量。而其他因子,比如水的量、起始的温度,都应保持不变。随着独立变量变化的因子称为非独立变量或应变量(Responding Variable)。应变量是为了得到实验结果而需要观察或测量的指标。这个实验中的应变量就是水结冰所需要的时间。

② 操作定义:设计实验的另一个重要方面就是要有清楚的操作性定义。操作性定义(Operational Definition)是指清楚解释某一个变量该如何进行测量,或者某一个术语该如何被定义的陈述。例如,本实验中,如何来确定水是否结冰呢?你可以在实验开始前向每个容器中插入一根搅拌棒。对于"结冰"的操作性定义就是搅拌棒不能再被移动的时候。

③ 实验步骤:

- 在三个相同的容器中分别加入300毫升冷自来水。
- 容器1中加入10克盐,充分搅拌;容器2中加入20克盐,充分搅拌;容器3中不加盐。

- 把三个容器同时放入冰箱。
- 每隔 15 分钟检查一下容器,并记录你的观察结果。

除了一个因素变化以外,其余因素都保持不变的实验叫作对照实验(controlled experiment)。绝大多数对照实验都要设立对照,本实验中的容器 3 就是对照。由于容器 3 的水中没有加盐,因此就可以拿另外两个容器的结果和它作比较。两者结果之间的差别,都可以归结为加入了盐的缘故。

(4) 分析数据(Analyzing Data)

实验中得到的观察和测量结果称为数据。实验结束时要对数据进行分析,看看是否存在什么规律或趋势。如果能把数据整理成表格或者图表,常常能更清楚地看出它们的规律。然后要思考这些数据说明了什么,能否支持假设?是否指出了实验中存在的缺陷?是否需要收集更多的数据?

(5) 得出结论(Deriving Conclusion)

结论就是对实验研究发现的总结。在下结论的时候,要确定收集的数据是否支持原先的假设。通常需要重复好几次实验才能得出最后的结论。但得出的结论往往会使你发现新的问题,并设计新的实验来寻求答案。

4.1.4 科学思维技能

1. 比较与对比

当要寻找两件事物的相同和不同之处时,就需要用到比较(Comparing)与对比(Contrasting)的技能。比较是指找出相似性,即共同特征。对比是指找出不同点。用比较和对比技能分析事物,能帮助我们发现一些平时容易忽略的细节。

2. 应用概念

应用概念(Applying Concepts)技能就是要用有关某一情况的知识来理解另一种相似的情况。如果能把原来的知识活用到另一种情况,这表明已经真正理解了这个概念。

3. 理解图表

教科书中的图表能帮助理解课文的内容。这些图表形象地显示了某些过程、位置或者想法。理解图表(Interpreting Illustrations)技能可以帮助我们从这些视觉元素中学到知识。要理解一张插图,必须多花一些时间仔细看插图和附带的所有文字信息。插图的说明文字包含图中的重要概念,图注指出了图中的关键部分,而图例则说明了图中各种符号的含义。

4. 因果推断

如果一个事件能导致另一个事件发生,那么就说这两者之间存在因果关系。因果推断(Relating Cause and Effect)技能就是要判断两个事件之间是否存在因果关系。例如,如果你发现皮肤上起了一个红肿块并且发痒,你就可能推理被蚊子叮咬是因,肿块是果。但是应注意,不能光凭两个事件一起发生,就推断它们之间存在因果关系。科学家会通过实验或者根据以往的经验来判断因果关系是否存在。

5. 归纳

归纳(Making Generalization)是指根据一部分个体的信息来推断总体信息的技能。要做出正确的归纳,从总体中选出的样本就必须足够大而且具有代表性。例如,你在买葡萄时就可以试着使用归纳技能。先拿几颗葡萄尝一尝,如果都很甜,就能归纳出所有的葡萄都是甜的——这时就可以放心地买上一大串了。

6. 做出判断

做出判断(Making Judgment)就是评估某件事情的好坏对错的技能。做出判断前,需要全面地考虑到事情的正面和反面,并明确自己持有什么样的价值观和标准。

7. 解决问题

解决问题(Problem Solving)就是运用各种科学思维的技巧来解决事情或决定行动的技能。有些问题简单而直接,比如把分数转化为小数。另一些问题更为复杂,比如弄清计算机为什么不能正常运行。解决某些问题可以用尝试法,即先尝试一种解决方案,如果不行再试另一种。还有一些有用的解决策略,包括建立模型和同伴一起商讨可行的办法等。

这里需要指出的是,科学探究中的科学思维、探究程序、过程技能三个方面是紧密联系不可分割的。科学思维是科学探究的核心和灵魂,对探究程序和过程技能起统帅作用,支配着探究程序的设计、过程技能的选择和使用。探究程序则把各种探究技能有机地联系起来,形成一个整体。可以说,没有科学思维,科学探究则是盲目的、徒劳的,而没有探究程序和过程技能,则根本不存在科学探究。

为了便于研究,许多专家对科学过程技能分为不同的门类进行研究。在本书中,我们对科学过程技能采用了三元分类法,将其分为基本技能、综合技能和科学思维技能三大类。虽然基本科学过程技能和科学思维技能是学习综合科学过程技能的基础,但是这三者之间没有明显的界线。

4.1.5 科学过程技能的性质和特征

1. 科学过程技能是学生需要学习和掌握的基本技能

按照布鲁纳的观点,学生的探究学习与科学家从事科学研究活动在性质上是相似的,只是在水平上有差异。差异之处在于,学生探究学习是探究相对于他自己的未知;而科学家的研究活动是探索人类的未知领域。但是,不论是科学家的研究活动还是学生的探究学习活动,都是解决问题的活动,其基本环节相似,每一个环节中所运用的基本技能也相似。解决问题是日常生活中以及各行各业都会涉及的基本活动,所以,科学过程技能作为一种基本技能,不仅运用于科学探究活动,也可运用于日常生活和工作中,具有广泛的迁移力。所以,科学过程技能是学生需要学习和掌握的基本技能。

2. 科学过程技能既是程序性知识,也是过程性知识

在认知心理学研究中,通常把与人类认知相关的知识划分为两大类:陈述性知识和程序性知识。其中,程序性知识是指"个人没有有意识地提取线索,因而其存在只能借助某种活动形式间接推测出来的知识"。简要地说,是关于"如何运作"的知识。程序性知识主要包括智慧技能、动作技能中的认知成分、认知策略三类。科学过程技能是关于"如何做科学"的知识,因此,它属于程序性知识的范畴。从知识发生的意义上讲,科学过程技能又属于过程性知识,过程性知识反映了人类对自然、社会乃至自我的探究过程,包括人类的思维过程、情感方式和审美兴趣,多方位地再现了知识形成过程的生动图景。科学过程技能是生产知识的知识,存在于获取知识的过程中,因此,也是过程性知识。

3. 科学过程技能具有基础性

科学过程技能是科学家进行科学研究必备的基本技能,是学生需要学习和掌握的基本技能,也是学生可以学习和掌握的基本技能。提高学生的科学素养是当今科学教育的核心目标,科学过程技能则是科学素养重要构成要素之一。物理核心素养是科学素养的重要构成,培养学生的物理核心素养已经成为当代物理教育的重要目标。培养学生的物理核心素养,就必须发展学生的科学过程技能,因为科学过程技能是学生物理核心素养中的基础性成分。科学过程技能的形成不仅意味着学生通过将来进一步学习能像科学家一样进行科学探究活动,也意味着能用科学思维思考、用科学方法解决日常生活生产问题。也就是说,科学过程技能是学生继续深入学习进行科学研究活动的基础,也是用科学武装自己思考与解决日常生活生产问题的基础。同时,科学过程技能也是学生可以学习和掌握的基本技能。

4. 科学过程技能具有迁移性

科学过程技能的形成需要其他一般技能的支撑,其他一般技能也有机地融合于科学过程技能之中,尤其表现在归纳、演绎、比较等一般逻辑思维技能上。这些一般技能不仅适用于科学研究活动中,还是其他实践活动中必备的一般技能。科学家的研究活动和学生的探究学习活动都是解决问题的活动,解决问题是日常生活中以及各行各业都会涉及的基本活动。因此,科学过程技能具有广泛的迁移性,不仅运用于科学探究活动中,还可迁移至日常生活实践与工作实践中。同时,这些在日常生活实践与工作实践中形成的一般技能也能迁移至科学探究活动中形成综合的科学过程技能。

5. 发展科学过程技能是一个循序渐进的过程

研究表明,科学过程技能发展受学习者的认知发展水平的影响。例如,变量控制技能的形成与学习者的形式运算阶段密切相关。形式运算是以科学推理和假设建立为特征的,这反映了学习者对因果观念的理解的高度发展,这时学习者开始能够区分和控制变量。若学习者尚未发展到形式运算阶段,他们便很难理解和运用变量控制的观念。比如,在探索影响单摆周期的有关因素时,具体运算水平的学生通常做一些任意性的实验,而形式运算水平的学生会考虑一切起作用的因素,然后做一系列一次只有一个变量变化的实验。因此,在培养学生的科学过程技能中,必须针对学生的年龄特征因材施教。一般来说,对于低年级学生,应着重培养观察、分类、推断、测量等基础性过程技能;而对于高年级学生,应注重培养学生的确定变量、制作图表、提出假设、实验设计、分析数据、形成结论等综合性科学过程技能。另外,对于同一过程技能,不同年龄阶段学生也要有不同的要求。例如,对于低年级学生可以要求定性观察更多一点,对于高年级学生则要求定量观察更多一点。

4.2 物理科学过程技能的习得条件

探明物理科学过程技能的习得条件,可以为物理教学中有效地培养学生的科学过程技能提供理论基础。科学过程技能的学习既遵循一般技能训练的原则:示范、模仿、训练,同时也有其自身的特点。本节尝试探讨不同科学过程技能的习得条件,并分析科学过程技能与物理知识的协同建构过程。

4.2.1 科学过程技能的习得条件

前面我们已经讨论过科学过程技能的定义,科学过程技能是一种既包括心智技能又包括动作技能,且以心智技能为核心的基本技能。它既是科研工作者进行科学研究活动所必备的基本技能,也是学习者进行科学探究学习活动时所需要和掌握的基本技能。研究科学过程技能的习得过程,首先要弄清楚技能的定义。

1. 一般技能的定义

我国教育学和心理学教材中,一般都是沿用活动方式定义技能(Skill)。概括起来,技能是指经过练习而获得的合乎法则的认知活动或身体活动的动作方式。

技能通常按其本身的性质和特点可分为动作技能和心智技能两种。动作技能(Motor Skill)又称为运动技能和操作技能,是指由一系列的外部动作以合理的程序组成的操作活动方式,如书写、体操、骑自行车等技能。心智技能(Intellectual Skill)又称为智慧技能或智力技能,是一种借助于内部语言在人脑中进行的认知活动方式,如默读、心算、写作、观察和分析等技能。动作技能与心智技能既有区别又有联系,它们的不同之处在于动作技能具有物质性、外显性和扩展性等特点,而心智技能则有观念性、内隐性和减缩性等特点。同时它们又密切联系,心智技能是动作技能的调节者和必要的组成部分,动作技能又是心智技能形成的最初依据和外部体现的标志。两者相辅相成、相互制约、相互促进。例如,在学生学习过程中,不仅需要心智技能的参与来完成阅读、运算等思维活动,也需要动作技能的参与,以实现身体器官的动作。科学过程技能常常是这两种技能的有机统一。

根据上述关于技能的分类理论,科学过程技能可以说以心智技能为主,同时兼顾部分动作技能。科学过程技能中的观察、分类、应用数字、交流、预测、推理、控制变量、解释资料、形成假设、下操作性定义和建立模型等技能,主要属于心智技能,而测量和实验技能既包含着关于实验理论层面的心智技能,也包含关于实验操作层面的动作技能。基于此,探索科学过程技能的习得条件,可以借鉴心智技能和动作技能习得的相关理论,并结合科学探究过程的特征进行研究。

2. 科学过程技能的习得条件

科学过程技能是人们在从事科学探究活动过程中所运用的基本技能,不同类别的科学过程技能,对应着不同的习得条件。下面着重探讨6类基本科学过程技能的习得条件。

(1)"观察"技能

该技能是一种有目的、有计划、比较持久的知觉活动,其习得条件,第一要求学习者能够主动调动自身的各种感知器官包括眼睛、鼻子、耳朵、舌、手指等,或借助于科学仪器,对客观事物的各部分及其属性进行具有一定持久性的感知;第二要求学习者能够清楚观察的目的和任务,例如,观察定滑轮的演示时能够清晰地知道主要是研究定滑轮的拉力与重力的关系;第三要求学习者掌握基本的观察方法,例如,系统观察法、对比观察法等,以更全面、敏锐地感知到相应的现象。

(2)"分类"技能

该技能一方面需要能够识别不同物质或概念的本质特征,例如,能够辨别出水存在固定的沸点,而松香没有固定沸点;另一方面需要能够应用归纳法,根据其本质特征的不同,对一组物体或概念进行分组,例如,能够根据有固定沸点的特征,将水、海波、萘、各种金属等归为一类即晶体。

(3)"测量"技能

该技能习得条件主要包括三个方面:第一,学习者需要知晓测量工具的使用方法,例如,使用游标卡尺需要了解游标卡尺的量程、最小刻度、测量原理和测量步骤;第二,学习者需要具备一定的动作协调性,能够较好地控制测量工具的运作;第三,学习者需要了解记录测量数据的方式,例如,可以采用列表法和描点法记录牛顿第二定律的实验数据。

(4)"预测"技能

该技能习得条件主要包括三个方面:第一,学习者具备并激活与待预测的事物相关的知识和经验,例如,预测作用力和反作用力大小的关系,学习者需要激活生活中各种物体相互作用的例子及其感受;第二,学习者具备一定的逻辑推理能力,能够根据相关的知识和经验对事物的变化方向及其规律做出推测,例如,游泳时潜水潜得越深感到压力越大,推测液体压强随着深度的增加而增大;第三,学习者还需要具备一定的语言表述能力,以较清晰准确的语言呈现出预测,指导后续开展的验证活动。

(5)"推理"技能

该技能主要包括归纳推理、演绎推理和类比推理三类技能,其习得条件一方面要求学习者知晓相关的知识,例如,对斜面实验现象的推理,需要学习者了解力、速度、运动等概念;另一方面要求学习者掌握推理的一般程序,例如,演绎推理是从一般性的前提出发,通过推导得出具体结论的过程,机械能守恒定律便是应用动能定理逐步推导出来的。

(6)"交流"技能

该技能习得条件主要包括两方面:第一,要求学习者掌握相关的较为规范的科学语言,例如,解释惯性现象,学习者需要了解惯性概念的语言表述;第二,要求学习者了解口头、文字、图表、数字等各种表征形式,清楚表达自己的观点,例如,可以通过口头语言、板图或者实物演示等方式来呈现惯性现象。

4.2.2 科学过程技能与物理知识的协同建构

科学过程技能是认知结构的重要组成部分,也是建构科学知识并深刻理解科学知识的工具。反过来,科学知识对于科学过程技能具有一定的提升作用,因此科学过程技能与科学知识相互联系、相互为用。物理知识主要包括物理事实知识和物理理论知识,科学过程技能对于这两类知识的学习都具有非常重要的作用。

1. 科学过程技能与物理事实知识的学习

学生运用多种科学过程技能来获得物理事实知识,比简单听讲、做笔记,而不经过深入思考获取的知识理解得深刻,掌握得牢固。例如,在"楞次定律"的学习过程中,通过提供各种感性材料,引导学生自己去观察实验,记录数据。通过分析数据,使学生对抽象的物理现象获得形象具体的认识。

"楞次定律"是通过分析多变的实验现象,经归纳总结建立的,这就需要在学生明确了研究问题,并提出合理的猜想(与感应电流方向有关的因素可能有两个:磁通量的变化及原磁场方向)之后,引导学生设计实验方案、进行实验、收集数据。

以下是师生经过讨论形成的两种方案:

A组操作(如图4-1所示):分别将条形磁铁的N极和S极插入线圈、拔出线圈。

B组操作(如图4-2所示):将电键闭合、断开,观察电流表的指针偏转方向,判断出感应电流方向,再将电源的正、负极反过来,重复上述实验过程。

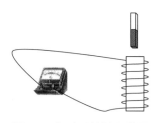

图 4-1 条形磁铁插入线圈

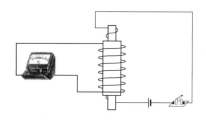

图 4-2 原线圈中电流变化

表 4-1 和表 4-2 是学生通过细致观察后,记录的实验现象。学生通过亲自操作实验、全面观察记录实验现象,获得了丰富的感性认识,降低了知识的抽象程度,为分析论证、总结规律打下了基础。

表 4-1 A 组操作现象记录表

磁铁运动	N 极插入	N 极拔出	S 极插入	S 极拔出
$I_{磁}$ 方向	逆时针	顺时针	顺时针	逆时针
φ 变化	增	减	增	减
$B_{感}$ 方向	向上	向下	向下	向上

表 4-2 B 组操作现象记录表

$I_{原}$	顺时针,通电	顺时针,断电	逆时针,通电	逆时针,断电
$I_{感}$ 方向	逆时针	顺时针	顺时针	逆时针
φ 变化	增	减	增	减
$B_{原}$ 方向	向上	向下	向下	向上

2. 科学过程技能与物理理论知识的学习

运用多种科学过程技能获取物理理论知识,有助于学生更深刻地理解物理理论。例如,学生学习"密度"的概念,如果只是记住"单位体积的某种物质的质量叫作密度",而不能理解密度的性质和意义,那么这样的学习是无意义的学习,对后续知识的学习也会产生很大的影响。而如果采取主动建构的学习方式,运用多种科学过程技能展开学习活动,则能够较显著地提高学习效果。

在学习密度的概念时,让学生利用天平测量不同物体的质量,在提出"质量跟体积有什么定量关系"这一问题后,就开始引导学生进行实验:测量、计算出老师所提供的多个蜡块和木块的质量和体积,并记录在设计的表格内。接下来引导学生讨论比较表中的数据得出:蜡块的质量跟它的体积成正比,木块的质量也跟它的体积成正比。继而引导学生继续对实验数据进行分析,分析蜡块的多组实验数据得出,蜡块的质量跟体积的比值都相等;分析木块的多组实验数据得出:木块的质量跟体积的比值都相等。由此引导学生比较得出:同种物质的质量跟体积的比值一定;不同种物质的质量跟体积的比值不同。由此可知,物质的质量跟体积的比值与物质的种类有关,物质的种类不同,其质量和体积的比值也就不同,所以这个比值反映了物质的一种属性,而这种属性在物理学上用密度来表示。

要使学生形成正确的概念,就必须按照物理学的研究方法,引导学生运用比较、分析、综合、抽象、概括、判断、归纳、演绎等思维方法,对感性材料进行思维加工,进而抽象概括出事物的本质属性,使学生形成清晰的认识。这种获得知识的过程,是一种有意义的学习过程。因为学生通过自己的探究而建构获取的新知识是经过深思熟虑真正理解的知识,这种新知识与学生原有的知识进行相互作用,通过同化或者顺应的方式有机地纳入原有的知识结构,内化为自己的知识,形成良好的认知结构。

综上所述,学生学习物理知识是一个认知建构的过程,这种建构不仅是事实、概念、原理等陈述性知识的建构,还包括科学过程技能程序性知识产生式的建构,如图4-3所示。

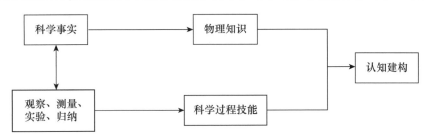

图4-3 科学过程技能与物理知识的协同建构

4.3 科学过程技能的评价方式

对于科学过程技能的评价,可以帮助教师了解学生的科学技能发展的水平。评价科学过程技能的方式主要有四种:纸笔测验、观察法、多媒体考察法和工作单评价;涉及题目类型主要有三种:客观选择题、主观建构反应题和实作评价动手操作。

4.3.1 评价方式

1. 纸笔测验法

科学过程技能纸笔测验是以文字、符号等在卷面上呈现某些问题情境,要求学生对这些情境进行判断、解释与描述,从而对学生相关的科学过程技能做出评价。

由于纸笔测验法的开发和运行等总体成本低,可以大题量开发、大样本测试,而且评分者信度较高,因此,从20世纪60年代到80年代,国外很多研究者对纸笔测验工具的开发乐此不疲,开发了各类考查学生探究技能的纸笔测验。这些纸笔测验工具基本上是选择题,评价目标往往是各种过程技能或变化,因此,也常常称为过程技能纸笔测验,从小学、中学到大学,从针对具体学科到通用学科等。

在国外大规模评价项目中,也广泛地应用纸笔测验来考查学生的科学探究能力,包括国际教育成就评估协会(International Association for the Evaluation of Educational Achievement, IEA)发起并组织的国际数学和科学成就趋势研究(The Trends in International Mathematics and Science Study,TIMSS)、国际经济合作与发展组织(OECD)成员共同创设的国际学生评价项目(Program for International Student Assessment,PISA)、美国国家教育进步评价(National Assessment of Educational Progress,NAEP)、英国教育和科学部(DES)下设的成就评估单元(The Assessment of Performance Unit,APU)、美国密苏里州的科学过程技能另类评价项目(Alternative Assessment of Science Process Skills,AASPS)等。在一定程度上,证明纸笔测验是一种适于在大

规模考试中应用的良好评价工具。

尽管纸笔测验具有成本低的优势,但其自身存在着难以克服的弊端。比如,不能深入探讨学生在真实情境中的探究行为,以对其科学过程技能作出评价。国际教育成就评价协会在其研究报告中指出:"研究数据表明,实验的实际操作测验是用以测量某些特征的,它与从笔试中测量到的特征很不相同。用笔试式的实际考题去探测这些特征,其作用范围是很有限的。"

2. 观察法

所谓观察法,就是教师对学生完成某一特定实验任务的过程进行直接观察,并根据预先制定的评分标准进行评价。根据评分标准的适用程度,可以分为两类:一类是通用性的评分标准,适用于不同的观察任务;另一类是具体的评分标准,仅仅适用于特定的观察与实验任务。

基于通用性评分标准的观察法,主要用其对学生的科学探究能力进行评价。罗格斯大学由萨哈纳·默蒂(Sahana Murthy)、尤金妮·埃特基娜(Eugenia Etkina)、玛丽亚·鲁巴尔·维拉索诺(Maria Ruibal Villasenor)等人组成的物理与天文教育研究小组开发的系列形成性评价量规(Formative Assessment Rubrics)用于评价学生的科学能力,共包含 A～I 套量规,各套量规分别用于考查多种方式呈现信息、设计和操作观测性实验、验证性实验、应用性实验能力等各方面的科学能力(Scientific Ability),并开发了适于使用该套科学能力评价量规的系列学生实验,其中部分量规见表 4-3。

表 4-3 科学过程技能评价量规——考查学生设计和操作应用性实验的技能(部分)

	科学过程技能	差	中	良	优
1	能否指出需要解决的问题?	没有指出任何需要解决的问题。	指出了需要解决的问题,但表述不明确。	指出了需要解决的问题,但存在少量疏忽或表述不明确的细节。	清晰地描述了要解决的问题。
2	能否设计一个可靠的实验来解决问题?	没有设计出任何实验来尝试解决问题。	尝试设计了实验解决问题,但根据实验方案所得出的数据将无法可靠地解决问题。	尝试设计了实验解决问题,但根据实验方案所得出的数据有可能无法可靠地解决问题。	设计了解决问题的相关实验,并且根据实验方案所得的数据能够较好地解决问题。
3	能否有效地运用仪器进行测量?	至少有一个待测量无法用所选择的测量仪器进行有效的测量。	所选择的仪器能够测量所有待测量,但没有给出具体操作办法。	所选择的仪器能够测量所有待测量,但给出的操作细节不明确或不完整。	所选择的仪器能够测量所有待测量,并且所有的操作细节都非常清晰完整。
	……	……	……	……	……

采用通用性评分标准对学生的科学探究过程进行观察与评价,其评价指标抽象、宽泛,具有较强的迁移性,适用于不同的观察任务,节省了开发量规的时间与精力。但是,由于不同学习者面对的评价者不同,存在着评价者评分信度的问题。针对通用评分标准信度不高的情况,一些研究者根据特定的探究实验任务制定了明确、具体的观察指标和评分标准。例如,在让学生探究"不同品牌纸巾的吸水量"时,可以分别从浸湿纸巾的方法、纸巾是否饱和、怎样测量纸巾中的水量、是否细心、是否能得出正确结论等方面进行观察和评分。虽然这些

观察指标的可迁移性差,但由于针对性强,减少了评价的随意性和主观性,评分者信度较高。英国成就评估机构(The Assessment of Performance Unit,APU)亦设计观察核查表,现场观察与评价学生的探究能力。它采用一个观察者观察一个学生的形式,如观察不清楚,可询问学生,但不能提示,表4-4是APU对"弹簧的振动周期与弹簧的长度、粗细的关系"这一实验现场观察核查表的部分内容。

表 4-4 APU 实验观察核查表(部分)

观察的项目	小项目	1	2	3	4	5	6	7	8	9	10
操作	所用的弹簧										
	所用的重物										
	测量弹簧长度										
	测量弹簧粗细										
	释放弹簧										
	释放弹簧的位置										
测量	没有明显观测振动										
	定性观察振动										
……	……										

然而,尽管现场观察被公认为评价学生探究能力和实验能力最可靠、有效的方式,但人力和时间的消耗过大,并且通过肉眼观察只能判断学生的操作技能,对于学生头脑中的心智技能无法得知。因此,到了20世纪80年代,也只有英国APU和加拿大不列颠哥伦比亚省(British Columbia)等在少数项目中采用现场观察来评价学生的探究技能。

3. 多媒体考查法

多媒体考查法,即学生根据电视或多媒体计算机,利用视频、图像、动画等技术所呈现的特定的科学探究情景做出判断、辨认、思考并在试卷上回答问题,或进行交互性模拟实验操作,教师再根据其回答对其科学过程技能作出评价。

在国外,不少研究者采用计算机模拟方法来考查学生的实验探究技能。例如,萨维尔森(Shavelson)等人设计了两个计算机模拟情景,其中之一是让学生探究电路黑箱中的内容。研究者认为,计算机模拟虽然开发成本较高,但运行成本很低,可随时随地进行评价,还可即时评分,给出反馈;同时计算机还保存着学生探究的全部记录,教师或学生可随时回顾探究过程并找出存在的问题。

然而,罗森奎斯特(Rosenquist)等人再次以电路黑箱来研究实际动手操作和计算机模拟的可交换性时发现,两者相关性较低。计算机模拟毕竟是人为设计的环境,与真实的复杂环境不一样。对于探究步骤比较单一、规范、变异小的简单探究,计算机能较好地模拟;但对于复杂的探究,程序设计者则很难对真实探究的各种变异,以及不同学生的各种反应考虑周全。萨维尔森等人也认为,如果要测量一个班的探究平均水平,计算机模拟也许可以替代现场观察,但要测量个体的探究水平,计算机模拟难以替代现场观察。

为了增强多媒体考查法的真实性,国内学者以真实实验过程的视频录像作为考查的材料。例如,梁佩之、郑小标探索出了一种利用电视录像进行中学物理实验操作考试的方法并投入了小范围试用。考试时,组考人员在学校闭路系统上播放录像考试试题,学生在教室里边看录像边作答(答案填写在答题卡上)。所设计的录像试题主要包括:仪器的识别、仪器的选择、仪器的组装和纠错、实验过程的查漏和改错、简单的实验误差和实验故障的分析等。在摄制考试试题之前，必须撰写好试题文字稿本，表4-5是两个试题的文字稿本，稿本左边是画面显示内容及拍摄要求，右边是解说词。

表 4-5　电视录像文字稿本

画面显示内容及其拍摄要求	录像中的解说词
字幕：观察用电流表和电压表测定电池电动势和内电阻的测量电路，指出实验者在电路连接中的错误。 显示：桌面上摆放着一连接好的电路，其中错误设计两处： 1. 安培表极性接反； 2. 滑动变阻器接全电阻。 显示要求：先电路整体显示，再分别显示，镜头在每个仪器上的停留时间为6s。	观察用电流表和电压表测定电池电动势和内电阻的测量电路，指出实验者在电路连接中的错误。 请同学们仔细观察实验所连接的电路，电源、开关、伏特表、安培表、滑动变阻器。 请把电路连接中的错误填入答题卡。

由于教学中的电视机已逐渐为计算机所替代，潘世祥主持的课题组研究出运用计算机多媒体技术进行中学物理实验技能考查的方法。在计算机中设置答题卡和视频材料两个界面，学生先看答题卡中的题目，然后打开视频材料界面，观看实验探究过程，然后回到答题卡界面，将答案录入答题卡中。具体试题案例见表4-6。

表 4-6　"测定金属的电阻率"的试题(部分)
（时间：20分钟　　满分：20分）

画面	解说词	备注
第三题(2分)		
字幕：3. 用螺旋测微器测量一金属工件的直径，认真观察测量示数，读出工件的直径是多少毫米？ 显示：用螺旋测微器测量工件直径的过程，最后特写镜头显示测量的示数便于考生读数。	第三题：用螺旋测微器测量一个金属工件的直径，认真观察测量示数，读出工件的直径是多少毫米？ 请同学们认真观察工件直径的测量示数，读出这个测量值，并填入答题卡。	
第七题(3分)		
字幕：7. 某同学正在做"测定金属的电阻率"的实验，仔细观察测量电路，指出电路连接中的两处错误： _____。 显示：桌面上摆放一个已经连接好的电路，设计有两处错误连接： 伏特表极性接反， 滑动变阻器接入全部电阻。 （显示电路整体） （显示一个部位）	第七题：某同学正在做"测定金属的电阻率"的实验，请仔细观察测量电路，指出电路连接中的两处错误： 这是测量电路：（电路略） 请把电路连接中的两处错误，填入答题卡。	

国内的上述两项研究,在小范围内试用皆取得了良好的效果。研究者认为,虽然考生不直接进行实地的实验操作,但录像呈现的是真实的实验情境,如果学生平时不认真做实验,即使考试时多看几遍录像,也很难回答相应的实验题。

相对于观察法而言,多媒体考查法的优势在于:第一,能够让较多的学生同时参加考试,并且可以建立试题题库,采取随机组题的形式,避免了学生通过短时间突击就能过关的现象出现;第二,教师可通过计算机调出学生的答题卡,给出相应的计分,并进行分数的统计和分析,大大减轻了教师的劳动强度,提高了工作效率。但是,应当看到,由于多媒体考查法在考查科学过程技能时,仅仅需要观看录像而无需实际操作,突出了对观察技能的考查,而弱化了对实际操作技能的考查。

4. 工作单评价

工作单评价方式就是基于科学过程技能评价的目标和要求,让学生在实际操作的基础上,根据实验操作的过程和结果记录,完成工作单上的问题,然后教师根据评分标准对工作单进行评价的一种方式。

伍尔诺(Woolnough)等人于1990年按照提示程度将用于评价的工作单划分为三种类型:第一种是无提示的开放性工作单,要求学生把实验探究过程和结果写在空白的工作单上;第二种是一般提示的结构性工作单,要求学生按照提示的结构来描述实验探究的过程和结果;第三种是充分提示的引导性工作单,针对具体探究任务一步步地引导学生探究并写在工作单上。

下面呈现开放性工作单(见表4-7)、结构性工作单(见表4-8)和引导性工作单(见表4-9)分别探究"决定一个物体浮与沉的关键因素""不同温度对药片溶解快慢的影响效果"和"橡皮带的伸长和所挂钩码质量的关系"。

表4-7 开放性工作单

探究决定一个物体浮与沉的关键因素,请你把过程和结果写下来。

表4-8 结构性工作单

1. 设计探究方案。方案应包括要测量什么、需要测量多少次、怎样呈现测量结果。 2. 做实验,把实验结果记录在自己设计的表格中。 3. 按照你的探究,得出温度对药片溶解的影响效果。 4. 解释为什么温度会有这样的影响效果。 5. 假如再次探究,你会改变探究方案吗?如果改变,请写下来。

表4-9 引导性工作单

1. 把钩码一个一个地悬挂在橡皮带下。 2. 每个钩码悬挂时,测量橡皮带的长度。 3. 在表中记录结果,然后描图。 4. 根据所描的图来解释橡皮带的长度是怎样改变的。

从以上三个例子中，我们可以看出三种类型工作单的差异：开放性工作单只给出探究的问题，为学生创造性的发挥提供了很大的空间，学生的自主性强，可以自由决定探究的途径；结构性工作单给出了一定的探究框架，对于探究活动中较大的步骤给予了一定的提示，这种提示有利于学生把自己的想法与做法有条理地、如实地表达出来，学生有一定的自主性，探究程度中等，评分者一致性的达成有一定的难度；引导性工作单给学生提供了详细的提示，类似于实验报告中的实验步骤，学生只需"照方抓药"即可，探究程度最低，评分者的一致性容易达成。相比较而言，结构性工作单的探究程度中等，评价者也有达成一致性的可能性，可适用于不同探究任务和大多数学生群体，因此适应性较广。但是，教学实践中具体选用哪一种类型的工作单，则需根据评价目的、探究任务的难度与评价对象的水平等来决定。

在国外，工作单在各类评价中得到了较广泛的运用。美国科学教育专家奥斯特伦（Ostlund）编写的《科学探究过程技能评价手册》（*Science Process Skill: Assessing Hands-on Student Performance*），设计了系列1~6级水平的科学过程技能评价工作单，分别用于评价学生的观察、交流、估计、测量、搜集数据、分类、推断、预测、制作模型、解释数据、制作图表、假设、控制变量、下可操作性定义和探究等15个过程技能。例如，对"假设"技能工作单评价见表4-10。

表4-10　"假设"技能工作单评价试题

1. 问题：当"乒乓球"筒里的水装满后，从洞里喷出的水流和洞的高度有什么关系？ 你的假设是：_____。 2. 在图上画线，说明你所猜测的水流喷出去的距离。 3. 将每一个洞口都封上透明胶，验证你的假设：在筒里灌满水，迅速揭开盖住洞口的透明胶，把筒移到塑料盆上。观察从四个洞口喷出来的水流。 4. 在图上画线，说明每个洞口的水流实际喷出去多远。 5. 你所观察的现象是否支持你的假设？

国外科学实验的大规模考试与评价，一般采用工作单形式来评价学生的科学过程技能。例如，美国1996年8年级表现性评价有关科学探究的一个问题是：使用"漂浮铅笔实验"估测未知盐溶液的含盐浓度。在这项任务中，学生观察、测量，并比较在蒸馏水和25%盐溶液中铅笔在水表面以上的漂浮部分的长度，然后预测含盐量对铅笔的漂浮的影响，并由此解决如何测量未知液体的含盐量问题。该项任务共含有14个问题组成的问题链，属于充分提示的具体工作单，其中部分问题见表4-11：

表 4-11　美国全国教育进步评价 1996 试题之一 (部分)

使用"漂浮铅笔实验"估测未知盐溶液的含盐浓度

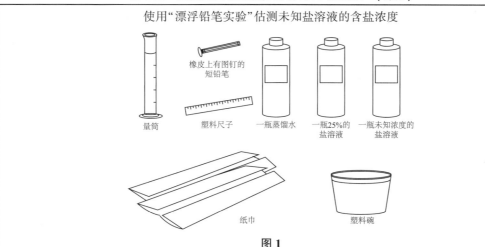

图 1

有关这项工作,你将会得到一个包含所有需要器材的用具包,并要求在 30 分钟内完成探究任务。现在,请打开你的用具包,参照图 1 检查是否图中的所有器材都齐全。如果缺少任何材料,请举手,管理人将会提供你所需要材料。

1. 打开贴有蒸馏水标签的塑料瓶。瓶内水中盐的浓度非常接近于 0%。将蒸馏水倒入量筒,直至水面到达量筒上标有黑线处为止。盖上瓶盖。将铅笔有橡皮擦的一端向下插入量筒,部分铅笔浮出水面,如图 2 所示。解释铅笔放入水中为什么会漂浮。

2. 将铅笔从水中取出,用纸巾擦干。用尺测量露出水面部分的铅笔长度。将测量结果记录在表中对应的栏目内。

3. 在下面的坐标纸上,画出测得的蒸馏水和 25% 的盐溶液对应的铅笔长度的平均值。并将这两点用一条直线连接起来。假定这条线代表水面上铅笔长度和盐的浓度之间的关系。

4. 根据绘制的曲线图,可得出未知溶液含盐的浓度是多少?解释你是如何得出答案的。

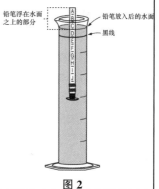

图 2

国外大规模考试之所以青睐工作单评价方式,非常重要的原因之一就在于工作单评价方式不需要监考员对考生的实验过程进行评价,而只需要批改考生的工作单,因此,一个教师即可监考一个班级的学生,大大降低了教师的工作量,运行成本低于观察方式,适于大规模考查。

4.3.2　题目类型

1. 选择题

在科学过程技能评价研究中,大部分都是标准化的测验形式。选择题在各种纸笔测验中是使用频率最高的题型,因此,在对科学过程技能的最初评价研究中,评价工具大都采用选择题的形式。

【例 4-1】　(8 年级试题)物块 A 放入水中会下沉,如图 4-4 所示,若将物块 A 切成不等的两部分。物块 B 是物块 A 的 2/3,物块 C 是物块 A 的 1/3。将物块 B 和物块 C 放入水中,会发生什么现象?

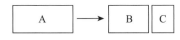

图 4-4

A. 物块 B 和物块 C 均漂浮在水面上
B. 物块 B 下沉,物块 C 浮在水面上
C. 物块 B 悬浮,物块 C 浮在水面上
D. 物块 B 和物块 C 均下沉

例 4-1 以生活实际为背景材料,要求学生根据题设情境和条件的描述,预测会发生什么现象。这种以客观选择题的形式对科学过程技能进行评价,操作起来相对简单,答案唯一,计分程序简单,较为省时省力,因此,其使用频率很高。但在命题时要注意,要避免只考查学生对于科学探究程序的机械记忆,要充分注意科学过程技能的应用情境,因此,在命题时,选取一些研究活动,以解决问题为目的,创设情境,使学生在分析问题的过程中展示其相应的技能。

2. 建构反应题

建构反应题(Constructed Response,CR)主要分为简短建构反应题和拓展建构反应题两类。简短建构反应题(Short Constructed Response,SCR),一般给学生创设一定的科学情境,并要求学生根据需求进行简短的回答或计算;拓展建构反应题(Extended Constructed Response,ECR)给学生创设相对复杂的科学情境,一般涉及多个科学原理与规律,设置若干个小问题,学生需综合运用所学知识才能完成,考查学生对知识的分析综合运用能力,难度相对较大。

【例 4-2】 (4 年级试题)小芳有 4 个相同的容器,每个容器中有 200 克不同颜色的彩沙,沙子颗粒尺寸相同,如图 4-5 所示。

图4-5

表4-12

白色	粉色	棕色	黑色
22℃	28℃	41℃	45℃

一开始所有沙子温度相同,小芳将 4 个容器放在阳光下 3 个小时,然后她测量每个容器中沙子的温度,测量结果见表 4-12。请解释:为什么每个容器中沙子的温度是不同的。

例 4-2 在题设情境的解释环节设置问题,要求学生对产生某一情境的原因或实验结果进行解释,学生做出合理的解释是建立于题意的分析及实验数据的观察分析上。

3. 实作评价

实作评价是指通过学生的表现,评价其在某一学科或主题领域的所知和所能。评价的内容包括学生的作业、实验报告、口头汇报、科技制作、对实验仪器和设备的操作和使用等诸多方面。

【例 4-3】 在本活动中,你要使水滴从不同的高度落下,并研究其落在下方白纸上的直径大小。

器材:1 把米尺、1 把直尺(12 cm)、1 支吸管、1 张白纸、1 杯水和 1 张纸巾。

教师将为你展示如何使用吸管作为滴管。请完成以下任务:

步骤1：

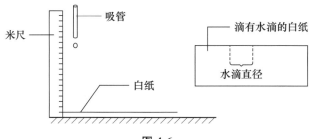

图 4-6

（a）根据图 4-6 组装器材。如果水滴从不同的高度落在正下方的白纸上，水滴的直径会如何变化？请写出你的假设；

（b）在一定的高度用滴管将一滴水滴在白纸上，记录此时滴管距离白纸的高度，测量和记录白纸上水滴的直径，然后用纸巾擦干水滴；

（c）重复步骤(b)，改变高度；重复多次；

（d）绘制表格，记录结果。

步骤2：

（a）绘制曲线图，展示水滴下落高度与白纸上水滴直径之间的关系；

（b）假设该实验重复多次后所得的结果相似，写出通过本实验可以得出的结论；

（c）在本实验中，你会改变一个变量，然后测量和记录随之发生变化的另一个变量。

　（c-i）本实验中，你改变了哪个变量？

　（c-ii）本实验中，随之发生改变的变量是什么？

在这个活动中，通过学生动手操作的形式测查了多项科学过程技能：1(a) 做出假设，1(d) 用表格形式记录数据；2(a) 用图的形式记录数据，2(b) 解释数据、总结归纳，2(c) 识别变量。

该题目的特点之一就是并未直接给出实验数据，而是给出所要研究的问题和所要使用到的器材，由学生根据要求自行组装，然后进行实验、记录和数据分析，并得出结论。

科学过程技能的评价，不同的评价形式和题目有其优点，也有不足之处。在实际应用中各种评价形式要有机结合，取长补短。在实际教学和研究中，不能盲目地选择某一种评价形式，而是应根据不同的具体教学目标和研究目的确定恰当评价形式，以更好地为教学和研究服务。

4.4 物理科学过程技能的培养

科学过程技能不仅是科学家进行科学研究所运用的技能，也是现代公民应具有的基本技能。加强学生科学过程技能的训练，已成为物理教学的重要任务。培养和提高学生的科学过程技能，需要多方面的工作，如通过实验活动和科学探究学习培养学生的科学过程技能，调整学生的学业评价方式等。

4.4.1 在实验活动中要动手，更要动脑

物理课总是会安排一些实验让学生动手去做，让学生动手参与实践是完成教学任务的

一个途径。但是学生在动手的同时必须动脑,动手和动脑是分不开的。在实验过程中,学生需要运用到归纳、演绎、判断、推理、数学、逻辑等多种方法分析问题和解决问题,这样就能够增强学生对各种科学过程技能的训练。因此,教师设计教学和实施教学时,要特别关注学生"想"什么,也就是关注学生的思维,设计教学就是设计学生在课堂上的思维路径,也就是引导学生去"想"。教师要调动和控制学生的思维,使学生的思维积极活动起来。然后再让学生去动手做,这个"做"就不是"要我做",而是学生为了解决自己心中的问题,这个"做"是学生思维的需要,也就形成了"我要做"的局面。更重要的是,这个"做"的过程不是按照实验指导进行的机械操作,而是培养学生的科学过程技能的有效手段。正如苏霍姆林斯基指出的:教师只有给学生带来思考,在思考中表现自己,用思考来指挥学生,用思考来使学生折服和钦佩的时候,他才能成为年轻的心灵的征服者、教育者和指导者。

4.4.2 重视科学探究式学习

1. 让学生参与科学探究的过程

在物理教育中,科学知识的获得和科学概念的形成固然是一项重要内容,但科学知识是动态发展的。因此,科学教育并不只是对所谓的"真理性知识"的记忆。更重要的是要让学生通过科学探究,在获取知识的过程中培养其领悟科学、运用科学的能力,促进其科学过程技能的发展和科学态度的养成。科学探究是了解、研究自然规律的重要方法,它的作用不只是为了获取信息,还是学生通过探究获取知识与应用知识过程中的一个有机组成部分。所以,在教学过程中,教师要有意识地为学生提供进行科学探究的机会和条件,让学生在观察、提出问题、形成假设、检验求证、得出结论、交流和应用的过程中,学会运用观察、交流、测量、推论、预测、假设等一系列的科学方法来获取信息、组织信息,以及应用并检验理论等,促进其概括、分析、类比、归纳、推理等科学思维能力的发展。同时,养成尊重证据、乐于接受新思想与新信息的科学态度,以获得对于客观世界的更深刻而真实的理解。当然,学生科学能力的发展与其认知发展是密切相关的。教师要根据学生不同的认知水平,有计划、分阶段地促进其各项能力的发展。

2. 让学生在探究过程中理解知识

科学是知识和技能的统一体。科学不仅仅是知识,学习科学知识还应该是一种学习解决问题的过程。学生只有在解决实际问题的过程中,通过科学探究的方法和程序才能真正理解科学知识。对于许多学生来说,当他们需要解决一些感兴趣的又与他们的实际能力相适应的问题时,他们便发现需要相应的科学知识,从而产生学习的积极性,并抓住学习的要点。霍德森(Hodson)认为人们不能直接有效地应用科学家进行科学研究的方法和程序,因为科学家进行研究的方法和程序依赖于他们的经验,所以这些是不可以直接传授的。唯一有效的途径是科学探究,并且要得到有技能、有经验的教师给予支持、批判和建议。在探究过程中,要让学生能够有机会参与到学习共同体的文化情境中,促进学生更好地进行知识建构。教师在物理教学中,不可以简单地把探究过程理解为具体的"操作"活动,而应该真正做到促进学生进行知识建构和科学思维,培养学生的实践能力和解决实际问题的能力。

3. 从恰当的问题开始探究

在探究中学习物理是学习物理课程的一种有效途径。让学生在积极参与探究的过程中逐渐对生活中的一些现象有所认识,对一些实际问题进行力所能及的探究。对于问题意识强的学生来说,一旦发现问题,就会产生解决问题的需要和内驱力,产生认知不平衡,从而激起强烈的求知欲,唤起内在的需求与兴趣,激励积极自主的思维,直到解决问题。教师应当在学生熟悉的情景与生活经验中提炼出适合于学生探究的问题让学生探究。探究的问题应当能够密切联系学生的生活,且能充分激发起学生探究的欲望,并能够通过他们的努力而加以解决。在这些具体实际问题的解决过程中,学生不仅对知识的理解加深了,而且对用于探究技能这一工具的使用更加熟悉,同时也提高了物理核心素养。

4.4.3 调整学生的学业评价方式

评价作为课程的一个重要组成部分,可以为课程的实施提供反馈信息。对于学生的学业评价有多种方式,包括终结性评价、形成性评价、诊断性评价。评价的方式可以是纸笔评价、实作评价等。诊断性评价(前侧)可以帮助教师了解学生已有的过程技能水平,是进行物理教学设计的重要逻辑起点,形成性评价则为教学实施的效果提供反馈信息。在实际教学中,应改变以往评价过于注重机械记忆的倾向,应将知识的评价和能力的评价融为一体,对学生进行综合性的评价。此外,教师还可以在平时教学中设计一些活动,让学生亲自动手操作,由教师对其行为表现做记录,并给予评判。例如,在学习了电路相关知识之后,可以布置给家庭设计简单的照明线路等任务。通过这种过程性评价,可以记录学生科学过程技能水平的发展历程。评价的结果可以为教师提供反馈信息,有助于教师调整教学计划,并在备课的过程中调整教学的进度和活动的难度,以更好地将课程标准中的能力目标落实到课堂教学中,提高教学效果,并使学生的科学过程技能得到提高。

思考与实践

1. 试结合实际教学情境谈谈物理科学过程技能在学生学习过程中的表现。
2. 谈谈如何将科学过程技能评价方式与我国大规模考试相结合?
3. 谈谈如何在课堂教学中培养学生的物理科学过程技能?
4. 选择一套或一本最新版本的物理教科书,分析科学过程在物理教科书中的表征方式。

参考文献

[1] 美国科学促进会. 面向全体美国人的科学[M]. 北京:科学普及出版社,2001.
[2] ARENA P. The role of relevance in the acquisition of science process skills[J]. Australian science teachers journal,1996,4.
[3] CHIAPPETAA E L. Inquiry-based science:strategies and techniques for encouraging inquiry in the class room[J]. The science teacher,1997,8.
[4] 樊琪. 科学探究技能的内隐与外显学习的比较研究[J]. 心理科学,2005(6).
[5] 罗敏玲. 探析学生科学探究过程技能的培养[J]. 现代中小学教育,2012(9).
[6] 陈畸,刘儒德. 当代教育心理学[M]. 北京:北京师范大学出版社,2007.
[7] 王健,刘恩山. 生物学教育中的科学过程技能[J]. 生物学通报,2007(11).
[8] 皮连生. 智育心理学[M]. 北京:人民教育出版社,1996.
[9] R M. 加涅等. 教学设计原理[M]. 皮连生,庞维国等,译,上海:华东师范大学出版社,1999.

[10] 郅庭瑾.为思维而教[J].教育研究,2007(10).
[11] 潘苏东,赵美玲.运用工作单评价学生的科学过程技能[J].教育测量与评价(理论版),2010(3).
[12] 蒋永贵,项红专,金鹏.科学探究教学评价体系的构建与实践[J].课程·教材·教法,2005(12).
[13] 杨宝山,陶洪,续佩君,等.高中物理实验教学的评价策略[J].物理教师(高中版),2006(3).
[14] 张军朋,许桂清.中学物理科学探究学习评价与案例[M].北京:北京大学出版社,2010.

第5章　物理学习中的元认知

> **学习目标**
>
> 1. 知道什么是元认知和元认知的结构。
> 2. 描述基本的元认知循环过程。
> 3. 解释并举例说明物理问题解决中的元认知策略。
> 4. 讨论元认知理论在物理学习中的各种典型应用，并尝试为自己制订一个提升物理学习元认知能力的计划方案。

元认知（Metacognition）又称为反审认知、反省认知、超认知、后设认知。在物理学习中，学生是学习的主体，需要对自己的学习行为进行调节和控制，即需要具备物理学习的元认知能力。本章重点阐释物理学习的元认知的含义、构成，探讨元认知理论在物理学习中的应用，并提出在物理教学中培养元认知能力的策略。

5.1　物理学习的元认知概述

自从20世纪70年代，美国心理学家弗拉维尔（Flavell）提出元认知的概念以后，有关元认知的研究成果不断涌现。本节我们主要从概念上介绍与学习相关的元认知的一些研究发现。

5.1.1　什么是元认知

20世纪70年代，心理学家弗拉维尔注意到一个特殊现象，学前儿童对自己的记忆力的了解与监控并不能像小学生那样有效。如果小学生与学前儿童，同时开始一个学习任务，直到他们确信已经能够完全回忆出来，再问他们的记忆情况。小学生回答已经记忆清楚的，是的确记忆清楚了；而学前儿童回答能够记忆清楚的，却往往并非如此。

那么，对于注意力呢？对于其他认知能力呢？是否那些对自己的记忆力、注意力等认知能力的了解与监控越多的人，他们的学习能力与认知发展会表现与他人不一样的特征？沿着这条线索出发，弗拉维尔于1976年提出了元认知理论。元认知即"个人关于自己的认知过程及结果或其他相关事情的知识"，以及"为完成某一具体目标或任务，依据认知对象对认知过程进行主动的监测及连续的调节和协调"。通俗地说，对于某一项学习任务（譬如背50个单词、背一首诗、搞清楚牛顿第二定律、做物理题目都可以算作学习任务）元认知会告诉学习者该用哪些合理的方法，因为背单词和背古诗与学习物理定律的方式方法是不一样的，一个人不能拿学物理的方式来学历史。也就是说，元认知包括掌握关于认知的知识：完成不同学习任务的方法、步骤、注意事项、常犯错误，这里面涉及陈述性知识（是什么）、程序性知识(如何做)、情景性知识(在什么情境下用、为什么要用),以及对于认知过程的管理,包括计划、监测、评估、改进。当学习者有一个学习任务时,开始时就应该判断如何去掌握(计划),用什么方法,投入哪些、多少资源(时间、努力程度、外部环境、求助渠道),然后在学习过程中不断监测,如果这种方法有问题是不是要换别的策略,完成后评估是不是最合理、要不要改进等。元认知经常被通俗地说成"Thinking about thinking",就是个人自己要思考个人学习的方式方法是否合理并能够及时调整。

1981年,弗拉维尔对元认知做了更简练的概括:"反映或调节认知活动的任一方面的知识或认知活动。"即"元认知是一个人所具有的关于自己思维活动和学习活动的认知和监控"。简单地说,元认知就是对认知的认知,是个人对自己的认知加工过程的自我觉察、自我评价和自我调节。如学生对自己学习中感知、记忆、思维、想象等认知活动的再认识、再思考及进行积极的监控,就属于元认知的范围。元认知的实质是人的自我监控。元认知的作用是从深层次提高学习能力和从根本上提高学习效果。正因为元认知如此重要,先后诞生了元学习、元注意与元记忆等相关研究主题。

元认知与认知不同。认知和元认知之间的关系,通俗地讲就是一个是干活儿的,一个是监工的,只不过是自己监督自己。比如一个人如果老是问自己:我为什么又有这样的想法?我的想法正确吗?如果不正确如何调整?这就是元认知。

首先,元认知和认知是两个相辅相成的概念,但又是有区别的,它们的区别在于:

① 活动对象不同。认知活动的对象是个体与外在的、具体的事物的直接相互作用。如观察一个物理演示,演算一道物理习题。而元认知活动的对象是个体的认知活动本身,是个体内在的、抽象的认知过程或认知结果及体验。

② 活动内容不同。认知活动的内容是个体对认知对象进行某种智力操作。如解决物理计算题问题,即审题、析题、列式、求解或计算。元认知活动的内容则是个体对认知活动进行监控和调节。如物理解题中的元认知活动包括寻找解题策略、及时发现运算错误并纠正等。

③ 活动目的不同。认知活动的目的是使个体取得认知活动的进展,如完成实验装置的组装、完成实验操作、观测实验数据、处理实验结果、得出实验结论,目的是使个体完成实验任务。而元认知活动的目的是监测和调节整个实验活动过程的进展,并间接促进这种进展,当然两种活动的终极目标是一致的,即使个体完成认知任务,实现认知目标。

④ 活动的作用方式不同。认知活动是个体直接作用于认知任务,使之取得认知活动的进展,而元认知活动只能通过个体间接作用于认知任务,通过对认知活动的调节而使个体完成认知任务。两者的共同作用是使个体实现认知目标。

⑤ 发展的速度不一样。个体的认知能力(如感知、判断、思维等能力)的发展在婴幼儿时期就已经开始了,而对这些认知过程进行调节、控制的元认知的发展则要晚得多。

其次,元认知和认知关系密切。元认知指导和调节认知,对认知的发展有不可忽视的作用。而认知则是元认知的基础,没有认知,元认知便没有对象,同时元认知的发展也有赖于认知水平的提高。

最后,认知策略和元认知策略有时是相通的。比如,人们为了有效监控自己的认知过程、提高认知过程的效率,常采用提问的方式,如"这段文字到底讲的是什么""我已经把它记住了吗",这些监控认知活动的提问策略在认知过程中也常常被使用。

综上所述，从本质上讲，元认知是不同于认知的另一种现象，它反映了个体对自己"认知"的认知。同时两者又是相互联系、不可分割的。元认知和认知共同作用，促进和保证认知个体完成认知任务，实现认知目标。

与此同时，元认知是逐步习得的，它依赖于知识和经验。在未知领域，个体很难从事自我调节和反思。认识到自己是大脑的主人，而不是反过来被大脑控制。元认知能力不仅能够洞察自己，也能够让个体更加深刻地洞察别人。

5.1.2 元认知的结构

物理学习的元认知是个体元认知系统的一个子系统，物理学习的元认知是学生对自己的物理思维、物理学习过程的意识和理解，以及对能促进物理学习、记忆、思维与学习过程的调节。元认知包括元认知知识、元认知体验和元认知监控三方面。

1. 元认知知识

元认知知识是认知那些影响认知过程和认知结果的因素，是学生具有的学习活动的一般性知识，是学生对自己学习过程、结果及有关内容的认知。

根据影响学习过程与结果的主要因素，元认知知识可分为三个部分：

第一，关于人的因素，即学生对自身的认知，可分为三个方面：① 学生对自己的认知：正确地认识自己的兴趣、爱好、习惯、能力、意志力，知道自己在认知方面存在的不足，并且知道自己哪些可以改变，哪些不能改变。不能正确地认知自己就不可能对自己进行监控和调整。② 学生对自己与其他同学之间差异的认知：知道人与人之间在认知方面以及其他方面存在种种差异。有人智商高，有人智商低，有人记忆力好，有人记忆力差。如有的学生认识到自己对物理概念的理解能力比某个同学强，而记忆物理公式能力却差一点。③ 学生对学习普遍特性的认知：例如，知道记忆、理解有不同的水平，知道人的遗忘曲线规律，知道注意力、专注力在认知活动中的重要性，知道人的认知能力是可以改变的，知道物理学习要注意理论联系实际等。

第二，任务因素，即学生对学习任务的认知，学生在学习过程中对学习任务的性质、要求及目的的认知。如学习材料的性质（如文字或图表）、学习材料的难度和长度、所学内容的结构特点、所学内容的呈现方式等因素，都会影响学生认知活动的进行和结果。不同的学习目的，也会导致不同的学习效果，目的性越强，学习越高效。有的认知活动可能有更多、更高、更难的要求。例如，数理方法、量子力学、相对论的学习可能比较难。

第三，学生对学习策略和方法的认知，即完成一项物理学习任务，有什么策略，各种策略的优劣及其应用的条件如何，针对不同的物理学习任务和学习活动，使用何种策略更有效，以及如何具体使用这些策略等。例如，学生知道在解物理题时何时使用整体法和隔离法，知道如何将复杂问题转化为比较简单的问题。

计划策略：会不会合理安排自己的学习时间，例如，早上学习还是晚上学习？在不同时间段，每个人可能学习效果不同。学习环境的选择也很重要，在图书馆学习还是在家里学习？其效果可能不一样，图书馆学习氛围可能会更好。

监控策略：对认知活动的过程进行监测和评估。进行自我反馈，检查自己有没有错，效率高不高，思路是否可行等。

调整策略：根据监测的信息，对认知活动进行矫正和纠偏，排除障碍，调整思路。

三者之间贯穿于学习过程中的每一个环节，对认知活动进行计划监控和调整，形成良性循环。

例如，知道自己为什么要学习物理？知道自己物理学习过程中存在的问题？知道自己能不能按时完成作业？知道学习成绩提高不是一朝一夕可以实现的？知道自己应该怎么学习才能更高效？认识到自身的长处与不足等。

2. 元认知体验

元认知体验是指伴随认知活动产生的各种认知体验或情感体验。元认知体验一般与学生学习过程中的认知状况有关，与学习任务所取得的进展有关，与学生具有的元认知知识有关，与学生的学习动机、情感、意志有关。

元认知体验包括"知"的体验和"不知"的体验，顺利时的体验和挫折时的体验。在内容上可简单可复杂，经历的时间可长可短。元认知体验初期阶段主要是体验任务的难度，任务的熟悉程度，任务的目标等。中期阶段主要体验是任务的进度，遇到的障碍和困难。后期阶段体验主要是目标是否达成，效率如何，有什么收获和成长等。

3. 元认知监控

元认知监控是元认知的核心。元认知监控是指个体在认知活动进行过程中，对自己的认知活动积极、自觉地进行监控、调节，以达到预定的目标。因此，元认知监控包括制订认知计划、执行监视计划以及调整和修改认知过程。

根据元认知监控在学习过程不同阶段的表现形式，将元认知监控分为四个部分：

① 制订学习计划。根据学习活动的目标和任务以及自身的特点，在学习活动之前，计划各种活动，预计结果，选择策略，构想出各种解决问题的方法，并预估其有效性。

② 监控学习进程。在学习活动进行过程中，根据计划控制学习活动的执行，及时评价，反馈学习活动进行的各种情况，发现学习活动中存在的不足，并据此及时修正，调整学习策略等。

③ 检查学习结果。根据学习目标评价学习活动的结果，正确估计自己达到学习目标的程度、水平。

④ 采取补救措施。根据对学习结果的检查，如发现问题，采取相应的补救措施。

在这个监控过程中，有的人会坚持，有的人会放弃。坚持者成为成功者，放弃者仍然平庸。差距不是放弃了学习任务，而是失去了元认知能力。

综上所述，元认知主要表现在通过元认知知识、元认知体验和元认知监控来调节学生的学习活动，三者之间互相依赖、互相制约，构成一个整体。元认知知识有助于认知监控的实现，也有助于引起相应的元认知体验，元认知体验总是伴随着学习活动而进行的，并且离不开对学习活动的监控过程。元认知监控实际上是通过元认知知识和元认知体验的交互作用来实现的。元认知监控制约着元认知知识的获得水平。

5.1.3 基本的元认知循环过程

上海市物理特级教师常生龙通过5个环节介绍了一个基本的元认知循环过程。

1. 正确评估自己所面对的学习任务

学生在面对一项学习任务时，经常会有"想当然"的想法，如将当下的学习任务和自己前面曾经做过的事情联系起来,准备用当时的解决策略来面对当下的任务。有的学习任务,只要求学生体验学习的过程,但他们视而不见,将注意力放在如何呈现结果上等。

因为对任务的目标存在认识上的偏差,导致了在实施过程中越走越远。学生不能正确评估学习任务,与交代的任务目标不够清晰有关,也与学生平时在学习中没有养成良好的评估任务习惯有关,还有就是对一项任务在做出评估后,得不到有效的反馈。教师在给学生布置一项任务后,要提醒他们不急于去处理,而是先评估任务的特征,明确任务的要求,在必要的时候要给学生提供作业的模板,让他们理解任务的性质。

2. 正确评估自己拥有的资源状况

做任何事情,都需要一定的知识和技能储备,需要相应的工具,也需要考察当下的环境状况,判断是否有利于任务的完成。

学生最容易出现的问题,就是过高地估计自己的能力,觉得做这件事情不会耗费多少时间和精力,在规定的时间期限前,不用心于此,等到最后一刻才将注意力放在所要完成的任务上,这时突然发现需要调动的资源很多,自己根本无法完成。如果经常出现这样的状况,还会让学生怀疑自己的水平,让他们在学习中丧失信心。

让学生正确认识自己,其实并不困难,教师在给学生布置学习任务的同时,就要让他们学着分析任务的外部条件、内在条件,学着梳理自己所拥有资源的状况,并将这些资源和要解决的问题关联起来。坚持不懈地去引导,时间长了就会变成学生的自觉行动了。

3. 制订计划

凡事,预则立;不预,则废。在明确了任务的性质、知道了自己所拥有的资源之后,接下来就要拟订解决问题的计划。专家和新手在解决同一个问题时,有很大的区别,除了知识组块之外,专家习惯于先拟订计划,然后再根据计划逐步实施。而新手则喜欢直接套用公式或者某个原理,走不通之后再换一个,在这中间耽误了很多时间。

不光是在开展综合性的学习活动时需要制订计划,就是求解一个简单的练习题,也要让学生养成先想清楚解题步骤再下笔的良好习惯。这是一个计划的过程,也是有效组织学习资源的过程,更是让问题的解决条理化、让自己的思维明晰化的过程。

4. 运用多种策略来实施计划

在执行计划的过程中,需要用到很多种策略和方法,比如研究对象,是选择某一个体,还是选择群体,有利于问题的解决?比如研究的方法,是用分析法还是综合法,是将多个研究对象同时观察,获得相关的数据,还是一个个单独观察?等等,都需要做到心中有数。

要让学生养成对自己的行为进行监控的机制,在执行计划的同时,能够通过监控不断纠正和调适相应的行为,保证计划执行的有效性。主要的监控方式,包括在教师的指导下让学生开展自我评估,要求学生在小组中报告和解释自己的学习活动,在小组交流中听取同学的意见和建议等。

5. 反思当前方法的有效程度

要不断地给学生创设机会,让他们反思当下所采用的方法在多大程度上是有效的,如果有效程度不高,应调整自己的学习策略和学习方法。需要注意的是,每个人都不希望改变,因为所有的改变都是有代价的,也是需要一定的时间来适应的,除非他意识到花费这个代价对自己来说是值得的。

要想成为自主学习者,学生必须学会评估任务的要求,评价自己的知识和技能,设计自己的学习方法,监控自己的学习进展,并根据需要调整自己的学习策略。用一句话来概括,就是要善于反省并指导自己思维的过程。

5.2 元认知与物理问题解决

学生的学习过程就是不断地用所学知识解决问题的过程。学生的元认知水平通常会在他解决问题的过程中体现出来。同样,学生的元认知也可以在不断解决问题的过程中得到培养。一个学生的元认知能力是其解决问题能力的重要组成部分,在其解决问题的过程中发挥着非常重要的作用。我们可以说,一个学生在解决问题过程中元认知能力的高低决定着其解决问题的水平。学生在解决问题中的元认知能力,可以通过解决一定量的问题得到训练和提高。

5.2.1 中学生物理问题解决中元认知的特点

已有研究指出,中学生在物理问题解决中元认知呈现出以下特点:

第一,随着学生年级的增长,学生物理问题解决中的元认知能力都有不同程度的发展和提高。随着物理学习的进一步深入,学生在解题前,会更加注重解题过程的方法性;在解题中会更加注重解题过程的检验、反馈和调节;解题后更加注重对解题的思路、过程进行总结、反思。于是,在物理问题解决过程中学生的元认知能力也就得到了发展和提高。

第二,不同年级的物理学习成绩,都与学生的元认知水平呈显著的相关性。成绩优异学生的元认知水平明显高于成绩不佳学生。而物理学习成绩的高低在一定程度上反映了学生的物理问题解决能力,因此,可以认为,元认知能力对学生问题解决效果有着较大的影响。

第三,在男女生差异方面,研究发现,在问题解决方法总结方面,男生明显优于女生,而在问题解决的计划性、意识性、调节等方面,男女生差异不显著。

研究也发现,物理问题解决过程中学生的元认知知识、元认知体验和元认知监控等方面,存在着以下问题:

第一,元认知知识存在凌乱现象,且不注重及时更新自己的元认知知识。调查显示,不少中学生平时不注意对所学物理知识的整理、总结,头脑中关于认知任务和认知策略的知识是零碎的、不系统的。他们解决了当前的物理问题后,一般都不会再考虑是否有其他方法;有的在解决了一个问题之后,不愿意花时间总结这一类问题的一般法则,这就阻碍了将解决该问题的法则迁移到同一类型的其他问题上。

第二,缺乏一定的积极的元认知体验,阻碍了相关元认知知识的激活。由于物理学习对学生的科学能力提出了较高的要求,因此,有相当多的中学生认为物理难学,不少学生表示,在物理问题解决中成就感偏低。

第三,元认知监控和调节不力。研究发现,在解答较难的物理问题时,学生常不知晓将其分解成一个一个的较小问题进行解决;问题解决过程中遇到困难时,也想不出有效的解决方法。

5.2.2 提高解决物理问题能力的元认知策略

1. 帮助学生获得物理问题解决的思维策略

提高学生运用物理知识解决物理问题的能力,是物理教学的一个重要目标。对学生进行思维策略的传授和训练,是提高学生解决问题能力的重要手段。思维策略是指一般性的较普遍的思维方法,它不同于解题思路,但它指引着具体的解题思路。结合已有的研究,可把解决物理问题分为三个阶段:表征问题、解答问题、思路总结。下面针对解决物理问题的这三个阶段分别提出相应的思维策略。

① 表征问题阶段的思维策略

策略1:准确理解问题的字词语句和关键信息,明确研究对象,不要匆忙解答。

策略2:从整体上把握问题中研究对象的状态和过程,以及各个物理量之间的关系,必要时,画出草图或图示帮助分析。

策略3:在理解题意的基础上判断问题的类型,特别是用熟悉的解决问题的图式来解决眼前的新问题。

② 解答问题阶段的思维策略

策略4:要善于进行双向推理:充分利用已知条件进行顺向推理,重视运用未知条件逆向思维来指引思维方向。

策略5:克服不良定式,避免只考虑一种思路,要思维灵活,从多角度看问题,从多途径探寻答案,进行发散性思维。

策略6:要善于评价不同思路,选择最优思路进行集中思维。

③ 思路总结阶段的思维策略

策略7:解题之后要总结自己的思路,要从知识、问题、方法等方面进行反思。

下面通过一个实例,来看上述思维策略的应用。

【例5-1】 质量为 M、倾角为 θ 的斜面静止在水平面上,斜面上放置一个质量为 m 的木块,现要保证木块相对斜面保持静止不动,问对斜面需作用多大的推力?木块与斜面间的正压力多大?斜面与水平面之间的压力多大(不计一切摩擦)?

① 表征问题阶段

我准确地理解题了吗?我把握题目的整体了吗?(理解题目各个物理量的关系,哪些是已知的,哪些是未知的,有没有隐含条件,这些条件与要求的量、与学过的哪些知识能联系起来,画示意图帮助理解。)

该题属于哪一类型:动力学部分;

涉及哪些概念和规律:力的合成;牛顿三大定律;

本题关键词:相对静止,不计一切摩擦;

本题隐含的条件:木块与斜面有相同的加速度;

本题涉及的知识:物体受力分析,牛顿定律的应用;

与以前知识的联系:连接体问题。

② 解答问题阶段

利用已知条件列出方程求解,遇到困难时,自我提问下列问题:我充分利用了已知条件吗?哪些应优先考虑,哪些还没有充分利用?我出现思维定式了吗?(要用发散思维,顺向

推理,逆向推理,双向推理,寻找新视角);解本题需要哪些条件?(包括隐含条件);想到了几种解法?(提倡一题多解)

③ 思路总结阶段

这道题与以前做过的题目有何区别,其独特之处是什么?我应用了哪些技巧,都恰当吗?能不能用更简洁的方法解题呢?我能举一反三吗?

上述例子虽然简单,但体现了解题活动的自我意识、自我分析和自我调整。

教师要帮助学生获得物理问题解决的思维策略,首先,要遵循分解、练习、过程性和迁移性原则,把思维策略训练与学科中的具体问题结合起来;其次,不可忽视对知识的掌握,要努力实现知识的条件化、结构化、自动化和策略化;再次,要注意培养良好的解决问题的态度;最后,要加强结构不良问题的训练。

2. 丰富学生解决问题的元认知体验

在教学中,教师应创造条件,给予学生展示的机会,让学生将自己在学习上遇到的困惑、在学习上取得的成绩跟大家一起交流。比如,在试卷点评课上,如果有很大一部分学生在某一类型的题目上出错,教师就不要从自己的理解角度上来对题目进行点评了,可以鼓励学生将其在解题过程中的困惑说出来,和其他同学一起重温、体验他的出错过程,同他一起寻找错误原因。大家可以对他的解题过程进行点评,尝试归纳出错的原因。在这个过程中,大家一起"体验出错的过程",再遇到相似的问题情境时体会大家一起"纠错"的过程,从而使解决问题的能力不断提高。再比如,如果有学生对于某一典型的题目从某一新颖的角度寻找出一种超常规的解法,比大部分学生甚至比教师采用的方法还要简单、实用、高效。那就可以鼓励他给大家做汇报,跟大家一起分享自己的解决问题的方法、角度和体会。当他的解题方法在学生中得到推广以后,他就会有很高的成就感,这会促使他更加努力学习。而其他同学也会不甘落后地奋起直追,希望也能有机会给大家做汇报。这种元认知体验多了,再遇到类似的问题情境时,学生会比较熟悉,有相应的解题经验,从而问题解决能力也在不断提高。

3. 引导学生撰写反思型物理笔记

撰写反思型物理笔记,是培养学生元认知监控能力一个重要途径。学生在日常学习生活中,遇到不能够顺利解决的物理问题,例如,考试中解答出错的题目,根本不会做、一点头绪都没有的题目,和老师同学交流总结的一些经典的题目等,可以在自己的物理笔记本上一一记录下来。当然,记录这些不能够顺利解决的题目不是重点,写出它们的正确答案也不是重点,重点应该是对这些不能够顺利解决的题目的分析。对这些题目学生应该有这样的分析:在解决这个问题的时候我是怎样想的?怎样计划的?这样思考和计划有没有不妥的地方?有没有更好的方法和策略?如果有,我为什么没有想到?在解决问题的过程中哪一个步骤出了错?出错的原因是什么?应该怎么思考和操作才能防止同类错误的发生?如果再遇到同类型的问题情境应该怎么思考和操作?解决这个题目之所以遇到困难,是因为对该问题涉及的物理知识掌握不够,还是对解决同类型的题目的方法和策略掌握不够?下一步应该怎么办?经过以上步骤的反思,对于一个类型的物理问题,学生通常能够总结出经常出错的几个方面,以后再遇到同类型的问题情境时,就会从自己总结的几个方面进行检查,从而可以很好地提高解决问题的能力。

4. 利用"自我提问单"

有研究证明,学生的元认知能力还可以通过自我提问法进行训练和提高。让学生学会并掌握自我提问的方法,且在这种方法的指导下去解决物理问题,可以逐渐提高他们解决物理问题的元认知能力。在日常教学中,教师针对不同的问题情境设计一些"自我提问单",提问单中包含一系列需要由学生在解决问题的不同阶段回答的启发性的问题。将这些提问单印成小卡片发给学生,学生在解决问题的过程中可以依据小卡片上的问题进行自我提问,从而能够很好地启发自己解决问题的思路,在这个过程中学生就不知不觉地监控着自己的思维过程。当然,每一个自我提问单都不能适用于所有的问题情境,经过一段时间的训练以后,学生能够根据自己的情况,以及所面对的问题情境的具体情况,设计新的自我提问单。

通常情况下,自我提问单的答题框架可以设计成几个模块:① 用自己的话转述问题;② 对题目所提供的信息进行分析;③ 说出解决问题应该采用的方法和策略;④ 对自己的作答进行反思和评价。

例如,说出解决问题的方法和策略,就可以把下列问题作为问题单:
- 面对问题时,选择什么策略合适?
- 这种策略的适用条件是什么?是否符合当前的情境?
- 这种策略的程序步骤是什么?
- 策略使用后,检验其是否有效?
- 如果无效,导致无效的原因是什么?应该重新选择什么策略?
- 如果有效,选用的策略为什么有效?该策略的有效价值是什么?
- 还可以运用于类似的地方吗?

5. 启发式自我提问

启发式自我提问是由著名数学家玻利亚(Polya)提出的,其模式为:教师向学生提供一系列的供自我提问的启发式问题。学生依据这些问题进行自我提问,从而启发自己的思路,并对思维进行监控。

第一步:理解问题。学生可以问自己以下问题:已知条件是什么?未知条件是什么?题目的目的是什么?已知条件足以导出未知条件吗?画个草图,引入适当的符号或标记,把已知条件分成几个不同的部分,能将它们写下来吗?

第二步:拟订计划。学生可以问自己以下问题:过去是否见过这个问题?或者见过该问题,但它已经改变了一点形式?能不能发现一个用得上的定律?能回忆起一个与眼前问题相关的问题吗?能不能运用它呢?如果不能解决眼前的问题,那么首先试图解决一个相关的问题。能否想象出一个更容易解决的问题或一个更一般性的、类似的问题?能不能解决这个问题的一部分,保留一部分条件、丢掉一部分条件,未知条件有什么变化?离确定目标还有多远?能从数据或图像中找到什么有用的东西吗?能不能从数据或图像中想到用来确定未知条件的其他参数?是否使用了所有的数据?是否使用了所有的已知条件?

第三步:执行计划。学生可以问自己以下问题:能否清楚地认定这一步是对的?能证明它是对的吗?

第四步:回顾。学生可以问自己以下问题:能不能检验结果的正确性?可以自己检验推理过程吗?能否运用这个结论?

也可以把学生分组,给每个人提供一个问题单,要求学生在尝试解决问题的同时做出回答。问题单的内容如下:

- 计划

① 这个问题是什么类型的问题？现在打算干什么？

② 关于这个问题，目前知道些什么？已经给出了哪些信息？这些信息有用吗？从这些已知信息中，能否找出一些隐含信息？这些隐含信息有用吗？

③ 计划怎么做？

④ 还有其他办法吗？如果……将会怎样？

⑤ 下一步该做什么？

- 监控

① 是否遵照计划执行了？需要一个新的计划吗？是否需要一个新的策略？

② 目标变了吗？现在的目标是什么？

③ 是否已走入正轨？是否正在接近目标？

- 评价

① 哪些措施起了作用？

② 哪些没有作用？

③ 下一次应该采取什么措施？

在问题解决过程中采用启发式自我提问法，一定要注意从外控到内控的转变，训练分为阶段性的，不可只采用一种方式一贯到底。

5.3 元认知理论在物理学习中的应用

元认知，与其他形式的学习一样，是逐步习得的，它有赖于知识和经验。在未知领域，人们很难自我调节和反思。本节结合相关研究，探讨元认知理论在物理学习中的应用。

5.3.1 指导学生掌握阅读教科书的策略

阅读是学生学习的一种重要方式，阅读教科书是学生获取知识和智慧的重要基础和途径。学生为学习而阅读需要做什么？下面是一些有效阅读的策略：

① 确立阅读目的，采取适宜于目的的学习策略。

② 确定什么是最重要的学习与记忆内容，能对其集中注意并付出努力。

③ 利用已有的知识理解正在阅读的材料的意义。

④ 利用图表、实例和其他视觉材料帮助理解。

⑤ 对阅读的内容做精细化理解，例如，进行推断、分析逻辑关系、做出预期，设想可能的实例或应用等。

⑥ 针对所读材料，向自己提问，并试图回答。

⑦ 定期检查，确保理解与记忆。

⑧ 极力澄清看似模糊的观点。

⑨ 对阅读初期没有理解的知识坚持付出努力，直至最终理解。

⑩ 了解概念的变化。阅读时要认识到材料中的观念可能与自己目前已有观念不一致。

⑪ 批判性地评价学习内容。

⑫ 总结所读内容。

上述策略,不但对阅读教科书是重要的,而且对从互联网和其他基于电脑资源的媒介中获得信息也是很重要的。

5.3.2 形成主动自我调节学习的意识

元认知过程提供了一种学习的制约机制,通过它,学生可以调节自己的学习过程,知道怎样做才是有效的学习。下面是自我调节学习的一些做法:

① 建立目标。清晰地知道自己阅读或学习的目的是什么,比如,阅读的目的,或许是弄清楚一个事件的来龙去脉,或许是扩充自己的知识面;学习的目的,近期的目标或许仅仅是获得丰富的知识,以便在学业考试时能做得更好。特别是有些学生能把近期的学习目标和远期的学习目标,以及抱负相联系等。

② 制订计划。制订自己的学习计划,并有效利用时间以完成学习目标。学生有时会投入较多的时间在较困难的学习任务上;有时也会选择优先复习较容易的内容,确保知识得以巩固;有时也可能忽略那些太过困难以至于在有限的时间里不可能完成的任务。

③ 自我驱动。对完成的学习任务的能力具有较高的自我效能感,且表现为非常高的灵活性、自律和自信。如能用各种策略完成任务,对于枯燥的学习任务,想办法使之变得有趣;面对困难的任务时自我激励,用有效的话语,或者跟自己约定在完成任务后给自己一个奖励等。

④ 控制注意力。将注意力全神贯注于学习任务上,极力关注正在进行的工作,避免分心与情绪的影响。

⑤ 自我监控。会主动地记录自己的学习内容或结果,持续地对学习过程进行监控,且必要时会改变学习策略或修正学习目标。

⑥ 适当寻求他人帮助。知道什么时候需要他人的帮助,且主动克服内心一些不利于学习的因素。例如,课堂上,教师请学生各抒己见时,勇于发言,积极回答,不明白的地方当场提问或课后与同学探讨等。

⑦ 自我评价。不仅能够判断所学的结果是否圆满达成之前所设定的学习目标,还能自我反省,清楚知道自己目前的学习是否有效,以及将来努力的方向。

⑧ 自我检查。对自己的学习过程或质量进行检查。例如,今天我是否如期完成了课堂上的听讲任务,是不是还有没听懂的地方,需要课后补习吗?

当然,这些不只能运用于课堂,在课后的作业以及课前的复习中都是可以运用的。

研究表明,学生一旦成为自我调节学习者,会为自己建立更高的学习目标,能更有效地学习,取得更好的成绩。

5.3.3 指导学生正确评估自己的理解能力

课堂上,在学生思考问题时或要求学生在做作业前,认清作业的要求,并要求学生在阅读或解决问题的过程中,经常给自己提一些问题:"这一点我理解的对吗?""这里叙述的与前面叙述的有无矛盾?""这句话是否给了什么隐含的条件?"等。教师可用列表的形式提供对某一问题理解程度的判别标准,从而使学生能对照检查自己的理解能力。

5.3.4 指导学生做学习笔记

记笔记是学习的重要策略和技能,是由感知转化为联想、分析、综合,再转化为文字表达的比较复杂的思维过程。

① 预习笔记可以促进学生自我诊断,明确课堂学习的目标。通过预习,学生可以明确哪些是已经知道的知识,哪些是未知的新知识,未知的与已知的知识有什么关系,学习新知识还需要哪些相关的知识,哪些地方还不明白,等等。预习笔记主要记录有疑点之处、不理解之处,并用概念图把新旧内容联系起来。

② 课堂笔记有助于学生自我监控思维过程。课堂笔记主要记重点、难点、疑点和创新点(自己的和别人的)。在记笔记的过程中,学生同时也在监控并调节着自己的认知过程。记课堂笔记可以促使学生在原有知识的基础上整合新知识,在精细加工的过程中更深入地监控自己的思维过程,并逐渐形成良好的思维方式与学习习惯。

③ 课后笔记是对当日学习的整理与总结,主要记录当日学习的主要内容及重要内容、相关知识之间的联系,列出经自己反复思考仍不清楚的问题,将一些容易混淆的知识对照、鉴别,并写下自己感受至深之处。课后笔记有助于学生对课堂学习的自我判断,必要时采取补救措施。笔记和教材相比更容易理解,尤其是对一些较难的课程内容来说。但如果只重视记笔记,而忽视或不对笔记进一步加工和修改,也会严重减弱笔记的效用。

要求学生记学习笔记的目的在于:① 促使学生反思自己的学习过程,理清思路,澄清混乱,思考并提出一些有价值的问题。② 促使学生学会学习,自己教自己,并在此过程中产生重要的顿悟。③ 将学生的注意力从学习结果转移到自己的认知过程,有助于学生主动控制自己的学习。

5.3.5 引导学生进行"出声思维"训练

"出声思维"就是将思考过程用语言表达出来。在教学中进行"出声思维"能力的培养,首先要由教师进行示范,展示思维监控与调节过程,再逐步引导学生进行"出声思维"。暴露教师的思维过程,教师应善于"还原"自己的思维。在教学中,教师不仅要讲清楚"我是怎么想的",还要讲"为什么要这样做而不是那样做"。如果只是将所得的结果直接告诉学生,则会使学生"食而不化"。其次,教师还应该"稚化"自己的思维。在备课、讲课时,要有意识地把自己的思维放到学生的思维水平上,按照学生的思维角度和方法去审视问题,认真体验学生的思维过程、可能会遇到的困难,使教师与学生的思维能始终保持同步并和谐并进。暴露学生思维过程,不仅可以获取学生思维的反馈信息,及时调控和改进教学,还有助于学生迸发出可贵的思维火花,或暴露出隐藏的思维障碍,从而达到提高思维能力、优化思维品质的目的。学生的思维过程既可自发暴露,也需被诱发。例如,要分析一辆在水平面上行驶的汽车受到哪些力的作用。这个问题如果由教师正面讲解,当然清楚快捷,但会掩盖学生的思维活动,受力分析中一些常见的问题将得不到暴露和矫正,其教学效果反而不如先由学生七嘴八舌、各抒己见,而后教师再分析讲评来得好。除了这样"自发暴露、先乱后治"外,还可采用"积极诱导、引蛇出洞"的方法,尤其是对那些隐藏较深甚至"歪打正着"的错误,教师可设置种种情景,诱发学生暴露出他们的思维过程。

5.3.6 指导学生进行"自我质疑"

很多学生在做习题时往往不假思索,不多做考虑就迅速完成,而这样做往往错误百出,究其原因,就是缺乏学习的责任感,而且也没有建立对自己的思维过程进行反思的习惯。这时需要教师在课堂上提出让学生"自我质疑",使学生逐步形成自我控制、自我检查的能力。并指导学生按一定步骤反思,例如杜晓新、冯震就给出如下的步骤:

① 等一等:我对现在学的内容是否理解并记住了?我能向他人清楚地描述这一问题吗?

② 想一想:这一问题大致是由什么原因引起的呢?是不是自己对有关知识点没有掌握?或许缺乏想象力?缺乏解决这一问题的技能技巧?

③ 找一找:解决这一问题可采用哪些方法?寻找、阅读哪些有关材料?是否应向别人请教?或者做相关但难度略低的练习?等等。

④ 看一看:检查一下,采取相应的解决措施后,原先的问题是否得到部分解决或完全解决。

⑤ 做一做:记录解决问题的经过,并决定以后怎么做。

5.3.7 利用"费曼技巧"

费曼是20世纪美国著名的物理学家,他很擅长教物理知识。在他看来,如果不能把一个知识清晰地表达出来,则说明并不真正懂得了这个知识。其实这个方法也暗合了大脑的工作原理,当一个人完全理解一个知识后,知识会存储在长时记忆中,需要它时只需提取出来,而教授别人的过程就是提取的过程,如果对此感到模糊,那么又会强迫自己去思考到底是怎么回事,这个过程就导致了"编码"和"提取"交替进行,是一种非常好的学习方法。

费曼技巧就是如何清晰地向自己或向别人讲解或教授某种知识,具体做法就是:

① 选择一个想要理解的概念。

② 向别人传授这个概念。把这个概念按自己的理解,完整地教给另外一个人。注意,应能达到教会人家的水平。

③ 回顾一下学习资料。如果在教的过程中觉得自己讲明白了,但别人听不懂;或者讲着讲着发现自己讲不明白了、卡壳了,这也是正常现象。这些地方正好是知识的薄弱点,把这些地方的知识点重点记录下来,然后再去翻阅表达这个概念所需要的资料。重新理解后,再复述,循环往复,直到完全理解透彻、能通畅地讲解出来为止。

④ 简化语言表达。最终的目的是用自己的语言,而不是学习资料中的语言来解释概念。如果解释得很冗长或者令人迷惑,那就说明讲解者对概念的理解可能并没有其想象得那么顺畅,这时要努力简化语言表达,或者与已有的知识建立一种类比关系,以便更好地理解它。

在运用费曼技巧进行学习时,可以从一个知识点开始,比如把"费曼技巧"介绍给别人,可以这样做:

① 在讲解前,所讲解的这个费曼技巧,要理解到什么程度才算成功呢?很简单,就是给别人讲解"费曼技巧"这个知识点时,能顺利地讲出来。

② 如果自认为可以顺利地讲出来,就不是仅仅停留在头脑中假想,而是直接把自己要如何向别人讲解"费曼技巧"的过程完整地讲述出来,不停顿、清晰完整地讲解给人家。

③ 在讲解的过程中,如果一气呵成,说明理解得很透彻,已经完全学会了。如果讲解过程中断断续续不完整,甚至卡壳了,怎么办呢?其实这也很正常,可以反思一下是什么原因导致的,然后回到讲解"费曼技巧"的书籍和阅读材料,专门就出现卡壳的这部分内容重点

学习,直到能够顺利讲出来为止。

如果顺利地讲出来了,就算是基本学会了,但还可以试着用更简练的语言解说,并且尽量去掉书籍和阅读材料中已有的词汇,完全用自己所理解的语言去解读。

5.3.8 构建元认知课堂教学模式

为了在平时课堂教学中进行元认知训练,张庆林研究团队建构了元认知课堂教学六阶段模式。这一模式的具体目标和操作方式如下:

第一阶段是策略感悟阶段,就是让学生感受和领悟策略的运用对成功解决问题的意义,让学生体验到什么是好的思维方法,什么是差的思维方法。一般是采用正反两方面例子,让学生通过比较,产生感性的认识,以此来积累元认知的体验。

第二阶段是策略尝试阶段。在这个阶段,让学生模仿策略感悟阶段的例题来解决一个类似的问题。此时只是一种模仿性的生搬硬套,是从具体实例到另一个具体实例的类比。但是这样的生搬硬套有利于学生初步学习运用刚刚体验到的良好策略,实现近迁移。在这个阶段,可以进一步增强学生元认知的体验,使学生进一步体验到好方法的优越性和如何使用这个好方法。

第三阶段是策略反思阶段。在策略感悟和策略尝试阶段的基础上,帮助学生将感性认识上升为抽象的策略性知识,即为策略的归纳,完成了从具体到抽象的过渡,可为下一阶段运用所学策略进行自我监控打下基础。

第四阶段是策略运用阶段。在教师的指导之下,学生自主练习监控自己将刚刚所学到的策略运用到一系列问题的解决中去。一旦学生经过策略反思,已能将感性认识归纳上升为抽象的策略性知识,就要指导他们练习运用策略性知识,使其在真正理解策略性知识的基础上达到熟练运用的程度。

第五阶段是策略的迁移阶段。如果说策略应用练习的限制性和封闭性比较大,那么策略迁移练习的自由度和开放性就非常强了,一般可以让学生自由思考,不加限制,充分发挥学生的求异思维和发散思维。

第六阶段是巩固阶段。在课堂上学了一条策略之后,学生如果以后不去用,也会逐渐忘记。因此,要巩固练习运用这种策略,使学生牢固掌握。这一阶段一般放在课后进行。

为了防止遗忘,培养学生良好的思维习惯,促进策略性知识向能力的转化,教师应把策略性知识渗透到平时的教学中去。

❓ 思考与实践

1. 请结合具体实例,谈谈元认知在学生物理学习中的主要表现。
2. 如何提高学生在解决物理问题中的元认知能力?
3. 教师如何通过元认知理论提升中学生的物理学习能力。
4. 举例说明元认知理论在反思教学中的运用。

🔍 参考文献

[1] 常生龙.你了解自己的元认知吗[J].上海教育,2016,5月B刊.
[2] J.H.弗拉维尔,P.H.米勒,S.A.米勒.认知发展(第四版)[M].邓赐平,刘明,译.上海:

华东师范大学出版社,2002.
- [3] 张庆林.当代认知心理学在教学中的应用——如何教学生学会学习和思维[M].重庆:西南师范大学出版社,1995.
- [4] 董奇.论元认知[J].北京师范大学学报(哲学社会科学版),1989(1).
- [5] 陈英和.认知发展心理学[M].杭州:浙江人民出版社,1996.
- [6] 杨宁.元认知与教学[J].华东师范大学学报(教育科学版),1995(3).
- [7] 杜晓新,冯震.元认知与学习策略[M].北京:人民教育出版社,1999.
- [8] 新杰,郭海莉.物理教学中学生元认知能力的培养策略[J].上海教育,2009(2).
- [9] 李晶晶,潘苏东.高一学生物理问题解决过程中元认知监控行为的调查研究[J].基础教育,2018(1).
- [10] 杨霞.高中物理教学中提高学生元认知水平的实践研究[D].北京:首都师范大学,2008.
- [11] 简妮·爱丽丝·奥姆罗德.学习心理学[M].汪玲,等,译,北京:中国人民大学出版社,2015.
- [12] 廖小兵.物理过程情景下元认知策略积累的实验研究[J].中学物理教学参考,2013(6).
- [13] 廖小兵.高中物理教学中回顾与点评教学措施的研究[J].中学物理,2012(3).

第6章 物理学习的认知负荷

> **学习目标**
> 1. 知道认知负荷的内涵、结构、分类及影响因素。
> 2. 知道物理学习的认知负荷测量方法和评价指标。
> 3. 解释认知负荷效应,并讨论认知负荷效应在物理教学中的主要表现。
> 4. 知道物理教学中合理管理认知负荷的方法。
> 5. 试从认知负荷理论的视角观察一堂物理课,并提出优化建议。

有效教学的前提是教学所采取的一切措施和活动都要符合学生的认知规律,物理课程的有效教学也需如此。在设计教学时,人们普遍遵循两个原则:其一,依据学习过程设计教学过程,这在加涅(Gagné)和梅耶的教学思想中得到充分反映;其二,以学生已有的知识和认知状况作为教学起点,这在奥苏贝尔(Ausubel)和布鲁纳(Bruner)的教学理论中得到充分体现。然而教学实践中存在的一个不容否认的事实是:即使教学满足了上述两个条件,学生遇到复杂学习任务时,依然会出现明显的认知困难。如何解决这一问题,新近发展起来的认知负荷理论为我们提供了思路。本章首先介绍认知负荷的内涵、分类和影响因素,其次系统阐述有关认知负荷的测量研究,最后探讨物理学习中管理认知负荷的方法。

6.1 物理学习的认知负荷概述

物理学习中,学生经常需要面对复杂的认知任务,造成学习负担,从而降低学习效率。斯威勒(Sweller)于20世纪80年代提出认知负荷理论,将学习负担看作学生在学习过程中进行认知加工时所投入的心理资源总量。这些资源总量有的是必要的,有的是不必要的;有的对学习有利,有的对学习不利。提高物理学习效率,需要对这些心理资源有清晰的认识和控制。本节对认知负荷的内涵、结构、分类和影响因素进行了介绍,有助于全面认识和理解认知负荷理论。

6.1.1 认知负荷的内涵

认知负荷(Cognitive Load)是指在特定时间内施加在个体工作记忆上的心理活动总量。它与完成学习中的某项特定任务相联系,并且在完成该任务的特定时间内,在工作记忆中进行操作,同时需要有相应的认知资源支持。

例如,对于力的合成,学生分别计算同一直线上两个力的合力和不在一条直线上的几个共点力的合力。在特定作业时间内,前一个问题的认知负荷小于后一个问题的认知负荷。因为两个问题需要加工和保持的信息总量不同。对于前一个问题,学生完全用心算就可以解决，而对后一个问题，心算就显得困难多了。

认知负荷这一术语最早在20世纪70年代就由阿特伍德(Atwood)和波尔森(Polson)使用过，在20世纪80年代，澳大利亚的认知心理学家斯威勒将其概念化，经过一系列实验研究，逐步构建了认知负荷理论(Cognitive Load Theory, CLT)，并将其引入教育领域中。在斯威勒的认知负荷理论中，他吸收和应用了认知心理学关于工作记忆和注意的研究成果。一方面，大量研究表明，工作记忆在接收、保持、加工信息的过程中有着一定的容量限制，如果输入的信息超过这一容量，则信息的加工就会受到一定的影响，甚至不可能进行加工。另一方面，关于注意的研究表明，人们在进行控制性加工时，在同一时间内只能有效地进行一种心理活动，多项任务只能分时段进行，这主要是因为人在一定时间内用于完成心理活动的能量或资源也是有限的。因此，在人们进行心理活动时，就存在一个资源分配的问题。斯威勒认为，虽然工作记忆与注意是两个不同的概念，但它们在控制性加工的过程中是一种共生的关系，即当集中注意对某些信息进行深度加工时，工作记忆中的目标信息相应减少；而工作记忆中的信息超过一定的容量，其实也是资源分配不足的问题。认知负荷理论通常从"认知资源"的角度描述注意，从"认知容量"的角度来描述工作记忆，它的中心思想可以概括为在意识控制下的信息加工过程中，认知资源与认知容量之间属于相互作用的关系。

斯威勒以资源有限理论和图式理论为基础，从资源分配的角度考察认知负荷，将认知负荷的概念建立在以下一系列理论假设的基础之上。第一，人类的记忆主要包含工作记忆和长时记忆。工作记忆是信息加工的主要场所，但有限的工作记忆仅能处理一部分信息。第二，存储知识的长时记忆的容量无限，可利用长时记忆的这种特点来解决工作记忆容量的有限性问题。第三，贮存在长时记忆中的知识是有结构的，图式是知识表征的基本单位。在长时记忆中，常通过重组信息元素，用把低水平图式合并成高水平图式的方法来构建知识，以降低记忆容量。图式构建可把多个元素组织成一个整体，从而减少工作记忆中信息加工单元的数量；图式的自动化水平不同，高度自动化的图式在激活时不需要有意识控制和资源消耗。第四，在工作记忆中，一个图式是作为一个个体来处理，与其复杂程度无关。第五，认知加工可分为两类：控制加工和自动加工。前者是一个有意识的序列性的加工过程，速度较慢，需要占用注意资源；后者是一个快速的、自动的并行加工过程，可不经意识的控制而发生，几乎不占用注意资源。经过充分练习，包括复杂图式在内的所有的认知加工过程都可达到自动化，不需要占用注意资源进行有意识的控制。

斯威勒认为，认知负荷是指在一个特定的作业时间内施加于个体认知系统的心理活动总量。后来有学者将"认知系统"明确为"加工系统"或"工作系统"。认知负荷理论自提出之后，迅速在欧美地区引起广泛的重视，教育学家和心理学家对其进行了广泛的探讨和研究，其逐渐成为认知加工领域研究的热点，也成为现代教学设计的主要框架理论。

基于认知负荷理论，可以解释学生对复杂物理学习任务的认知困难现象。学生的每一个物理学习活动，都承载着一定的认知负荷。但是当学生进行复杂物理学习任务时，工作记忆中需要同时加工多个物理信息元素，这可能使得容量有限的工作记忆出现超负荷，无法进行有效的信息加工，会出现明显的认知困难。因此，如何有效利用认知负荷理论，降低每个信息单元所占用的认知资源，使工作记忆释放出足够的容量来完成认知加工，从而提升复杂物理认知任务的完成水平，对有效物理教学的实现具有重要意义。

6.1.2 认知负荷的结构

帕斯(Paas)和麦里恩博尔(Merriënboer)1994年提出认知负荷的结构模型(如图6-1所示),他们认为认知负荷包括两个维度——因果维度和评价维度。因果维度反映的是影响认知负荷大小的因素,包括学习任务(包括环境)、学习者、学习者与学习任务之间的相互作用。学习任务包括任务的结构、任务的复杂性、是否有其他媒体支持、时间限制和教学进度等。学习者是一个相对稳定的因素,包括先前的经验水平、认知能力、认知风格等。学习者与学习任务(环境)之间的相互作用是通过动机、情绪等因素影响认知负荷的。其中,学习任务因素在相当程度上左右了认知负荷的高低。

评价维度则是从认知负荷的测量方面来考虑的,是认知负荷导致的结果,包括心理负荷、心理努力、行为表现,以及它们之间的相互作用。心理负荷主要是由外部教学因素(如学习任务、信息的呈现方式等)产生的,也与学习者的特征紧密相关。一般而言,任务困难度的增加通常会引起心理负荷的增加。

心理努力是指学习者如何对认知资源进行分配。施奈策(Schneicher)和谢夫林(Shiffrin)于1977年指出心理负荷是以任务为中心的,是通过任务或环境需求来产生的;而心理努力是以人为中心的,是指资源和策略的总和,它反映了个体完成任务时的控制加工水平。帕斯和麦里恩博尔认为,心理负荷是认知负荷测量的一个方面,它是由任务特征与学习者特征之间的相互作用决定的。它常常用来事先评估学习所需要的认知负荷;心理努力则是指分配给任务所需要的认知负荷,因此它往往被用来反映真实的认知负荷,一般是在学习者从事该项任务时进行测量。行为表现也是测量认知负荷的一个方面,可以由学习者的成绩来定义,例如测量项目的分数,错误的数目和花费的时间,可以在从事任务的时候或者任务结束之后进行测量。

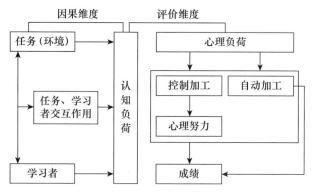

图6-1 认知负荷的二维结构模型

6.1.3 认知负荷分类

1. 依据认知负荷的来源划分

根据认知负荷的来源,如学习材料本身或是教学设计,认知负荷可以分为内在认知负荷和外部认知负荷。根据外部认知负荷对学习活动所产生的作用(促进或干扰),又可以进一步将其划分为关联认知负荷和外在认知负荷。斯威勒等人于1998年指出,三种认知负荷相加就是认知负荷总量,即总的认知负荷(Total Amount of Cognitive Load,TCL),三者的关系如图 6-2 所示。当总的认知负荷超过认知资源总量时,会造成认知负荷超载(Cognitive Overload),将阻碍学习者的学习;当总的认知负荷少于认知资源总量时,可以使学习者顺利进行学习;如果要学习高效,则需要保证满负荷,即总的认知负荷恰好等于或接近于认知资源总量。

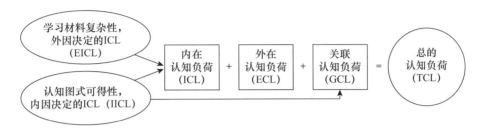

图 6-2 认知负荷的横向分类

（1）内在认知负荷

内在认知负荷(Intrinsic Cognitive Load,ICL)又称原生性认知负荷,是指由学习材料所包含意义的复杂性和学习者先前知识的丰富性这两个因素造成的认知负荷。索伊弗特(Seufert)等人于 2007 年又将这两个因素分别称为外因决定的内在认知负荷(Externally Determined Intrinsic Cognitive Load,EICL)和内因决定的内在认知负荷(Internally Determined Intrinsic Cognitive Load,IICL)。

外因决定的内在认知负荷中,学习材料的复杂性体现在两个方面。第一,学习材料所包含的信息元素的数量多少,例如在常规的探究楞次定律的实验中,一般需要处理下列元素：电流表指针偏转方向和电流方向的关系、线圈绕向与电流方向的关系、实验记录表格的设计与实验数据的记录、中介量"感应磁场方向"的引入及规律的总结。元素的多样化,产生了很高的内在认知负荷。第二,信息元素之间关系的复杂程度,如果学习材料包含的信息太多,而且信息间的关系又很复杂,这时内在认知负荷会很高,甚至超过工作记忆的容量限制,那么对该材料的认知加工就很难启动。例如,楞次定律直接反映的是感应电流的磁场与引起感应电流的磁通量变化的关系,如果要判定感应电流的方向,还必须利用安培定则。楞次定律的表述中也涉及多种元素和关系,使学生难于深刻理解定律的意义。学生只有对所有元素以及元素间的关系进行充分加工,才能整体理解楞次定律。

内因决定的内在认知负荷高低与学习者的知识水平有关。这是因为学习者可以利用自身知识将大量的信息联系在一起,在工作记忆中作为一个信息单位处理,从而可降低内在认知负荷。因此,在教学情境中,同样的学习材料,对于不同知识水平的学生,内在认知负荷是不同的。例如,在探究楞次定律的过程中,需要学生熟知电流表指针偏转方向和电流方向的关系,会根据线圈上的绕向指示判断电流的流向,能自主设计实验记录表格中需要记录的物理量,尤其是能够从语言表述中(条形磁铁的磁场方向、磁通量的变化、感应电流的方向)直接得出规律的经验,否则,探究楞次定律的内在认知负荷就会增加。

内在认知负荷是由相对于学习者经验水平的学习材料的复杂性所带来的负荷。由于内在认知负荷取决于学习材料的性质及学习者的经验水平,反映了获得某种图式所必需的,同时在工作记忆中加工的信息元素的量,所以在既定学习条件下,它较难改变。

(2) 外在认知负荷

外在认知负荷(Extraneous Cognitive Load),也称无关认知负荷,是指那些与学习无关的认知活动施加给工作记忆的认知负荷,例如对于已经掌握的任务,学生依然进行反复练习时所承受的认知负荷。引起这类认知负荷的主要原因是不恰当的教学任务设计与呈现方式。这类认知负荷体现了学习活动中的干扰因素的作用,因此在教学设计中应该尽力降低这种负荷。学习材料的呈现方式及其所要求的学习活动,也会带来认知负荷。外在认知负荷是由与学习过程无关的活动引起的,不是学习者建构图式所必需的,因而又称无效认知负荷(Ineffective Cognitive Load)。认知负荷理论者认为,外在认知负荷主要由教学设计引起,如果学习材料的设计和呈现方式不当,就容易给学生带来较高的外在负荷,干扰其学习。

教学设计中一些常见的外在认知负荷,一方面来源于过多的教学辅助信息产生的冗余效应,即学习者在面对多元的信息来源时,如果单一的信息呈现即可被学习者理解,则应独立呈现一种信息,无需添加额外的辅助信息,否则会对学习者产生干扰;另一方面来源于不恰当的信息呈现方式,例如,多种信息在时间、空间上的分散呈现,或者大量信息通过单一感官通道传达,都会产生外在认知负荷。通过改进学习任务和材料的信息呈现方式,可以有效降低此类负荷。

(3) 关联认知负荷

关联认知负荷(Germane Cognitive Load),也称为有效认知负荷,是指学习者由于进行与实质性学习活动密切相关的认知操作而产生的认知负荷。这种认知负荷是在图式建构和图式自动化的过程中形成的,表现为学习者对知识更深入的思考和更高强度的练习。关联认知负荷占用工作记忆资源主要是用来进行重组、抽象、比较和推理、图式自动化等高级的认知加工,这样的加工虽然增加了学习者工作记忆中的认知负荷,但它促使学习者进行深加工,反而会促进其学习。

关联认知负荷的高低取决于内在认知负荷、外在认知负荷和总认知负荷。当内在和外在两种认知负荷已经很高时,就没有认知资源用于关联认知负荷。此外,关联认知负荷还受学习者的认知、元认知、动机的影响,例如,元认知反思策略就有利于学习。此外,学生听课时做笔记,尽管这增加了认知负荷,但它能促进学习;教师讲课时补充例子,这些例子增加了学生的认知负荷,但有助于概念、原理的理解。关联认知负荷也与教学设计有关。良好的教学设计会适度增加学生的关联认知负荷,使之在图式建构中投入更多的努力,寻求更好的信息加工策略,从而提升其学习质量。

在学习中,上述三种认知负荷是可以累加的。它们的总和如果超出了工作记忆的总体承载能力,就会使学习陷入困境。由于内在认知负荷是一种基本负荷,除非通过建构另外一些图式或者使先前获得的图式自动化,否则就不易减少。这意味着,借助认知负荷调控来影响学生的学习,其重心应该放在降低外在认知负荷或增加关联认知负荷两个方面:当学习材料带来的内在负荷较低时,如果由教学设计带来的外在负荷也较低,学生认知资源有足够的剩余,就可以通过添加关联认知负荷来促进学习;但如果学习材料带来的内在负荷较高,就要通过降低外在负荷释放工作记忆容量,且尽可能不要增加关联认知负荷,以确保学生有足够认知资源来加工必要信息。

2. 依据认知负荷的动态性划分

谢(Xie)、萨尔文迪(Salvendy)和帕斯(Paas)于2003年考虑到认知负荷的动态性,在认知负荷的建构中将认知负荷的不同状态加以区分,将认知负荷分为瞬时负荷、高峰负荷、累积负荷、平均负荷和总负荷。

谢和萨尔文迪于 2000 年认为斯威勒等人于 1998 年的分类忽略了认知负荷的动态性特征,学习者在学习的不同时间段投入的心智努力和感受到的难度可能不同,即认知负荷处于波动状态,具有动态性。由此他们提出了新的分类方式——多重分类模型(如图 6-3 所示)。

(1) 瞬时负荷

瞬时负荷(Instantaneous Load)指工作记忆运作中任意时刻的动态负荷情况。瞬时负荷代表了认知负荷的动态性,与以往单一类型中负荷静态性的特征不同,它随着个体加工任务的不同瞬间而波动。沙里特(Sharit)和萨尔温迪于 1982 年指出,大部分生理测量法测量的就是瞬时负荷的值。其他的认知负荷测量技术,例如主观测量和绩效测量也可以用来评价瞬时负荷,或至少是短期负荷。

(2) 高峰负荷

高峰负荷(Peak Load)指完成任务时瞬时负荷的最大值。通过比较所有瞬时负荷的量值可以获得高峰认知负荷。如果高峰负荷超过了个体认知资源总量,则大脑处理器就会在那一时刻处于超负荷状态,导致任务绩效降低。所以,保持高峰负荷一直处于超负荷之下将有利于保持任务操作者绩效的稳定。

(3) 累积负荷

累积负荷(Accumulated Load)是学习者在完成某个任务中所感受到的总的负荷量,它是花在完成任务过程中的各个时间段的瞬时负荷的总和。累积负荷和平均负荷都可以通过瞬时负荷获得与解释。累积负荷就是图 6-3 中位于瞬时负荷曲线之下的那些区域。

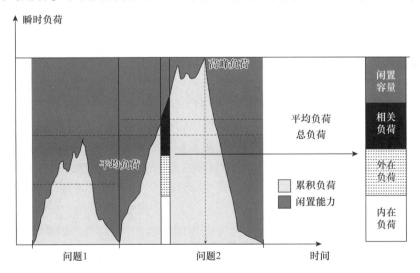

图 6-3 认知负荷的多重分类模型

(4) 平均负荷

平均负荷(Average Load)是学习者在完成某个任务中所感受到的负荷的平均强度。平均负荷是瞬时负荷的平均值,它等于累积负荷在各时间单元的平均分配。如果用比特来描述累积负荷,那么每秒的比特数就是平均负荷的量。

（5）总负荷

总负荷(Overall Load)指运用学习者主观感受所获得的负荷总量,它是学习者基于整个工作程序所体验到的负荷,或者说,它是学习者头脑中瞬时负荷或累积负荷与平均负荷的映射,假定它与累积负荷与平均负荷之间有很高的相关性。如果固定时间间隔,累积负荷与平均负荷应该是随着总负荷的变化而朝着同一方向变化。

认知负荷多重分类的理论框架是建立在认知负荷的时间维度上。比如学习者需要1小时或2小时完成的任务与1000小时或2000小时完成的任务所产生的平均负荷可能相等,但累积负荷或总认知负荷肯定不相等。所以,测量认知负荷时需要考虑时间变量。

6.1.4 认知负荷的影响因素

影响认知负荷的因素可归为五个维度:学习者个体特征、学习材料的特征及呈现方式、教学活动的组织、教学过程中的评价性因素和学习时间。

1. 学习者个体的特征

学习者个体的特征主要包括认知特点、认知结构、认知风格等。这些因素往往会影响内在认知负荷和关联认知负荷。

认知特点是指学习者的感知、注意、记忆、思维、想象、监控调节等心理特点。如自制力好的学生在学习中能够集中注意力专心于学习,自觉抵制不良情绪的影响,积极主动地投入学习中,增强关联认知负荷。

认知结构是指学习者头脑中的知识结构,是已有全部观念的内容和组织。研究发现,当知识复杂性较高时,较多的先前知识,有利于学生迅速建立新的图式,从而降低内在认知负荷。例如,学习"雷达的工作原理像回声"这一内容时,如果学生头脑中拥有关于雷达的图式,且有关于"回声"的生活体验,就很容易理解二者的相似之处;反之,如果学生头脑中没有关于雷达的图式,也没有体验过"回声",就会因为认知负荷很高而难以理解雷达的工作原理。

认知风格是个体组织和表征信息时表现出来的偏好性的、习惯性的方式。研究表明,认知风格会影响记忆过程中的策略选择,从而间接影响工作记忆的容量。在程序性知识的学习中,表象型学习者所付出的心理努力和对学习材料难度的认定要显著高于言语型的学习者。

学习者的其他个体特征也会对认知负荷产生影响。如学习兴趣、情绪的稳定性、考试前的情绪体验、情绪调节的快慢对学业负担均有显著影响。已有研究也发现,学习者年龄也是影响认知负荷的因素之一,随着年龄的增长,工作记忆容量减少,加工速度减慢,认知负荷会增大。

2. 学习材料的特征与呈现方式

学习材料从数量、难度、性质、交互性等方面作用于认知负荷,会直接影响学生的认知负荷。如学习材料涵盖的信息要素越多、难度越高、要素间的交互作用越大,学生的内在认知负荷就越高。例如,牛顿第二定律的内在认知负荷就高于牛顿第一定律。

学习材料在教材中呈现,经过教学设计和处理后,交互性和数量会发生改变,从而会影响学生的外在认知负荷。如人教版教材中"阿基米德原理"实验共有四步:① 测物体的重力;② 物体浸入水中后,记录弹簧测力计示数,并用桶收集溢出的水;③ 测小桶和水的总重;④ 测小桶的重力。但实际上,得出阿基米德原理并非四步就能完成,至少还需要三步:① 计算物体的浮力;② 计算溢出水的重力;③ 比较物体的浮力与溢出水的重力关系。这样,这个实验事实上需要七步才能完成,并且在计算物体所受浮力时,要用到三个力的平衡,而学生仅学过二力平衡。因此，阿基米德原理的实验增加了外在认知负荷。2006年，艾尔斯对比研究了不同学习材料难度对认知负荷的影响，结果说明，部分呈现策略能有效降低认知负荷。斯威勒于1994年指出教学中采用相继加工的方式，例如，把复杂的学习材料分散相继呈现给学生，要比同时加工，一下子把所有材料呈现更好，因为这可以减少学生的内在认知负荷。波洛克等人于2002年认为学习材料先分段呈现再整体呈现更适用于没有先前知识经验的学习者。泽尼尔于2007年则指出，用整合的方式呈现教学内容比用单独文本呈现内容的效果好。沃伦等人于2005年将注释分为三种水平，并将其应用于科学学习材料中研究，结果发现三种类型的注释都有助于不同水平知识的学习，降低其学习过程中的外在认知负荷。多数研究结果表明，多媒体呈现学习材料较单一媒体呈现，会让学生有更好的学习成效和更低的认知负荷。如将书面的解释性文字或者其他可视信息（如图表）转化成语音说明或者多媒体视觉信息，可以减轻额外认知负荷。因为多种呈现模式可以使工作记忆同时进行视觉和听觉加工。但是，不同的学习材料在进行多媒体呈现方式时，认知负荷也有差异。梅耶于2003年对词的理解和应用研究表明，视觉和听觉同时呈现的效果优于听觉单独呈现。

3. *教学活动的组织*

教学活动组织过程中的诸多方面都影响学生在学习过程中的认知负荷，如教学进度、教师的言语表达能力、教学资源的组织、教学媒介的使用、材料的呈现方式与时机、师生关系、字体的大小及颜色等。这些因素决定学生外在认知负荷水平的高低。

首先，和谐民主的师生关系，有助于激发学生的学习兴趣，增加关联认知负荷，从而提高教学效率。

其次，学习资源的组织方式不同，产生的认知负荷不同。在组织学习资源时，合理分配、必要加工，将学习资源模块化，减少不必要加工，可减少外在认知负荷。这些因素制约着学生在学习上的时间投入，往往还制约着学生在心理与情绪上的投入程度，将直接影响外在认知负荷。

多媒体教学设计中的认知负荷的实验研究表明，在多媒体学习中，针对逻辑性强的材料，屏幕上保留之前较早时候学习的内容，会导致学习的外在认知负荷的增加，但也会促进迁移成绩的提高；在抽象程度高的材料、先前知识较缺乏的材料学习中，教师提供教学解释会增加学习的关联认知负荷；在难度较大的材料学习中，教师提示教学解释降低了学习的内在认知负荷，在难度较小的材料学习中，教师给出教学解释增加了学生的关联认知负荷。教师适时的归纳会降低学习的内在认知负荷，学生自我归纳提高了学习的关联认知负荷。在背景音乐对认知负荷的影响研究中，发现背景音乐没有影响学生的认知负荷和迁移成绩，但干扰了信息的获取从而降低了记忆成绩。进一步的研究表明，只有在听觉通道已经用于信息加工的情境中（如视听呈现情境），背景音乐才会对认知负荷产生影响，且这种影响会随着实验的持续而减弱。

最后，教学时机的把握，课件页面切换的快慢，对学生的认知负荷有很大的影响。许多认知负荷效应在一定条件下能促进学生的学习，但因为知识反转效应，若不及时对学习内容及其呈现方式进行调控，会产生负效应，阻碍学习。多媒体教学研究也指出，连续的呈现可能会增加认知负荷，因为学生在上一个学习材料呈现时的工作记忆还处于表征保持状态，需要消耗选择、组织和整合新学习材料的认知加工容量。例如，学习"闪电"时，首先给学生呈现一个短暂的讲解，描述闪电形成的步骤，其次，呈现动画，描述闪电形成的步骤。在对应的动画出现时，学生因为必须在工作记忆中拥有讲解的言语表征，而增加了动画理解的认知负荷。

4. 教学过程中的评价性因素

教学过程中的评价性因素对学生的认知负荷具有反馈作用。多媒体教学中采用解释性反馈,可以降低学生,尤其是先前知识水平较低的学生的认知负荷,引导他们进行意义加工。有研究表明,反馈的信息不同,产生的交互作用也不同,影响学生的外在认知负荷和关联认知负荷。研究发现,对于已有一定知识水平的学习者,反馈的学习效果显著高于精细化反馈,虽然他们主观评定时认为精细化反馈更好。原因可能在于,一方面,学习者对于不正确的答案才会有更高的重视,进行更加积极的认知加工;另一方面,精细化反馈中提供的解释性信息会与已有一定知识学习者的内部知识结构相重叠,学习者在尝试使这两个部分发生联系时会占用额外的工作记忆资源,造成外在认知负荷的增加,从而降低学习效果。

5. 学习时间

学习过程中的时间限制与实际花费的时间也影响着学生的认知负荷,特别是时间压力对认知负荷的影响是很显著的。学习(教学)进度不同,对特定学习任务的时间限制(如竞赛、考试、限时作业等)、学习的对比等都会造成学生的时间压力,这些压力不但决定着时间投入的长短,而且影响着学生在学习中心理和情绪的投入程度。如果连续学习的时间过长,学生会产生不耐烦、烦躁、想逃避等心理,不但加重了情绪投入,也会影响心理投入的质与量。不同的时间段,学生对学习的心理投入和情绪投入是不一样的,认知负荷也有差异。如果时间限制短,如考试中题量过大,学生知觉到的时间压力就很大,会产生高度的焦虑、紧张、心慌,不但影响情绪投入,也会分心,影响认知等成分的心理努力程度。

时间估计受学生主观因素影响很大,不论实际度过多长时间,学生对度过时间的长短估计以及对剩余学习时间的长短估计决定着学生对后继学习活动的心理投入和情绪投入状况。学生对时间的估计会引发一系列的心理反应,例如,估计已经度过了很长时间,学生就会厌烦、转移注意、思维不集中、不会下大功夫去记忆学习内容;再如,估计所剩时间很短,不足以完成当前任务,学生就会产生痛恨、紧张、心慌的情绪,不断提醒自己加快速度,这直接干扰元认知负荷,加大了外在认知负荷。

6.2 物理学习的认知负荷测量

认知负荷理论的主导思想是保证"学习者承受的认知负荷总量不超过其个体所能承受的认知负荷总量",如何确定认知负荷的总量即如何测量认知负荷则是该理论研究的一个必然方向。物理学习的认知负荷研究也需要高信效度的测量评定工具。关于认知负荷的测量无论是方法还是工具已经很丰富。对物理学习的认知负荷水平的测量,可结合已有的认知负荷测量方法与物理学科特点进行。本节对认知负荷测量的主观和客观指标、主观和客观测量方法进行了详细的介绍,为物理学习的认知负荷的测量研究提供了思路。

6.2.1 认知负荷的评价指标

测量认知负荷的主要目的在于有效地分配和管理负荷,避免超认知负荷和认知负荷不足的情况。而认知负荷的评价指标主要是依据认知负荷的构成、来源和影响因素确定。帕斯和麦里恩博尔的认知负荷结构模型提供了一种评价指标体系。随着研究技术的进步,后来又有心理学家提出新的指标。根据这些评价指标的性质,可以将它们大致分为两类:主观评价指标和客观评价指标。

1. 主观评价指标

主观评价是根据学习者在学习过程中产生的主观感受与体验来评估认知负荷,其评价指标主要包括心理努力评价和材料或任务难度评价。评价分数越高,表明认知负荷越大。其中对材料或任务的难度可以直接进行主观测量,心理努力则需要通过间接指标进行主观测量。心理努力的指标在不同的量表中有不同的项目,如哈特(Hart)和斯特夫兰德(Staveland)于1988年开发的"NASA-TLX评价量表"采用"脑力需求、体力需求、时间需求、努力程度、业绩水平和受挫程度"来测量心理努力。惠兰(Whelan)于2006年开发的WP量表则采用完成某一任务占用的心理资源评估,如中央处理、空间编码、语言编码、听觉编码、视觉通道、手工操作、语言输出等来测量。

2. 客观评价指标

客观评价是指学习者完成任务的各种绩效(如成绩、反应时、准确率等)以及完成任务过程中各种生理反应,其评价指标主要包括成绩、时间、行为、生理等指标。其中成绩、时间、行为为间接的客观测量指标,生理为直接的客观测量指标。

(1) 成绩指标

在认知负荷测量中,目前成绩是使用最广泛的一个间接指标。由于成绩取决于信息的储存和提取过程,而储存和提取又受到认知负荷的影响。一般来说,成绩好,间接说明学习者内在认知负荷和外在认知负荷低,关联认知负荷高。这里的成绩大多包括记忆成绩和迁移成绩,具体的形式可采用自由回忆任务、写论文、解决问题、做选择和问答题。

(2) 时间指标

时间测量指标包括完成任务需要的加工时间、主观时间估计以及反应刺激所需的时间。巴鲁耶(Barrouillet)研究指出,认知负荷的大小可以通过认知活动占用注意和执行加工的时间与总的学习时间的比例来表现。芬克(Fink)等研究证实,主观时间估计随任务复杂性和难度的增加而减少,也即是说随认知负荷的增加而减少。布伦肯(Brünken)等对双重任务范式中二级任务信号的反应时做了一系列可行性研究后,其他研究者希瓦利埃(Chevalier)也陆续采用反应时作为测量认知负荷的指标之一。

(3) 行为指标

行为指标是将不同条件下学习者在学习与任务完成过程中行为的差异作为认知负荷高低的一个表现。多尔蒂-斯内登(Doherty-Sneddon)于2005年研究表明,在交互教学活动中,不管是应用多媒体教学还是面对面教学的方式,学生的视线转移越频繁,说明认知负荷越高。

(4) 生理指标

生理指标是指学习者在完成任务过程中伴随认知负荷的产生出现的生理反应的各项指标。目前包括心脏活动分析指标、眼活动分析指标和脑电分析指标。

关于心脏活动分析指标,早期的认知负荷研究多采用心率与心率变异性。虽然心率和心率变异性与认知负荷有一定关系,但两者受多种因素影响,还不能十分可靠地反映认知负荷变化,只能作为与认知负荷相关的一个指标使用。

眼活动分析指标具体包括瞳孔扩张、眨眼及眨眼率、眨眼间隔、注视次数、注视时间等。研究发现,瞳孔反应对认知负荷水平波动高度敏感,瞳孔扩张是显示认知负荷的有效指标,而且对测量年轻人的认知负荷更有效。研究也发现,从无视觉负荷到有视觉负荷,从低视觉负荷到高视觉负荷,眨眼与眨眼率减少是一个意思。此外,眨眼间隔也能预测认知负荷,眨眼间隔和听觉输入任务中的心理负荷呈正相关。

脑电分析指标是指进行脑电波变化和脑功能定位。随着神经成像技术的发展,认知负荷在脑活动中的表现也越加直观。脑事件相关电位(Event-Related Potentials,ERPs)是近年来很有前途的认知负荷评价指标。用ERPs来测量认知负荷的具体指标主要包括波幅(AMP)与潜伏期(LAT)。大量的研究结果表明,脑事件相关电位P300是与注意、辨认、决策、记忆等认知功能有关的ERP成分,现广泛应用于心理学、医学、测谎、认知神经科学等领域。功能性磁共振成像(Functional Magnetic Resonance Imaging,fMRI)也是研究学习者认知机制的一个重要工具与技术。与ERPs精确到毫秒级的高时间分辨率相比,fMRI具有达到毫米级的高空间分辨率。2007年,惠兰研究总结,背外侧活动与内在认知负荷有关,顶骨皮层和维尔尼克区与无关负荷相关,上前沿和顶骨沟与关联认知负荷有关,从而提出通过fMRI来测量三种认知负荷。虽然fMRI具有达到毫米级的高空分辨率,但是其数据是根据脑功能定位进行解释,这比较难反映出来。

总的来说,生理指标最大的优点就是客观实时,但是缺乏独特性,除了认知负荷会对这些生理指标造成影响,还有其他很多和认知负荷没有关系的因素也会对其造成影响。

6.2.2 认知负荷的测量方法

目前研究者多从主、客观和直接、间接两个维度测量认知负荷(见表6-1)。主观性测量是指用主观性的方法测量认知负荷的强度,具体方法如学生自我评价法;客观性测量是指对学生的行为、生理和成绩进行观察和测量,从而得出认知负荷。直接测量指对学生的主观感觉、大脑活动进行直接测量,得出认知负荷;间接测量则通过学习者的学习成绩、生理、行为表现进行判断。

表6-1 认知负荷的测量方法

	间接	直接
主观	自我评价投入的心理努力	自我评价学习材料难度
客观	生理测量	脑活动测量
	行为测量	双重任务测量

1. 主观测量法

主观测量法就是根据学习者在学习过程中产生的主观感受与体验来评价认知负荷,通常涉及学习者知觉到的心理努力、任务难度和时间压力等。就目前测量认知负荷的技术与水平来说,主观测量法具有其他方法不可替代的优势,在所有测量方法中具有举足轻重的地位。

一般来说,评价某种认知负荷的测量工具是否有效、使用是否恰当,需要满足以下几项标准:

① 敏感性,测量工具能够测量出任务难度或认知需求的变化;

② 诊断性,测量工具不仅能鉴别出认知负荷的变化,还要能判断出认知负荷变化的原因;

③ 效度,测量指标只对测量认知需求的变化敏感,而不能对其他与认知负荷不太相关的变量敏感(如情感压力);

④ 干扰性,测量法不能干扰主要任务,因为任务产生的认知负荷是评价的真正对象;

⑤ 信度,测量法对认知负荷的测量必须具有一致性;

⑥ 操作便利,实施的时间、工具和收集分析数据的软件等都要求便利;

⑦ 测量对象的可接受性,测量对象对测量程序的信度、有用性有主观理解。

这些标准为我们研究认知负荷测量提供了理论基础。在认知负荷理论提出很长一段时间内,都是采用主观测量的方法。主观测量的基础是学习者心理资源的占用与个人的努力程度、任务难度相关,并且这种努力程度与任务难度能够由学习者精确表达出来。也就是说,学习者能够回顾他们经历的认知过程,能够报告出他们感受到的任务难度和付出的心理努力。自 20 世纪 80 年代末以来,国外研究者相继开发了多种认知负荷的主观测量方法。影响大的认知负荷研究中所使用的测量方法见表 6-2。

表 6-2 已有部分研究使用的测量方法

研究者与时间	测量方法
Sweller(1998)	次任务技术
Paas(1992)	主观评价 9 点量表
Paas&Merriënboer(1994b)	主观评价 9 点量表
Paas&Merriënboer(1994b)	主观评价 9 点量表、心率变异性
Cerpa,Chandler&Sweller(1996)	主观评价 9 点量表
Chandler&Sweller(1996)	次任务技术
Marcus,Cooper&Sweller(1996)	主观评价 7 点量表,次任务技术
Tindall-Ford,Chandler&Sweller(1997)	主观评价 7 点量表
Yeung,Jin,Sweller(1997)	主观评价 9 点量表
De Croock,Merriënboer&Paas(1998)	主观评价 9 点量表
Kalyuga,Chandler&Sweller(1998)	主观评价 7 点量表
Kalyuga,Chandler&Sweller(1999)	主观评价 7 点量表
Tuovinen&Sweller(1999)	主观评价 9 点量表
Yeung(1999)	主观评价 9 点量表
Kalyuga,Chandler&Sweller(2000)	主观评价 7 点量表
Kalyuga,Chandler&Sweller(2001)	主观评价 7 点量表
Kalyuga,Chandler&Sweller(2001)	主观评价 9 点量表
Mayer&Sweller(2001)	主观评价 7 点量表
Pollock,Chandler&Sweller(2002)	主观评价 7 点量表
Stark,Mandl,Gruber&Renkl(2002)	主观评价 9 点量表
Tabbers,Martens&Merriënboer(2002)	主观评价 9 点量表
Gerven,Paas,Merriënboer&Schmidt(2002a)	主观评价 9 点量表
Gerven,Paas,Merriënboer&Schmidt(2002b)	瞳孔反应
Gerven,Paas,Merriënboer&Schmidt(2002c)	主观评价 9 点量表,次任务技术
Merriënboer,Schuuman,De Croock&Paas(2002)	主观评价 9 点量表

由表 6-2 可知,认知负荷主观评价量表主要以 7 点或 9 点量表居多。整体来说各量表大同小异,以帕斯的自我评定量表为代表,在实际研究中也用得最多。鉴于主观评价 7 点及 9 点量表有难以克服的局限性,近年来,国外有研究者开始采用测量脑力负荷或心理负荷的主观评价量表来测量认知负荷,如 SWAT 量表。

(1) Paas 量表

认知负荷自评量表最初是由帕斯于 1994 年编制并投入使用。自评量表要求被试者自我评估心理努力的情况,该量表基于被试者回顾并反思自身认知加工的过程,并能报告自己的心理努力程度。该量表共有三个项目,包括心理努力和任务难度两方面评价(其中后两个项目比较相似,都是关于任务难度评价)。所以,在实际运用过程中,研究者就采用两个题,即"你认为刚才学习的材料难度如何?""你投入的心理努力有多少?"甚至还有的研究者就用其中的一个题。在 2002 年之前大多采用 7 点评定制,近年来大多运用 9 点评定制。要求被试根据自己的感受从 1~9 中选择一个合适的数字,表示付出的心理努力和材料难度程度,1 表示最少努力和非常容易,5 表示中度努力和中等难度,9 表示非常努力和非常困难。该量表的信度较高,内部一致性信度系数 $\alpha = 0.74$。Paas 量表因其简单、方便、实用而受到不少研究者的青睐。但是,近年来在使用 Paas 量表的过程中,一些研究者对其提出了批评,指出了它的一些缺陷,如龚德英认为,Paas 量表采用自陈量表式的问卷,容易产生社会赞许效应;主观评价的题目太少,很有可能会导致测量结果不准确,信效度受到质疑。李金波等人认为,心理努力是一个专业术语,对被试来说,可能不容易理解,或者理解上有偏差,从而会影响到测量的信效度。为了获得更为准确或科学性的研究结果,我们有必要使用其他更多的主观评价量表,通过比较进一步考察 Paas 量表的敏感性与效度,并鉴别出敏感性与效度均比较高的量表用于认知负荷的主观测量。

(2) SWAT 量表

SWAT 量表(Subjective Workload Assessment Technique)是由美国空军某基地航空医学研究所开发的一个多维脑力负荷评价量表。该量表由三个维度组成,即时间负荷(Time Load)、努力负荷(Mental Effort Load)和心理紧张负荷(Psychological Stress Load)。时间负荷反映了人们执行任务过程中可用的空闲时间的多少;努力负荷反映了人们执行任务需要付出努力的多少;心理紧张负荷测量的是人们执行任务过程中产生的焦虑、不称心等心理状态表现的程度。每一个维度均分为轻、中、重三个等级,这样三个维度共有 27 种组合。(T 表示时间负荷,E 表示努力负荷,S 表示心理紧张负荷。)

采用 SWAT 量表进行脑力负荷评价分两个步骤。

第一阶段为量表开发阶段。研究者根据 27 种组合制成 27 张卡片。被试在对脑力负荷进行评价之前,先根据自己的感觉对 27 张卡片所代表的脑力负荷从小到大进行排序,并赋予分值(1~27 分),研究者按照被试的排序情况来确定三个维度对其总脑力负荷的重要性。再根据每个维度的相对重要性,形成理论上的 6 个排序组,即 TES、TSE、ETS、EST、STE、SET。其中,TES 代表被试者认为时间负荷最重要、努力负荷次之,而心理紧张负荷的重要性最小,其他各组的含义以此类推。评价时,根据被试的排序与六个理论排序之间相关系数的大小确定受试者的相应组别。

第二阶段为评分阶段。被试根据完成任务的情况,在三个维度中选出与自己实际情况相符合的水平。研究者根据被试的选择结果,再结合量表开发阶段的归组,查出被试脑力负荷的分值,并换算成 0~100 分。分值越高,脑力负荷越大;反之,则越小。

SWAT 量表得到广泛的使用,但 SWAT 量表使用起来不够方便,较为费时,特别是第一阶段,被试要根据自己的感觉对 27 张卡片所代表的脑力负荷大小排序,这对被试的耐心也是个挑战。该量表对低水平脑力负荷的敏感性也不高,只有通过增加每个维度的水平数来提高其敏感性。但这样做将会产生更多的组合数,使卡片排序更加困难,将会使原来就已经费时的程序更加费时。

除此之外,曾(Tsang)和委拉斯盖兹(Velazquez)于 1996 年基于心理负荷的多重资源模型提出 WP 量表;美国国家航天局开发的 TLX 评价量表也是常用的主观测量工具。

2. 客观测量法

客观测量法主要包括任务绩效测量和生理测量。

(1) 任务绩效测量法

任务绩效测量是通过测定学习者完成指定任务的绩效来判断该任务给学习者带来的认知负荷,又可分为单任务测量和双任务测量。

单任务测量方法是通过学习者完成单一学习任务中的表现结果来推算学习者的认知负荷。这种方法的假设是认知负荷增加会占用更多有限的心理资源,反映在任务绩效上就是效率降低、错误率升高。单任务的测量指标有成绩、任务准确率、反应时、错误率、速度等。

单任务测量有明显的缺陷,大部分学习任务所涉及的心理资源不同,其内在机制十分复杂,所引起的认知负荷很难直接用单任务的一两个指标完全表达。另外,学习任务的性质不同,使任务绩效的指标很难进行横向比较。因此,单任务测量在实践中的应用很有限,近年来发展较为缓慢,单任务绩效往往只是作为认知负荷其他测量指标的补充。

双任务测量要求学习者在一定的时间内同时完成两项任务(主任务与次任务),即除执行主任务外,再完成一项额外的次任务。在两项任务中,当学习者把主要精力放在其中一个任务上,该任务称为主任务;当其把剩余的精力放在另一个任务上,则此任务称之为次任务。

双任务测量是测量认知负荷的经典范式。采用双任务范式测量认知负荷的基本假设:人的工作记忆信息加工能力是有限的,但可以灵活地分配到任务解决的不同方面。在双任务条件下,如果一个学习者必须同时完成两个任务(如学习任务和监控任务),而且两个任务都需要相同渠道的资源,那么所有的资源就必须在二者之间进行分配,因此可以根据两个任务的成绩来推测认知负荷的强度。

在双重任务认知负荷测量中,次任务的成绩被假定是由主任务导致的认知负荷等级的一个直接表现。比如,次任务通常是对一个视觉或听觉线索的时间性的反应,其典型的反应时长从 300 毫秒到 1 秒,这依赖于主任务的特征。所以,用双任务测量认知负荷常用的指标有次任务准确率、次任务反应时变化、反应时间、信号检测率、追踪表现、一定时间内同时进行的任务数、占用时间百分比等。

双任务方法测量认知负荷可以保证测量的准确性,对心理负荷起着直接预测的作用。同时,在用双任务测量认知负荷的研究中,通常是采用被试内设计,有利于避免因为学习者差异而对认知负荷测量造成的影响。但是,双任务测量法一般不便单独使用,它往往是结合主观测量法或其他有效的生理指标一起使用,相互印证。因为该方法测量认知负荷虽然较为直接,但与任务性质相关程度较高,不便横向比较。双重任务多在受控制的实验室环境中进行,会影响研究结果的生态效度和外推效度。除此之外,学习结果还容易受多种其他因素影响,如测验方法、测验类型、个体差异等。同时,两种任务之间还可能产生交互作用,这会对测量结果造成一定的影响。如果心理努力增加,主任务有可能对心理负荷的变化不敏感。

(2) 生理测量法

生理测量法是通过测定学习者在学习或任务完成过程中出现的生理反应来间接评价认知负荷的方法。生理测量法运用的理论前提是,生理功能的变化是通过一系列生理指标来反映的,于是假定认知负荷的变化也会引起某些生理指标的变化,即通过心脏活动(如心率)、大脑活动(如诱发电位)、眼活动(如瞳孔直径、眨眼率)等来反映认知负荷的高低。与其他方法不同的是,生理测量法可以更好地反映出认知负荷的详细趋势与模型,如瞬间负荷、峰值、平均负荷、累积负荷等。

生理测量法最大的优点就是客观性、实时性和不受干扰性,但其局限性也是明显的。与认知负荷无关的因素也有可能引起生理指标的变化,由认知负荷引起的某一项或几项生理指标的反应就可能被夸大或缩小,认知负荷与生理指标之间只能是一种间接的关系。同时,不同的学习任务可能会引起不同的生理反应,导致不同性质的学习任务之间难以进行横向比较。另外,生理测量对硬件和测试过程要求较高。

3. 多指标综合评价方法

多指标综合评价方法是把主观的心理努力指标与客观的行为表现指标联合起来,形成一个综合指标,揭示认知负荷的一些重要信息。

有些信息,传统的基于行为表现的测量和单个的主观心理努力测评不一定能反映出来。比如,针对同一学习任务,学习者 A 的行为表现指标很高,自我报告投入的心理努力很大,另一位学习者 B 的行为表现指标很低,自我报告投入的心理努力指标很小。那 A 和 B 的认知负荷谁高谁低呢?不好说,无论我们怎么回答都可能犯错误。多指标综合评价有以下具体方法。

(1) Paas 的计算公式

帕斯等人综合考虑学习者的行为表现成绩与自我心理努力程度,提出了认知负荷计算公式:

$$E = \frac{Z_{行为表现} - Z_{心理努力}}{\sqrt{2}}$$

公式中 E 代表认知负荷综合指标,也反映了学习效率。$Z_{行为表现}$ 代表行为表现的标准分数,$Z_{心理努力}$ 代表自我报告的心理努力的标准分数。因为行为表现成绩和心理努力自我评定分数的单位不同,所以用它们的 Z 分数进行比较。根据这个公式,如果 E 值是正数,即 $Z_{行为表现} > Z_{心理努力}$,E 值越大则认知负荷越小,E 值越小则认知负荷越大,但都反映了学习效率比较高;如果 E 值是负数,即 $Z_{行为表现} < Z_{心理努力}$,E 的绝对值越大则认知负荷越大,E 的绝对值越小则认知负荷越小,但都反映学习的效率低。

(2) Ryu 和 Myung 的综合评价指标

Ryu 和 Myung 综合评价指标用来评价双任务模式中的认知负荷。主任务为视觉追踪任务,次任务为心算问题。三项生理指标是脑电(EEG)、眼动(EOG)与心率(HR),即脑波 α 波律(the Suppression of Alpha Rhythm)、眨眼间隔(Blink Interval)与心率变异性(HRV)。运用主成分分析法将三种生理指标和主观评定的认知负荷组合成一个综合评价指标。认知负荷综合指标随着任务难度的增加而改变,单项指标能更准确地区分不同难度任务中被试的认知负荷水平，同时，生理指标的测量结果能够预测被试主观评定的认知负荷状况。

认知负荷的多指标综合评价指标在实践中的运用至少有两个问题需要考虑。首先，选用哪些指标来综合，主观的还是客观的，或主观的与客观的兼而有之；主观的指标又用哪些，客观的指标又用哪些。其次，运用什么方法来综合，即使指标选得合适，如果综合的方法选用不当，也不能得到符合要求的认知负荷指标。总的来说，认知负荷综合指标至少在敏感性、信度、效度、诊断性等方面要高于单一指标。

4. 认知负荷的分别测量

根据认知负荷的三种分类，内在认知负荷、外在认知负荷和关联认知负荷，对三种认知负荷的分别测量，旨在于优化这三种认知负荷。不同测量方法可以测量不同的认知负荷，心理努力评价可作为关联认知负荷的测量指标，双重任务的反应时对测量外在认知负荷敏感，材料难度的评价对关联认知负荷敏感，而心理努力的评价对内在认知负荷敏感。

6.3 认知负荷理论在物理教学中应用

认知负荷理论在教学中的主要应用，是从引导资源合理分配的角度，为学习材料的设计提供心理学的理论依据。物理学习中，认知负荷过低，会造成时间浪费；认知负荷过高，会阻碍学习者的信息加工活动。因此，高效的物理学习，需要对学生的认知负荷进行合理管理，采取有效的措施来减少外在认知负荷，控制内在认知负荷，增加关联认知负荷与元认知负荷。

6.3.1 认知负荷效应

认知负荷效应，与改善学生的学习有关。很多心理学家结合理论和实证研究，提出了众多的认知负荷效应，体现了不同的认知负荷状况所产生的影响。

1. 自由目标效应

当学习目标不太明确或者有多个学习目标时，学习者自行确定目标有助于学习和迁移。这就是自由目标效应（Goal-free Effect）。例如，在物理问题解决中，"用尽可能多的方法测量重力加速度"，就比"用自由落体的方法测量重力加速度"更能促进学生的学习。

认知负荷理论认为，如果呈现的问题伴随明确的终点目标，会导致学生解决问题时把几个条件同时置于工作记忆中，从而加重工作记忆负荷。传统问题呈现给学生的是一系列特定的资料（已知信息）和一个定义良好的目标（指出什么是需要解决的）。此外，通过运用规则（如公式）运算，答案可以客观地被判定正确或错误。这类问题通常出现在物理教科书的练习和习题中。

在解决传统问题的策略中，"手段—目的"分析（Means-end Analysis）为人们广泛采用。拉金等人在专家与新手研究中也证实，新手是从问题的目标向前操作至问题的已知部分，寻找解决每个目标的手段，即进行逆推。专家则是进行前推，将不同的推论与问题中的特征联系在一起。新手的"手段—目的"问题解决策略在获得答案上（即对目标状态赋值）是有效的。但是，由于这种策略要求注意同时指向问题的当前状态、目标状态、两种状态之间的差异和减少这些差异的方法，以及任何可能导致问题解决的子目标，因而，也导致了一个必然的结果，即产生了高水平的认知负荷。

自由目标效应使用范围有限,只适用于在问题空间很小的情境中。当问题空间变得很大,问题解决的每一步都面临着不断增加数量的选择时,再运用这种技术就显得不切实际了。

2. 解答样例效应

认知负荷理论认为,在处理复杂认知任务时,如果向学习者提供已经解答的问题样例,则能有效地提升其问题解决水平,此即解答样例效应(Worked Example Effect)。在探索性学习、发现学习和问题解决中,教学指导很少或者没有教学指导,这时,学习者往往运用前述的"手段-目的"分析方法来减少不熟悉问题的目前状态和目标状态的差异。但是,使用样例作为支架,对学习者能起到支持作用。一般认为,样例能明确问题的类型,呈现解决问题所需的程序,凸显关于图式特征的清晰信息,因而学生只需注意与图式获得有关的信息,减少尝试错误,从而降低其工作记忆负荷,促进图式的获得和规则自动化。

3. 完成问题效应

使用解答样例的一个主要缺点是学生不去细致地研究这些样例。在这种情况下,解答样例反而容易与要解答的问题混杂在一起,导致认知超负荷。为避免这种情况出现,研究者主张使用只完成了部分解答步骤的问题,然后让学生完成剩余的解题步骤。研究显示,仅为学生提供目标情境和部分解答,然后要求他们完成剩下的解题任务,可以减轻其认知负荷,促进图式的建构和学习迁移,这就是完成问题效应(Completion Problem Effect)。

4. 感觉通道效应

信息加工理论认为,工作记忆对视觉信息和听觉信息的加工是分离的,其中的一部分仅专注于视觉信息,另一部分则仅专注于听觉信息。因此,单纯使用一种信息呈现形式,可能只用到部分工作记忆,使其他部分处于闲置状态;而综合利用多种信息呈现形式,则可以提高工作记忆的使用量,增进学习效果。这就是通道效应(Modality Effect)。有些学习材料使用某一感觉器官效果会更好,有些材料使用多重感觉器官效果更理想。例如,对词的理解与应用,听觉呈现的方式比视觉好;视听结合的效果比单一的视觉效果好。多媒体教学中的感觉通道效应研究表明,文本中加入视觉线索后被试的保持得分较高,而文本中加入听觉线索后,被试在保持与迁移上得分较低。以两种呈现方式让学生学习汽车刹车系统、发电机等的工作原理:一种方式只以文本形式呈现相关内容,另一种方式是文本辅以解释性图片。研究结果显示,在后一种呈现方式下,学生的保持和迁移测验成绩更好。

5. 注意分离效应

许多教学材料既包括图片信息又包括文字信息,而且图片与相关文字一起呈现。实践表明,这两种信息适当整合有利于学习。若这两种信息的呈现在时间、空间上是分离的,反而要求学生同时注意两个或更多信息来源,也会使工作记忆负荷加重,导致注意力分散,学习质量下降。这就是注意分离效应(Split-attention Effect)。研究表明,学生在阅读实验报告时,若结论和讨论部分分离,但又必须同时考虑这两部分,以理解结果的复杂性及其含义,这时会产生注意分离效应;而通过整合结果和讨论部分,重新组织实验报告,则可以消除注意分离效应。

6. 冗余效应

冗余效应(Redundancy Effect)发生的情况是:信息可由多种方式来呈现,但单凭一种呈现方式就足以传达这些信息,此时如果将相同的信息以多种方式同时呈现,学习者就会将冗余的信息同时进行加工,导致外在认知负荷增加,降低学习效果。已有研究发现:样例和指导对于熟练学习者是多余的,学习者仍需分配部分认知资源加工这些样例和指导,相反会占用一定的认知资源,干扰学习者的学习。在"闪电形成过程"的学习实验中发现,图片加简要文字说明这种呈现方式,比图片加全文的呈现方式更有利于学生的学习。这意味着,教师在呈现学习内容时,如果发现某些信息对学生学习来说不是基本的,即是冗余的,最好把这些信息省略。

7. 想象效应

学生面对一个要学习的程序或概念时,在头脑中想象这一程序或概念,其学习效果要超出仅被要求学习这一程序或概念,此即想象效应(Imagination Effect)。传统上,想象效应的发生被视为心理练习的结果。认知负荷理论对此的解释是:当学习者想象信息时,会加工工作记忆中的相关图式,进而促进长时记忆中图式的建构和自动化。

8. 元素关联效应

元素关联效应(Element Interactivity Effect)是由想象效应衍生出来的一种认知负荷效应,它是指当学习材料具有高度的元素关联性时,想象效应发生的可能性大;当学习材料具有低元素关联性时,想象效应不易发生。这是因为,低元素关联性学习材料比较简单,其中的信息可以不借助特定辅助策略而进入长时记忆。相比之下,加工复杂的高元素关联性的材料时,采用促进信息同化的策略(包括想象策略)就变得比较重要。

9. 分离关联元素效应

分离关联元素效应(Isolated Interacting Elements Effect)发生的情境:以一种分离的方式逐次呈现具有关联性的信息元素,比一次性地呈现所有相关联的元素更能促进学习。研究显示,当学生缺乏相关背景知识时,采用分离关联元素的教学方法会使其学习效果更佳;而当学生具有丰富的背景知识时,采用保持元素关联的教学方法会使其学习更加受益。认知负荷理论认为,新手之所以在分离关联元素条件下学得更好,是因为这种逐步学习的方式降低了其内在认知负荷;而老手之所以在这种条件下学习不佳,是因为按序加工信息不必要地消耗了其认知资源。

10. 专长逆转效应

教学方法的有效性会随学习者经验的增加产生逆转。有时候,对于低经验水平的学生卓有成效的教学方法,用于高经验水平者就会失去效果,乃至产生消极影响。此即专长逆转效应(Expertise Reversal Effect)。专长逆转效应的发生,是因为经验丰富者业已拥有充分的相关图式,相关图式更为自动化,从而使其在面向低经验水平者的教学中,加工更多的冗余信息,给工作记忆带来不必要的负担。已有研究表明:采用解答样例法训练缺乏经验的学习者效果很好,但对于有经验的学习者则效果较差;而让后者在解决问题中学习,效果会更好。新手学习者的注意分割效应到了专家型学习者那里,会被冗余效应和熟练逆转效应取代,所以,在整体教学设计中带有大量解释的材料信息对初学者是有利的,而对于有较多知识经验者来说则是不利的。

11. 指导渐退效应

指导渐退效应(Guidance Fading Effect)是指伴随学生相关知识的增加,通过逐步减少问题解决指导,提高问题解决要求,省出的工作记忆容量就可用于应对逐步提高的要求。也就是说,随着专门化知识的增多,相应知识存储在长时记忆中,降低了对工作记忆的要求,从而释放出更多工作记忆容量用于问题解决。研究业已显示,与持续地运用同样的解答样例相比,逐步减少解答样例,有助于提升学生的问题解决水平。

12. 变异效应

变异效应(Variability Effect)是指在问题解决练习中,变换不同的问题状态和情境,虽然增加认知负荷,但能促进学习迁移。这是因为,问题情境的变化有助于学习者识别问题及其解答方法的共同特征,分辨其中的无关特征,从而有助于图式的建立。已有研究发现,当学生面对形式多变、强调结构的统计应用题时,对相关统计概念和原理的学习效果更好。变式效应的产生,显然是关联认知负荷增加的结果。

6.3.2 合理管理认知负荷的方法

1. 调整学习活动的心理投入或注意力水平,优化认知负荷

学生在物理学习中的心理投入或注意力水平,对学生产生的认知负荷的影响极为显著。学生注意力水平高,投入的心理努力就高,认知负荷自然就高。实证研究也表明,在学生的认知超负荷中,心理投入的超负荷检出率,超过了诊断标准将近一半。高度超负荷的心理投入会降低学生的学习效率。所以在物理学习中,学生要根据学习任务、自身的实际情况,合理调节自己的注意力水平。在学习任务比较简单时,即内在认知负荷不高的情况下,学生可以轻易地表征、记忆和解决问题,即便增加对外在认知负荷相关元素的注意力,也不容易超出总认知负荷。注意力水平高,反而可以较快地完成学习任务。但在学习任务比较复杂时,再加上较高的外在认知负荷,学生注意力或心理投入较多,则容易超负荷,从而减低学习效率。这时学生可以转移注意力,适当放松,或降低注意力,让头脑有片刻间歇。当然,如果是由于注意力水平不够导致学习效果差,则应该学会强化自身的学习动机,培养学习兴趣,从而提高自己的注意力水平来优化认知负荷。

学习是讲究效益的,学习者在学习中的"投资"应追求最佳效益,在负担过重时应分析原因:究竟是心理投入过重,还是情绪投入过重,抑或是时间投入过多,根据具体情况来调整自己的心理努力。

2. 加强图式建构的训练,促使图式自动化

首先,图式的自动化可以降低内在认知负荷。一个图式可以储存丰富的信息,自动化的图式在工作记忆中是作为一个组块存储的,就像计算机传输打包处理的压缩文件一样,会大大减少工作记忆的负荷。自动化的图式也便于认知加工时工作记忆从长时记忆中进行信息的提取。在物理学习中,教师应以容量有限的工作记忆为依托,将涉及的原理、概念和规则整合成适合工作记忆的加工对象——图式。概念图就是一种好方法,它能把相关知识以一定的逻辑图式呈现出来。图6-4是一个力学的概念图,该概念图清晰地整合了功和冲量、动量和动能、动量变化和动能变化、动能定理和动量定理的关系。

其次,图式的建构过程形成了关联认知负荷。从建构图式到训练促使其自动化,会占用部分认知资源,形成关联认知负荷。在不超出总认知负荷的前提下,该关联认知负荷越高越好。在物理学习中,学生可通过自我思考、自我整理、自我解释、自我归纳、变式训练等不同形式的图式建构训练,逐步丰富长时记忆中的图式,达到自动化状态,在面对新的物理问题时,学生可以迅速地在已有图式中找到问题的解决办法,同时将剩余更多的认知资源用于问题的表征和记忆。

样例学习有助于降低外在认知负荷,促进图式建立。学生借鉴样例,可以更多地注意问题的结构特征,以及在什么情况下使用哪些原理、规则、算法等。

元认知监控和元认知调节可以帮助学生合理分配认知资源,监督自身,将更多的资源用于图式建构和自动化,当然也可以对整个学习活动进行有效的调节。例如,在物理学习中,反思自己是否认真听讲、对本节课重难点的把握是否准确,思考本课重难点与原有的知识有什么关系,是否可以联立起来理解等,并适当采用元认知策略,如进行延迟回忆,进行术语特定性判断而不是全局判断(所谓全局判断是指被试读完文章后,判断对于文章的整体内容的理解程度;所谓术语特定性判断是指要求被试读完文章后,针对文章中具体术语的理解程度进行判断)。

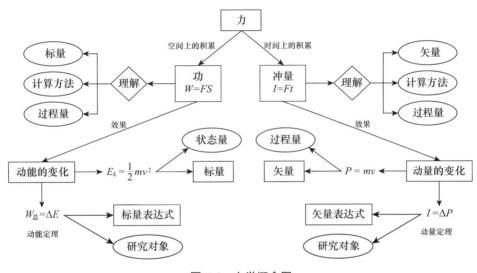

图 6-4 力学概念图

3. 根据认知负荷效应合理选择和设计教学策略,提高学习效率

研究表明,合理运用自由目标效应、解答样例效应、完成问题效应、注意分离效应、感觉通道效应能减少外在认知负荷;变式效应、想象效应、元素关联效应可以扩大关联认知负荷;分离元素关联效应和指导渐退效应可以用来降低内在认知负荷。因此,对于学生学习过程中的认知加工所形成的认知负荷要具体问题具体分析,合理选择和设计教学策略。

目前对外在认知负荷的管理的教学策略有支架(Scaffolding)、减退(Fading)、分步(Segmenting)、剔除(Weeding)策略。支架策略是指通过提供教学支架,补充学生的已有知识,使学生的先行知识为新知识、解决问题起到桥梁或支架作用,如为学生提供样例。减退策略是使学生在学习过程中慢慢克服对样例的依赖,从而逐步减退样例在学习的中后期所产生的消极作用。分步策略是指将大单元的学习内容进行分割,降低一次学习中由于学习内容过多而造成的内在认知负荷过重。分步策略实际就是行为主义心理学提出的小步子教学策略。剔除策略是要剔除干扰学生学习的附加认知负荷,并及时清除样例学习的消极效应,如冗余效应、逆转效应、注意分离效应等。

对内在认知负荷进行控制的策略有学习策略、提前训练与先行组织者策略等。学习策略是指学习者为了提高学习的效果和效率,用以调节个人学习行为和认知活动的一种抽象的、一般的方法。有大量的学习策略可以借鉴,如精加工策略、组织策略、感知策略、记忆策略、注意策略、思维策略等。学生应该根据自己的实际情况为自己设计合适的学习策略,例如,对于关联性较强的学习内容,可以通过概念图或多层次图表呈现进行学习和记忆。对于较复杂的物理情境可以通过画示意图进行分析,图文结合更有助于学习理解。条件允许可以应用网络自主学习,同时启动视觉和听觉,提高学习效率。先行组织者是新旧知识发生联系的桥梁,先行组织者是先于学习材料呈现之前呈现的一个概括与包容水平较高的引导性材料。在缺乏适当的组织者的情况下,可对先前的知识进行提前训练,让后面的知识成为先行组织者。

增加关联认知负荷与元认知负荷可以采用变式策略、信息同化策略。变式,一方面可以使学习者在不同情境中反复使用同一知识,将知识与多种问题情境结合,使得知识结构更具适应性;另一方面,也可以提高练习者的兴趣,增加学习中的有效认知负荷。信息同化策略则是要利用想象效应和元素关联效应,通过想象或分析比较,将关联的元素同化,促进图式的建构和自动化。这些策略的使用也要因人而异,一般更适用于学优生。对普通学生或学困生来讲,可能正处于图式获得阶段,如果练习变异太大,或增加额外的想象任务,反而会增加他们的无关认知负荷,而难以激发有效认知负荷,以致建构图式失败。

变式分为表面特征变化的水平变式和结构变化的垂直变式。表面特征变化的水平变式是指问题呈现的表述方式为"浅层"特征,主要是以"重复"源问题来实现的,通过"量"的积累达到对知识的记忆与巩固。结构变化的垂直变式是指涉及问题本质的概念、关系与原则等"深层"特征,主要是以"突破"源问题来体现的,通过对"质"的深层理解能够达到自由迁移。

从认知角度来讲,水平变式的认知负荷低于垂直变式,水平变式是垂直变式的基础。在新课教学中,限于知识和方法储备少,变式教学大多围绕某一"点"展开水平变式,而在高三复习课中,可以让水平变式和垂直变式同时进行。

4. 有效管理多媒体教学中的认知负荷

在现代教学中,多媒体教学是常见的教学形式,随着信息技术和移动互联网的发展与普及,多媒体在各级各类教学中已经得到广泛应用。理论上,多媒体教学相对传统的教学有更好的教学效果,但是实际上多媒体教学涉及的教学设计问题是很多的,认知负荷即是其一。有些多媒体教学过分追求花样翻新,怪异奇特,增加了额外的外在认知负荷,也没有充分利用多媒体的特点,增加促进学生学习的认知负荷。因此,在物理教学中,应用多媒体时,也要控制认知负荷。

为了有效控制认知负荷,多媒体教学材料的制作和呈现,应遵循以下原则。

① 多媒体认知原则:将学习内容利用语词和画面结合呈现比只用语词呈现学习效果要好。当语词和画面共同呈现时,学习者容易在工作记忆中形成语言和图的心理模型,并在二者之间建立联系,降低认知资源消耗,促进有意义的学习。

根据多媒体认知原则,在设计呈现教学信息时,要考虑该知识内容是否适合用图示呈现,在可能的情况下,尽量使用图示呈现空间关系,比如受力示意图和电路图等,使用图示往往能使多媒体教学得到更好的效果。

② 空间和时间接近原则:空间接近是指将文字与其对应的图形在书页或屏幕上邻近呈现。相对于两者隔开呈现,学习者能够减少在书页或屏幕上搜寻所需要消耗的认知资源,并

且有可能使文字和图形同时保持在短时记忆中,提高学习者认知加工的效率。时间接近是指将语词与对应的画面同时呈现,使学习者在工作记忆中同时保持言语表征和视觉表征,并建立两种表征之间的心理联系。相对继时呈现能使学习者学得更好。鉴于此,在多媒体教学中,应该遵循这两个原则进行教材材料的呈现,使有联系的材料能同时保持在工作记忆中,促进两者之间的心理联系,促进有意义学习的发生。

③ 通道原则:将多媒体学习材料利用动画加解说呈现比利用动画加屏幕文本呈现,学生的学习效果要好。也就是说,用声音呈现语词比用打印文本呈现,会使学习者学得更好。因为当画面和语词材料都以视觉形式呈现,听觉/言语通道闲置而视觉/图像通道则过度负荷,相反,人们可以同时在听觉/言语通道和视觉/图像通道进行加工。通道效应的理论基础是双通道假设。

④ 冗余原则:学生学习由动画加解说再加屏幕文本组成的呈现材料的效果,不及学习由动画加解说组成的呈现材料,因为画面和语词同时以视觉的形式呈现时,可能会造成视觉通道的超载。

⑤ 标记性原则:学生学习有标记的多媒体材料,效果好于使用未标记的材料。也就是说多媒体教学材料的制作应该适当变换颜色、字体,或增加下划线等进行突出效果的显示,促进学生进行高效的学习。

多媒体学习的原则为多媒体教学材料的制作和呈现提供了一定的标准和参考。根据以上原则,物理教学在利用多媒体时,内容注意图文相结合,PPT 页面与言语相结合,相联系的材料尽快配对出现,适当变换颜色、字体,或增加下划线等标记,突出教学中的重点和难点,邻近跟踪呈现或链接呈现等。

5. 加强学习时间设计,提高时间投入的产出

学生在学习过程中对学习时间的估计,以及时间带给学生的压力,也会影响着学习中的认知负荷。因此,学生需要对学习活动时间作出设计,突出重点,明确每个时段解决什么问题,达成什么结果。其目的,一是明白每个时间段的主导任务;二是明确学习中的心理投入量;三是提升时间投入的效能。

对学习活动时间进行设计,首先,要充分利用黄金时间。不同的时间段学习的效率是不同的,研究表明,一般第一个学习高效期是在清晨起床后,第二个学习高效期是在上午 8 点到 10 点之间,第三个学习高效期是在下午 6 点到 8 点之间,第四个学习高效期是入睡前一小时。每个人的黄金高效期会有一些差异,但是,都需要学生在自己的黄金时间集中精力做重要的活动。

其次,扩大时间投入的比值。在学习中有三种时间:一是规划时间,即计划安排学习的时间,是一种规划时间;二是消耗时间,即学习全过程所实际占用的时间,是一种"毛"时间;三是投入时间,即学习过程中集中注意进行心理和情绪投入的时间。要提高学习效能,就要提升投入时间在学习时间中的比值,投入时间越多,学习的效能就越高。所以学习不是看总共花费了多少时间,学习效率取决于投入时间所占的比值。

6. 优化教学语言

语言表达得清晰准确是教师职业的基本功,教学语言不仅能传递知识信息,而且本身就是信息,也能引发学生的外在认知负荷。因此,教师要精心设计教学语言,以避免学生由

对教学语言的加工而占用更多的认知资源。

首先,教师的语言要具有科学性和艺术性。科学性就是要求教师的课堂语言要发音准、吐字清,音量适度,语速适中,简明扼要,逻辑性强,对学科内容的概念、原理表述要准确,正确使用专有名词与术语。科学性的语言既能降低内在认知负荷,也能避免产生无关负荷。艺术性则要求教师语言要生动活泼,鲜明形象,感情洋溢,和谐有趣,深入浅出,使学生能"如临其境""如见其形""如闻其声"。艺术性的语言不但能提升课堂的活跃气氛,而且能调动学生的形象思维来进行认知加工,增加了关联认知负荷。

其次,教师要恰当运用非语言符号传递系统。非语言符号系统主要包括两大类。一是副语言,主要指在语言运用中的声调、节奏、语速、重强音和修辞等,这些副语言也可以传递信息内容。如果一直用弱音,学生听不清楚,要进行认知加工就需要投入更多的心理努力,从而引发高的认知负荷;若一直使用高强音,学生对这种强刺激的加工心理投入也很多,会产生累的感觉。语速过快,学生应接不暇,引发高认知负荷;语速过慢,则信息量少,易分散注意力。因此,教师要抑扬顿挫,富于变化,语速适中。二是表情语言,主要有面部表情、身段表情和手势表情三种。教师的一颦一笑、站姿、坐姿以及手与臂的运用等也都能传递信息内容。恰当的表情语言能增加关联认知负荷,提高学生的理解效率。教师的表情语言要注意与情境气氛和内容意境相吻合,不能为表演而表演,防止过多的表情语言出现,增加学生的外在认知负荷。

7. 改进物理教材,合理控制认知负荷

教材难度和分量是造成内在认知负荷的主要因素。教材的难度是由教材内容的深度和复杂性所决定的。教材内容的深度有绝对深度和相对深度之分。绝对深度是由学科内容的抽象程度、深奥程度、厚度所决定的,相对深度是由学生已有知识水平与现有内容的距离所决定的。现有内容越远离学生已有知识水平,难度就越高。教材内容的复杂程度主要取决于教材内容所包含信息元素的交互作用,信息元素交互作用越多,其复杂程度就越高,内容就显得越难。教材的分量多主要是因为不同学科之间缺少沟通,跨学科间的知识不衔接,有些学科在内容编排上不太合理。如物理中遇到了三角函数的单调性,可数学还没有学到。

降低教材难度和分量,首先要降低学科内容的深奥程度,用更通俗易懂的语言来表述;其次是减少教材内容所包含的信息元素,精简内容,或以大概念(Big Idea)、核心概念将小的信息元素合并成为大的信息单元,减小信息来源的分散程度;第三是尽量减少教材内容所包含信息的交互作用,既要使内容有条理性,也要减小单元内容信息元素的多重交互作用;第四是以学生心理发展水平和已有知识结构为依据来编选教材内容。例如,楞次定律实验的改进。

在现行的各种版本的教材中,都是利用条形磁铁插入和拔出线圈,通过观察感应电流的方向来判断感应磁场的方向,从而分析得出楞次定律。其包含众多元素且相互交织,产生了较高的内在认知负荷,可以通过改进实验设计降低内在认知负荷。原来的实验是用线圈来做实验,如图6-5所示。改进后的实验将线圈改为如图6-6所示的闭合铝环。

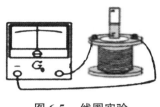

图 6-5　线圈实验

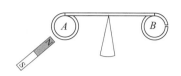

图 6-6　双环演示仪

让条形磁铁直接靠近或远离闭合铝环时,闭合铝环被推开或被吸引。依据磁极的作用规律,可以判断铝环中感应磁场的方向,再利用安培定则,可以判断出感应电流的方向,从而分析得出楞次定律。

新的探究实验大大降低了内在认知负荷:

① 铝环的匝数单一,不需要判断线圈的绕向和电路结构。

② 学生已经掌握了电流环的磁场分布,知道了电流环与小磁针、条形磁铁的等效性。

③ 学生能够熟练地使用安培定则判断环形电流与磁场的关系。

④ 学生熟悉磁极之间的相互作用。通过铝环运动,学生直观地感受到感应磁场的方向。

将教材中如图 6-5 所示的线圈实验改成验证性实验,安排在探究规律之后。因为学生的认知水平提高后再做该实验,会降低认知负荷。

教材中的插图也是学生认知加工的对象,也会引发认知负荷。教材中的插图问题一直以来被认为是无关紧要的,但若设计与安排上不尽合理,也不利于学生从中提取信息。对教材中插图的设计与安排要注意:第一,根据内容特点设计插图类型,减少装饰性插图;第二,教材插图要直观形象,避免过于花哨;第三,教材插图应注意图文临近,防止图文分离。

教材中都包含有样例,也需要精心设计与安排。首先,多设计基于过程的样例。已有研究表明,不论近迁移还是远迁移,基于过程的样例学习效果优于基于结果的样例的学习效果。其次,选择恰当的样例呈现时机。在特定内容学习的起始阶段,样例的支架作用最为显著。最后,样例要有一定的难度,要富含很多信息才能对学生的知识建构起到支架作用,才能促使学生发生更好的远迁移。

管理认知负荷的关键是优化问题。合理优化内在认知负荷,尽量减少外在认知负荷,努力扩大关联认知负荷,才有利于学习。上面介绍了改善学生学习的 12 个认知负荷效应,提出合理管理认知负荷的 7 大策略,可以为提高物理学习的有效性提供指导。

思考与实践

1. 简述认知负荷理论对物理教与学的意义。
2. 试从认知负荷的视角,谈一谈如何优化一堂物理课?
3. 基于认知负荷的理论,谈一谈如何设计一堂物理课?
4. 基于认知负荷的理论,谈一谈如何评价一堂物理课?
5. 请你设计一个研究方案,调查中学生物理学习中认知负荷的现状。

参考文献

[1] SWELLER J, Cognitive load during problem solving: effects on learning[J]. Cognitive science, 2010, 12(2).

[2] CHANDLER P, SWELLER J, Cognitive load theory and the format of instruction[J]. Cognition and instruction, 1991, 8(4).

[3] SWELLER J, CHANDLER P, Cognitive load theory, learning difficulty, and instructional design[J]. Learning and instruction, 1994, 4(4).

[4] FRED G W, et al. Measurement of cognitive load in instructional research[J]. Percept mot skills, 1994, 79(1).

[5] PAAS F, RENKL A, SWELLER J. Cognitive load theory and instructional design: recent developments[J]. Educational psychologist, 2003, 38(1).

[6] PAAS F, LIESBETH K, et al. Learner and information characteristics in the design of powerful learning environments[J]. Applied cognitive psychology, 2006, 20(3).

[7] POLLOCK E, CHANDLER P, SWELLER J, Assimilating complex information[J]. Learning and instruction, 2002, 12(1).

[8] 龚德英. 多媒体学习中认知负荷的优化控制[D]. 重庆: 西南大学, 2009.

[9] 沈文炳. 基于认知负荷理论的"楞次定律"教学[J]. 物理教学探讨(中学教学教研版), 2012(8).

[10] MAYER R E. Aids to computer-based multimedia learning[J]. Learning and instruction, 2002, 12(1).

[11] RENKL A, ATKINSON R K, GROBE C S, How fading worked solution steps works: a cognitive load perspective[J]. Instructional science, 2004, 32(1-2).

[12] VAN MERRIENBOER J G, SWELLER J, Cognitive load theory and complex learning: recent development and future directions[J]. Educational psychology review, 2005, 17(2).

[13] AYRES P, Impact of reducing intrinsic cognitive load on learning in a mathematical domain[J]. Applied cognitive psychology, 2006, 20(3).

[14] 孙崇勇, 刘电芝. 认知负荷主观评价量表比较[J]. 心理科学, 2013(1).

[15] 庞维国. 认知负荷理论及其教学涵义[J]. 当代教育科学, 2011(12).

[16] 辛自强, 林崇德. 认知负荷与认知技能和图式获得的关系及其教学意义[J]. 华东师范大学学报(教育科学版), 2002(4).

[17] 张睆, 辛自强. 基于认知负荷理论的数学学优生教学[J]. 教育学报, 2010(3).

[18] 董斌. 认知负荷理论对物理教学设计的启示[J]. 物理教学探讨, 2011(9).

[19] 张敏, 张军朋. 初中分组实验学习中认知负荷的调查研究[J]. 物理通报, 2014(8).

第 7 章　物理学习兴趣

> **学习目标**
>
> 1. 知道兴趣与学习兴趣的概念,知道学习兴趣的分类。
> 2. 理解物理学习兴趣产生的心理机制。
> 3. 了解中学生物理学习兴趣的状况。
> 4. 了解国内外学习兴趣测量的研究现状。
> 5. 通过物理学习兴趣测量的一个典型案例,讨论学习兴趣测量问题。
> 6. 解释并举例说明物理学习兴趣培养与激发的策略。

　　物理学习兴趣是学生物理学习的重要条件,是物理学习的主要推动力。没有物理学习兴趣,物理的学习就成了一件"痛苦"的事情,物理学习也就难以持续下去。即便是学习能坚持下去,也很难保证物理学习的成效。如何激发和培养学生的物理学习兴趣就成为物理教师关注的一个重要问题。本章首先阐述物理学习兴趣的概念、形成、发展等,然后介绍物理学习兴趣的测量,最后从多方面提出激发和培养学生物理学习兴趣的方法和途径。

7.1　物理学习兴趣概述

　　学习兴趣问题是教育领域一个古老而又崭新的话题,是教育理论和教育实践所要解决的关键问题之一。教育家赫尔巴特(Herbart)把发展广泛的兴趣视为教育的主要目标之一,并认为主要是兴趣引起对物体正确的、全面的认识,它导向有意义的学习,促进知识的长期保持,并为进一步的学习提供动机。杜威(Dewey)也是兴趣问题最有影响的理论家之一,1913 年出版了专著《教育中的兴趣和努力》,提出以兴趣为基础的学习的结果与仅仅以努力为基础的学习的结果有质的不同。

7.1.1　兴趣与学习兴趣的概念

　　心理学认为:兴趣是力求认识、探索某种事物的心理倾向,是人对客观事物的一种内在趋向性和内在选择性。人们在从事感兴趣的活动时,总伴随着一种积极的、愉快的情绪体验;相反,在从事不感兴趣的活动时,总伴随着一种消极的、厌烦的情绪体验。

　　学习兴趣是指一个人对学习的一种积极的认识倾向与情绪状态。学生对某一学科有兴趣,就会持续地专心致志地钻研它,从而提高学习效果。从对学习的促进来说,兴趣可以成为学习的原因;从学习能产生新的兴趣和提高原有兴趣来看,兴趣又是在学习活动中产生的,可以作为学习的结果。所以,学习兴趣既是学习的原因,又是学习的结果。

　　学习兴趣是学习积极性中很现实、很活跃的心理成分,它在学习活动中起着十分重要的作用。学生的学习积极性往往以自己的学习兴趣为转移,年级越低表现越明显。当一个学生对某一学科发生兴趣时,他总是积极主动、心情愉快地去进行学习,而不会觉得是一种沉重的负担。否则,学生就可能只是形式地、勉强地去学习。例如,一个学生初学物理时,感到很困难却坚持学习,只是因为他认识到学习物理很重要,但对物理本身并不感兴趣,这时他主要依靠意志来完成学习任务。如果他经过努力学习,掌握了物理知识,取得了一定的成绩,逐步对物理本身感兴趣了,他便不再以学习物理为苦,而是以学习物理为乐了,只有在这时,学生学习的积极性才能更好地发挥出来。所谓"知之者不如好之者,好之者不如乐之者",就是这个道理。因此,学习兴趣是学习的最佳动力。

7.1.2 学习兴趣的分类

学习兴趣是多样的,依照不同的划分标准可以将学习兴趣进行不同的分类,下面介绍两种典型的学习兴趣分类。

1. 直接学习兴趣与间接学习兴趣

根据学习兴趣所指向的目标不同,可以将学习兴趣划分为直接学习兴趣和间接学习兴趣。直接学习兴趣是由所学材料或学习活动本身直接引起的,具有暂时性。例如,学生对一堂生动的课、电影、歌曲等的兴趣就是直接兴趣。间接学习兴趣是由学习活动的结果引起的,具有明显的自觉性。当一个人意识到学习与自己的关系或学习的社会意义时,学习兴趣就随之产生。例如,学生会为了得到父母、教师的赞赏,同学、朋友的尊重,或者为了在考试中得到好分数,在竞赛中取得好成绩等努力学习,学习兴趣便在这些动因中慢慢产生;另外,当学生为了集体、国家的利益,意识到学习的目的和重要性时,也会产生学习兴趣而努力学习。

直接学习兴趣与间接学习兴趣常常是融合在一起的,即学习兴趣既有直接学习兴趣的成分,又有间接学习兴趣的成分。实践表明,对学习的直接兴趣是提高学习质量最有利的因素。

2. 个体学习兴趣与情境学习兴趣

从兴趣结构特征的角度,可以将学习兴趣划分为个体兴趣与情境兴趣。一般认为,个体兴趣是由个体的心理倾向性引起的,是随着时间不断发展的、一种相对稳定持久且与某一特定主题或领域有关的动机取向、个人倾向或个人偏好,常常与知识的增长、积极的情绪和价值的增加相联系。情境兴趣是由当前学习环境里的某些条件和刺激在个体中产生的兴趣,它常常对个体的知识和参照系统只有短暂的作用和边缘性影响。但情境兴趣也可能具有更持久的作用,并成为个人兴趣产生的基础。情境兴趣在一定的条件下可以发展为相对持久的个人兴趣。可见,这两种兴趣并不是独立发生的两分现象,它们在发展中是相互影响的。学习兴趣作为学习的一种心理状态,是个体的个人兴趣与有趣的环境特征相互作用而产生的心理状态,是特定情境中的个体与具体的刺激材料相互作用的结果。

7.1.3 物理学习兴趣的产生

学生的物理学习兴趣并非无中生有,而是在物理学习需要产生的基础上,在物理学习活动中通过自身的意志力,克服困难,获得成功,使学习需要得到满足,从而逐渐产生并发展的。具体说来,物理学习兴趣的产生主要有以下几个因素影响。

1. 物理学习需要是物理学习兴趣产生的内部动因

兴趣是在需要的基础上产生和发展的。需要,指的是个体在生活中感到某种欠缺而力求获得满足的一种内心状态。一个人只有对某种客观事物产生了需要,才有可能对这种事物产生兴趣。相应地,学习需要,指的是学习者在学习中感到某种欠缺而力求获得满足的一种内心状态。只有对学习产生了需要,才有可能对学习产生兴趣。学生的学习兴趣是在学生有学习需要的基础上产生和发展的。首先,学生感受到了学习物理知识的必要性,进而对物理产生了学习需要,继而在进一步的学习中对物理产生学习兴趣。一般说来,学习需要的发展趋势是从低级向高级。因此,学习兴趣也是不断由低水平兴趣发展到高水平兴趣。在原有的学习需要得到满足之后,学习需要并不会减弱,而是促使学生产生新的、更高级的需要,因而产生更高水平的学习兴趣。这样,学习需要—学习兴趣—成功(学习需要的满足)—新的学习需要—更高水平的学习兴趣,不断循环往复,这就使原来的学习兴趣得到发展。

2. 意志力是物理学习兴趣产生的主观条件

意志力可以产生学习兴趣,是学习兴趣产生过程中必不可少的因素。学生在学习物理时,往往会遇到不少困难,而为了达到一定的目的,就必须依靠意志力去克服困难,专心致志地学习,直到成功。而成功会使人产生满足感,这种愉快的情绪体验又使我们产生了学习兴趣,从而全身心地投入感兴趣的学习中。虽然学习需要是学习兴趣产生的内在动因,但只有学习需要也不能产生学习兴趣,还必须把学习需要付诸行动,并用顽强的意志去克服学习中遇到的困难,并坚持不懈,直至学习需要得到满足,才能形成学习兴趣。坚强的意志力是学习兴趣产生的重要内在因素,在很大程度上影响着结果,也就是影响着学习需要是否得到满足。因此,有人认为:学习兴趣的产生是意志力作用的结果。意志力在一个人形成学习兴趣的过程中起着关键性的作用。对学习产生了需要之后,要使学习需要得到满足,就离不开意志力。

3. 物理学习兴趣在物理学习活动中形成

兴趣以人的需要为内在基础,而人的需要又产生于社会实践活动,因而兴趣大都在社会实践活动中形成和发展起来。同理,学习兴趣以学习需要为内在基础,而学习需要往往产生于学习活动中,所以学习兴趣大都在学习活动中形成和发展。学习兴趣的水平随着学习活动内容的增加、难度的加深、学习需要水平的提高,逐渐得到丰富和提高。另外,对于学生来说,学习活动范畴的广阔性、内容的丰富性,会影响学习兴趣的广度和深度。学生经常参加科技创新比赛、物理课外活动,那么他对物理课外活动的意义也有所认识,因此容易产生物理学习兴趣。学生由于对物理产生学习需要从而发展了对物理课外活动的兴趣,对物理实验的兴趣、对物理竞赛的兴趣,并逐渐发展到认识自然规律的兴趣。

人的兴趣不是天生的,而是在后天的生活过程中逐渐形成和发展起来的。兴趣也是以需要为基础的,虽然不是所有的需要都会产生兴趣,但是符合需要的事物,都可能引起人的兴趣。学生的学习兴趣正是基于对知识的需要而发生的。同时,兴趣又是通过实践活动而形成的。人在实践活动过程中,总是不断发现问题并不断解决问题,也就不断产生新的需要,因而兴趣也就在实践过程中不断地丰富,不断地形成和发展起来。因此,学习兴趣总是在求知需要的基础上发生,并通过学习的实践活动逐步地形成和发展。它既是过去学习的产物,也是促进今后学习的动力。

学习兴趣发源于内部动机愿望。学习兴趣在读书的行动中获得满足而巩固、加深。有读书的动机和愿望，但没有读书的行动，不会产生学习兴趣；有愿望也有行动，但行动结果不令人满意，也难以产生兴趣，即使产生也不能维持长久。

学生学习行动的满足感受两方面因素支配，因学得好而受到称赞、奖励，获得荣誉，这是外在因素；通过学习，获得某种启迪和灵感，受到教益，思想开了窍，或学会某种技能，有了真本领，从而有了获得知识与技能的满足感，这是内在因素。

对行动的反馈，会使由学习需要产生的学习动机、愿望得到强化，使兴趣转化为动机，或直接加强动机。这样，就形成了"需要—学习动机—学习行动—结果满足—学习兴趣"这一模式。这就是学习兴趣产生的过程。

7.1.4 物理学习兴趣产生的心理机制

机制指的是一个复杂的工作系统，而系统是指同类事物按一定关系组成的整体。兴趣产生的心理机制也就是兴趣产生的工作系统，以及这一系统的各个组成部分及其内在联系，并力求从心理上进行解释。学习兴趣产生的心理机制主要包含两方面：一方面是学习兴趣良性循环的心理机制；另一方面是学习兴趣恶性循环的心理机制。

学习兴趣良性循环主要有以下三个组成部分：成功、积极的情绪体验、积极的评价。

成功能带来兴趣。通常，我们能做好的，我们就喜爱它；我们做不好的，我们往往就不喜欢。因此，学生如果在学习中获得成功，他们就更容易产生学习兴趣。兴趣不是天生的，兴趣是后天在学习活动中逐渐形成的。多次调查表明，学生的学习成绩与学习兴趣成正比，学习兴趣促使学生取得更大成功，学习成功激发学生产生更高水平的学习兴趣。

积极的情绪体验，是形成学习兴趣必备的内在因素。学习兴趣的形成，有一定的外部诱因，而这些诱因之所以起作用，是因为它引起了人的学习活动并通过活动触动了情感，产生了愉快的情绪体验，于是学习兴趣就产生了。这种愉快的情绪体验的反复作用，使学习兴趣不断地发展并得到巩固。学生学习兴趣的形成在很大程度上由他们对学习的情绪体验决定。只有当学生因为知识的丰富感到开心愉悦，体验到拥有知识的满足时，才能真正体会到学习的乐趣，才能越学越爱学，学习兴趣不断提高。

积极的评价能增强学生的自信心。一般说来，一个学生如果学习成绩优秀，常常会得到老师家长的好评，成为同学称赞的对象，他因此也会对自己做出积极肯定的评价。在接下来的学习中，他的自信心就更强，而自信心是对学习产生兴趣的首要前提。

综上所述，我们可以将兴趣良性循环的过程，也就是兴趣良性循环各部分间的关系总结如图 7-1 所示。

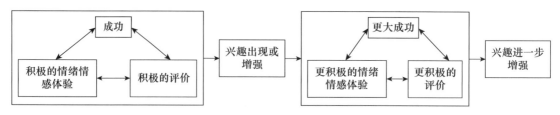

图 7-1 兴趣良性循环流程图

通过对兴趣良性循环过程的分析,相应地,我们也可以总结出兴趣恶性循环的组成部分:失败、否定的情绪体验、否定的评价。这些部分相互间的关系总结如图 7-2 所示。

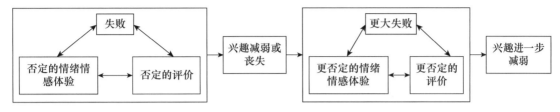

图 7-2　兴趣恶性循环流程图

7.1.5　学习兴趣的发展

人的兴趣从无到有、从不稳定到稳定要经历一个发展的过程。一般说来,它有以下三个依次推进的阶段:有趣—乐趣—志趣。同样,学习兴趣也经历有趣、乐趣到志趣的三个发展阶段,其标志分别为好奇心,求知欲,中心兴趣。

1. 有趣

有趣是兴趣发展的第一阶段。觉得有趣是兴趣发展的低级阶段,其标志为好奇心。一般来说,它是由事物外在的新异现象所吸引而产生的直接兴趣,往往是由好奇心引发产生的。好奇心是学生对新异事物积极探求的一种心理倾向。好奇心主要表现在好问、好动上,它的特点是随生随灭,持续时间短暂,因此,处于有趣阶段的基本特点是:持续短暂。有趣还有一个突出特点——情境性,它随着一定情境的出现而产生,又随着一定情境的消失而消失。基于此,有时也把有趣现象叫作情境兴趣。情境兴趣是指在一定具体教学情境中对认知对象所产生的兴趣。情境兴趣的出现意味着,学生对学习的肯定性态度的出现,学生对学习已具有一定主动性,表现为愿意学。情境兴趣的形成标志着学习活动的成功。因此,觉得有趣是学生对学习内容踏出的第一步,在学习中起到十分重要的作用,使学生由被动地接受学习到主动地学习。尽管如此,由于该兴趣水平处于较低阶段,有趣现象并不稳定,应该逐渐将其转化为更高水平的乐趣。

2. 乐趣

乐趣是兴趣发展的第二阶段,是在有趣的基础上发展起来的定向活动。乐趣产生的标志就是求知欲。求知欲是人们积极探求新知识的一种欲望,它带有浓厚的情感色彩。乐趣往往与快乐的情感体验相结合。求知欲一旦产生就可以成为学习的动力,它不仅是学生走上科学之路的诱因,还是促使学生进行创造性活动的动机。乐趣的特点是:基本定向、持续时间较长、有快乐的情感体验。随着年龄的增长,儿童从喜欢多种事物的现象开始分化,其兴趣逐渐开始集中到某些事物之上,这时会出现儿童对某几门科目产生特别浓厚的学习兴趣,而对其他科目则表现出不太有兴趣,这表明其兴趣的发展阶段从有趣发展到了乐趣。乐趣与有趣相比较为稳定,也称作稳定兴趣。所谓稳定兴趣是指脱离具体的教学情境,学生长期地集中于某一对象的兴趣。稳定兴趣的出现表明学生已经能够自觉地进行学习,并不需要借助强烈的外力,能够自发主动地去学习,也说明学生积极学习态度的初步形成。由于乐趣是由学生的愉悦感来维持的,并不具有很强的稳定性,因此学生应当将乐趣与自身的志向相联系,使得乐趣逐渐发展成为更高阶段的志趣。

3. 志趣

志趣是兴趣发展的高级阶段,是在乐趣的基础上发展起来的,是兴趣与志向相结合后的产物,其特点是:积极自觉,持续时间长,甚至终生不变,产生职业感。由于志趣是兴趣与志向的相互统一,因此也称为志向兴趣。学生对某一认知对象的专注已具有自觉和理性的成分,成为学生的一种内在需要和个性特征的一种外在标志。志向兴趣的出现意味着学生积极学习态度的最终形成,将对学生的终身发展产生积极影响。

7.1.6 中学生物理学习兴趣的状况

物理学习兴趣,指学生力求认识物理现象和物理过程,并带有积极情绪色彩的认识倾向。中学生物理学习兴趣主要有以下几种状况。

1. 直觉兴趣

直觉兴趣主要表现在学生只满足于被新奇的物理现象所吸引,喜欢观察鲜明的、生动的物理现象和实验。一般而言,人的年龄越小,直觉兴趣表现越明显。在物理学的启蒙教育中,学生就是带着这种直觉兴趣来学习物理的。处于这一阶段的学生一般只满足于观察有趣的物理现象,并未产生进一步了解这种物理现象产生的原因和因果关系的欲望,而且这种直觉兴趣是不稳定的,也不能持久。

2. 操作兴趣

在物理学习过程中,学生要求通过自己的活动对物理现象施加影响。他们对物理操作表现出浓厚兴趣。希望能亲手做一做实验,哪怕只是操作简单的仪器。他们有了解如何引起或改变物理现象以及进行亲自操作的实验尝试的要求。这种操作兴趣的水平较直觉兴趣有所提高,但他们往往忽视对物理本质现象的认识,一旦操作的愿望得到满足,兴趣也就不浓了,甚至消失了。相当一部分初中生,特别是男生具有这种兴趣。

3. 因果兴趣

随着学生物理知识的增加、年龄的增大和年级的递增,学生学习物理的兴趣中心已由了解怎样改变物理现象发展到进一步探求物理现象变化的原因,理解它的物理本质。当知道了一个物理现象的原因时,又想知道这个现象发展下去将有怎样的结果,而当知道了现象的结果时,还想知道造成这种结果的原因,也就是对事物的因果关系特别感兴趣,学生平时总爱追问为什么,常常是这种兴趣的表现。

4. 理论兴趣

理论兴趣表现在,学生不满足于观察实验直接取得的具体结果,不满足于了解特定的局部物理现象的因果联系。总要求通过个别事物的因果联系找到和掌握更多事物乃至整个物理世界的一般规律,物理规律的普遍性对他们具有很大吸引力。少数具有参加物理竞赛水平的高中学生,对综合性强的高难度物理习题特别感兴趣,热衷于分析、综合、归纳、概括等思维活动,往往就是这种兴趣的表现。然而,在中学物理学习中,达到这种兴趣水平的学生只是极少数。

概括起来,上述四种兴趣可分为两个层次:直接兴趣和间接兴趣。直觉兴趣和操作兴趣属于直接兴趣,因果兴趣和理论兴趣属于间接兴趣。一般而言,兴趣多是从对物理现象本身的认识开始的,逐步转向对其内部规律的认识,兴趣的发展是逐渐由直接兴趣向间接兴趣转变的。因此,中学物理教学首先要重视直接兴趣,从认识物理现象本身的兴趣开始,重视建立物理图景,展现物理现象和过程,又要不失时机地转向引起事物内部规律的间接兴趣,使兴趣不断得以深化。

初中学生学习物理的兴趣主要是直接兴趣,其特点是新奇、具体、操作、实践。因此,在初中物理教学中重视引导学生观察,加强物理实验,不仅是物理学科本身特点的需要,也是适应学生的学习心理和培养学生学习兴趣的需要。高中学生比初中学生的学习兴趣更加集中,直接兴趣与间接兴趣同时起作用。其最大特点是兴趣和目标有了联系,相比而言间接兴趣起更大作用。因此,高中阶段,较多地运用物理教学的哲理性,并且注重方法论教育,把物理学习和学生的人生目标相结合,是激发兴趣的重要方法。

7.2 物理学习兴趣的测量

作为一名一线教师,可能会有这样的感受:有时一堂课下来趣意丛生而感时间飞逝,有时一堂课却令人困意丛生而感时间煎熬。这其中的奥妙,就在于能否激发教与学的兴趣。研究表明:兴趣对学生的学业成绩、注意分配、加工水平、阅读理解和努力程度等都会产生积极的正向作用。但任何立足于兴趣作用机制和影响的实证研究,都不可能不对学生的学习兴趣进行测量。近30年来,国内外有关学习兴趣的测量研究已经取得了长足的进展,围绕着个体兴趣等兴趣类型发展出了许多不同内容、不同形式和不同风格的测量工具,对这些测量工具的分析、归纳与总结,将为编制适合我国教育教学背景的兴趣测量工具提供理论基础和实践参考,并有助于推进兴趣研究及拓展兴趣研究的领域。

7.2.1 国内外学习兴趣测量的研究现状

1. 国内学习兴趣测量的研究现状

国内有关学习兴趣的测量主要针对学科展开,历经了学习兴趣简单调查、学科学习兴趣集中测量、学习兴趣动因分析三个阶段。整体而言,国内对学习兴趣的测量仍处于初步探索的阶段,极少数具有良好信度、效度的学习兴趣测量工具,大都是对西方学习兴趣测量工具的引进与改造;对学科学习兴趣的过分重视,导致对学习兴趣动因的忽略;对学科学习兴趣的测量以单一题项、单一维度的简单调查居多。

2. 国外学习兴趣测量的研究现状

国外学习兴趣测量工具主要针对个体兴趣、情境兴趣、主题兴趣三大类型,还包括少数并不常见的、针对其他学习兴趣类型的测量工具,如感知兴趣等。情境兴趣测量中既有对整体的测量,也有对成分的测量。

总的看来,学习兴趣的测量几乎全部采用了自评的方式,测量工具的项目数从1到40不等,但以5、6道题居多,计分方式有4、5、6、7、9点计分,但以5点和7点计分最多。量表以单一维度居多,有子维度的量表,一般都会计算子维度均分(子维度总分/题项数),当仅有一个维度时,只计算总均分(总分/题项数)。学习兴趣测量的对象大体可划分为四类:初高中各学科、课堂教学情境、学习材料(文章、段落等)、其他主题(运动、电影等),这些内容大体涵盖了初高中学生可以接触到的、微观教与学环境中的所有情境因素,而且还包括部分成人生活主题。就学习兴趣测量的内容来看,个体兴趣与主题兴趣主要围绕着情感或感情、价值(重要性)和知识三个成分展开,其通行的测量模式是:就某学科、某文本、某主题和某活动,按重要性、喜欢程度或情感体验及先前背景知识三个方面进行自评,或者按维度计均分,或者按题项数目计总均分。而情境兴趣的测量则主要集中在课堂教学和学习材料两个方面,两个方面的测量均包括激发与维持两个层面,其测量内容基本涵盖了可以激发和维持学生情境兴趣的所有重要的外部教育因素。主题兴趣测量主要还是针对三种得到广泛认可的兴趣类型,但也有少数研究对其他类型的兴趣进行了测量,如情感与认知兴趣、自发性兴趣(Spontaneous Interest)与目标导向兴趣、任务兴趣与感知兴趣(Perceived Interest)。

7.2.2 物理学习兴趣测量的一个典型案例

由于物理学习兴趣对物理学习有重要的作用,所以不少研究者编制了中学生物理学习兴趣量表,希望通过学生带有学习兴趣特征的行为表现和心理活动表现,来测量和评价学生的物理学习兴趣。胡象岭教授的研究团队对物理学习兴趣的测量做了长期的探索,设计开发并多次修改了中学生物理学习兴趣量表,该量表被认为是一种对中学生物理学习兴趣量化评价的有效形式。本部分将以胡象岭及其学生高光珍编制的量表为例,讨论如何测量学生的物理学习兴趣。

1. 量表的编制原则

要开发一份质量高的量表,首先要确立编制原则,可以从量表内容、形式等方面确立量表编制的原则。

在量表内容方面,量表编制最重要的原则是测量的内容应是物理学习兴趣,因此要注意以下几点。

第一,物理学习兴趣是学生在课上、课下等各个学习环节表现出来的兴趣,不只是在某一个学习环节表现出来的兴趣。因此,量表要评价学生在各个学习环节的倾向性。

第二,物理学习兴趣不仅包括对物理现象的直觉兴趣、对物理实验的操作兴趣,还应包括对因果认识的兴趣以及认识普遍规律的兴趣。因此,量表测量的项目应全面。

第三,兴趣是一种心理倾向,学生对物理有学习兴趣不仅表现在有积极的学习行为,还伴有积极的情绪体验。因此,量表不仅应包括描述行为的题目,还应包括描述内心感受以及体验的题目。另外,题目还应反映学生对物理有兴趣或者无兴趣的典型特征。

在量表形式方面,学习兴趣的测量比较适合用自陈量表的形式。自陈是测量个性常用的方法。自陈即要求被试根据陈述句中描述的行为特征做出是或者否的回答。

2. 量表的开发过程

(1) 预测量表的编制过程

第一步:初步确定物理学习兴趣量表的结构

在分析心理学、物理教学论及已有物理学习兴趣量表等相关文献基础上,根据量表编制原则,进一步理论分析,初步提出中学生物理学习兴趣的测量因素。

第二步:初步编制物理学习兴趣量表的项目

根据以下三方面来初步确定物理学习兴趣量表的项目:其一,可以借鉴已有学习兴趣的量表,分析有哪些典型特征能反映学生的物理学习兴趣;其二,可以分析所搜集到的与学习兴趣有关的论述,根据自身经验和对中学生的观察,总结中学生对学习活动感兴趣与不感兴趣的行为特征;其三,可以通过对物理教学法的专家及中学老师进行访谈,请他们列出一些能反映中学生物理学习兴趣的典型特征。通过对以上典型特征的归纳分析,形成物理学习兴趣各因素的项目。

第三步：筛选、修订项目

删除初步编制的项目中重复的内容,修订表述不确切以及行为特征不够典型的项目。

第四步：初步确定预测量表的内容

预测量表包括兴趣水平量表和说谎量表。兴趣水平量表为自陈量表,均为陈述句,每句描述一种学生对物理感兴趣或不感兴趣的典型行为、感受等特征,要求被试给出是或否的回答,题目形式为是非式。题目包括正向题和反向题,正向题答"是"得1分,反向题答"否"得1分。说谎量表包括完美性检测题和对偶检测题,都是用来检测被试回答的真实性的。在完美性检测题中,一部分描述的内容是一般人难以做到的,另一部分描述的内容是一般人都几乎存在的问题。如果一个人对前者的大部分题目做了肯定的回答,对后者的大部分题目做了否定的回答,说明回答不真实。若不真实回答的数目达到一定量,则该卷被视为废卷。在对偶性检测题中,每一对对偶题的内容是相似的,若回答不相依,说明回答不真实,计1分,分数达到一定值时,该卷被视为废卷。

(2) 正式量表的形成过程

第一步：预测样本

为了保证样本的代表性,样本应从多个学校抽取,并且应包含各个年级,重点班及非重点班,男女生人数基本均衡。以班级为单位进行整体施测。

第二步：对预测结果进行项目分析

使用 SPSS 软件计算每个项目的区分度,检验项目是否有足够的鉴别力,数据统计结果见表 7-1。

表 7-1　预测结果的项目分析

项目	标准差	鉴别指数或项目	与总分相关
1			
2			
……			

如果某项目标准差、鉴别指数或项目与总分相关小于 0.3,表明该项目没有足够区分度或者对总量表贡献小,不能很好地反映量表要测量的内容,在正式量表中应剔除。经过项目分析,剔除相关小于 0.3 的项目,保留其余项目。(鉴别指数：物理学习兴趣水平量表总得分的高分组与低分组在每个项目上通过率的差异。)

第三步：对预测结果进行多次探索性分析

用 SPSS 软件对项目进行探索性因素分析,用主成分分析法,保留特征根大于 1 的因子,为了解释提取的因素,用正交旋转。删除项目原则：删除因素负荷小于 0.4 的项目；删除同时与几个因素有高负荷的项目；删除项目数少于 3 个的因素所含的项目。通过因素分析,分析出有哪些因素以及每个因素对应的项目,并形成物理学习兴趣水平的正式量表。

第四步：确定正式量表的内容

正式量表与预测量表相比,主要是筛选修订了预测量表中的项目,并通过因素分析,重新分析了量表包含哪些因素。正式量表同预测量表一样也包括兴趣水平量表和说谎量表。兴趣水平量表为自陈量表,均为陈述句,每句描述一种学生对物理感兴趣或不感兴趣的典型行为、感受等特征,要求被试做出是或否的回答,题目形式为是非式。题目包括正向题和反向题,正向题答"是"得1分,反向题答"否"得1分。说谎量表包括完美性检测题和对偶检测题,都用来检测被试回答的真实性。在完美性检测题中,一部分描述的内容是一般人难以做到的,另一部分描述的内容是一般人都几乎存在的问题,如果一个人对前者的大部分题目做了肯定的回答,对后者的大部分题目做了否定的回答,说明回答不真实,若不真实回答的题目达到一定量时,则该卷被视为废卷。在对偶性检测题中,每一对对偶题的内容是相似的,若回答不相依,说明回答不真实,计1分,分数达到一定值时,该卷被视为废卷。

3. 量表的应用

应用编制好的物理学习兴趣量表,测量中学生物理学习兴趣,进一步研究学生物理学习兴趣的总体情况,物理学习成绩与学习兴趣的关系,物理学习兴趣与年级、性别等的关系。通过以上研究,了解中学生物理学习兴趣的现状及其影响因素等。多个不同地区的调查研究均表明,中学生物理学习兴趣水平不高,处于中等水平,并且对因果认识、普遍规律的认识兴趣均偏低;物理学习成绩较好的学生的学习兴趣比物理学习成绩较差的学生的学习兴趣高;男生和女生在学习兴趣各因素上均存在显著性差异,男生的物理学习兴趣高于女生;学生的年级对物理学习兴趣各因素的影响达到了显著性水平,不同年级有明显差异。

7.2.3 学习兴趣测量问题

尽管在检验教学效果的研究中,学习兴趣的测量与评价得到了重视,学习兴趣的测量仍存在以下一些问题。

1. 主题兴趣与个体兴趣的测量内容有重叠

同样以学科、文本、学习活动为测量对象的研究,有些使用的是主题兴趣,有些使用的是个体兴趣。实际测量中,就学生对某学科的兴趣而言,尽管主张主题兴趣与个体兴趣大体相同也不为错,但也不应忽略两者的重要区别。研究发现:个体兴趣对主题兴趣具有显著预测作用,对符合学生个体兴趣且学习材料本身具有极强情境兴趣的知识内容,学生们表现出了更高的主题兴趣。由此看来,个体兴趣是主题兴趣的影响因素,与主题兴趣相比,个体兴趣更具稳定性和广泛性,与个体兴趣相比,主题兴趣较不稳定,只针对具体的知识主题、活动和文本段落,但如果仅针对具体的文本片段,主题兴趣又将与情境兴趣无异。因此,如果仅针对具体学科或某个子领域,如声学,最好使用主题兴趣一词,如果是针对更广泛的学科领域,如物理学,则最好使用个体兴趣一词。有学者根据知识领域广泛性程度的差异,将个体兴趣区分为领域兴趣与主题兴趣,这一划分是非常值得借鉴和有价值的。

2. 情境兴趣测量中忽略了教师的作用

尽管情境兴趣的测量涵盖了课堂教学中的许多外部因素,如课堂教学情境及学习材料的特征等,但明显忽视了教师在激发学生情境兴趣中的作用,这使得所有测量情境兴趣的工具独缺了教师一角。研究发现:学生对知识精通、沟通良好、关心自己并对自己感兴趣的教师会产生明显偏好,在具有这样特征的教师的课堂上,学生不但有着无比高涨的学习兴趣,还体验到了更加强烈的愉悦感。

3. 学习兴趣测量工具的信效度检验单薄

大多数研究仅报告了内部一致性系数而未对量表的结构效度进行进一步验证,尽管有些研究进行了探索性因素分析,却未进行验证性因素分析。薄弱的信效度研究,极有可能会增大研究的误差,掩盖研究结果的统计显著性,进而导致许多研究结果间的不一致。更为严重的是,几乎没有什么研究考查测量工具的效标关联效度,如果我们不对量表的区分与聚合效度进行细致而深入的考查,又怎么能确知所有测量工具是否真的测量到了兴趣呢?这一情形终将会危及所有兴趣测量工具的效度,进而可能会导致研究者对兴趣这一概念产生怀疑。科学严谨的学习兴趣测量工具,必须具有详细的信效度检验报告,不但如此,还必须在应用研究中不断完善其信效度指标,建立一个比较系统的有关该测量工具的信效度指标体系。国外许多测量学习兴趣的工具不但未建立起详尽的信效度指标体系,而且在针对情境兴趣、个体兴趣与主题兴趣测量中,混淆了这三者间的实质差异。未来研究中,对学习兴趣的测量必须首先保证工具具有高的区分效度,也即在测量这三类学习兴趣中,如果三份工具具有高的区分效度,就必须保证在测量个体兴趣中,被试在个体兴趣测量工具上的得分最高,而在情境兴趣测量工具上的得分较低,反之,被试在情境兴趣测量工具上的得分最高,在个体兴趣测量工具上的得分最低。

4. 学习兴趣测量与评价的本土化和学科化问题

在对我国学生的学习兴趣进行测量时,需要考虑我国学生的社会性倾向,也即社会性兴趣取向。在形成相关测量工具的过程中,我国学生学习兴趣的目标与对象、发展与转化、内容与意义都会显现出与西方学生不同的特征,而且学习兴趣产生的过程也会具有鲜明的文化特色。譬如,西方学生对科学的热爱,可能更少受家庭教育的影响,而我国学生对某类职业和专业的偏好,可能很大程度上受到了亲朋和家庭的决定性影响。

5. 自我评定的方式降低了量表的效度

自我评定的方式会导致系统性的实质偏差,进而影响到研究的结果,针对此问题,少数研究者开始尝试使用其他方式来测量兴趣,如出声报告法,相信在不久的将来,认知神经科学领域的脑电、脑磁及眼动技术,也将会逐渐被应用到兴趣研究中。

7.3 物理学习兴趣的培养与激发

法国教育家卢梭说过:"问题不在于教他各种学问,而在于培养他有爱好学问的兴趣。"培养学生的学习兴趣,是指学生从没有学习需要或很少有学习需要,到产生学习需要的过程。激发学生的学习兴趣,是把已形成的潜在的学习需要调动起来,也就是把学习的积极性调动起来。培养是激发的前提,而在激发学习兴趣时,又进一步培养和加强了已有的学习兴趣。实际上,许多措施往往同时起到培养学习兴趣与激发学习兴趣的作用。那么,在物理教学中怎样培养和激发学生的物理学习兴趣呢?

7.3.1 上好第一节课

好的开始就等于成功的一半,特别对于八年级的学生刚开始学习物理课程,对于物理总是存有好奇心,充分利用他们的好奇心对培养学生学习物理的兴趣尤为重要,所以上好第一节物理课非常重要。为此教师要精心准备,设置一些让学生去思考、去探究的问题,吸引学生主动地学习。例如,给学生做一些有趣的实验,提出问题让学生思考。如用三棱镜做光的色散实验,提出一束太阳光通过三棱镜后,你会看到什么现象?为什么太阳光通过三棱镜后,会出现七种颜色的光?让学生先预测,再观察,然后再问为什么;再有,用滚摆做能量转化的实验,滚摆下降又上升,为什么呢？还可以向学生提出一些意想不到的问题,如你能用手抓住空中飞行的子弹吗？学生肯定说不能,可是在第二次世界大战中一位飞行员就能像抓昆虫一样抓住一颗飞行的子弹,这是为什么呢？再如讲"热传递"时,"开水煮活鱼而鱼不死",这又是为什么呢？通过设疑,恰当地提出问题,激发兴趣,引发思维,让学生在无尽的问题中产生求知欲,最后告诉学生这些问题都将在我们的物理课中得到解答,让学生带着无限的遐想和渴望进入物理课程。

7.3.2 展示教师的魅力

重视给学生的"第一印象",把第一堂物理课讲得精彩,使学生听得入迷,让学生感受到上物理课是一种享受,从而感到高兴和愉快,并认为物理不难学,由此产生一定要学好物理的信念,这样就会初步建立起学好物理的兴趣。当然这是建立在教师对物理教学有浓厚兴趣基础上的,这就给教师提出比较高的要求。

① 教师不仅要有扎实的物理专业知识,还要有渊博的科技知识,比如精通维修电器,而且在上课时能穿插一些课本上没有的知识,学生觉得新鲜好奇,就会产生对老师的钦佩之情,从而产生学好物理的热情。

② 用幽默通俗的教学语言影响学生,学生感到物理课是有趣的、易学的、易懂的,而不是抽象的、枯燥的、难学的,这样学生也愿意学习物理。

③ 教师要对学生有深厚的感情。动之以情,晓之以理,老师爱学生,学生爱老师,师生互动,相互配合,达到师生之间在感情上的共鸣,使老师和学生在感情上融为一体。学生愿意向老师倾诉真实的想法,独立完成每一次的作业,而不是为了欺骗老师随便抄作业来应付任务。所以老师在提高学生学习物理的兴趣时,尤其是针对差生时,应在情感上多给学生良好的、正面的鼓励,比如一句赞美的话语或者一个赞同的手势,在课堂上也可以让他们回答一些简单的问题,在学生作答以后,用类似"你回答得很好"等语句来给予学生热情的鼓励,避免讽刺等负面反馈,这样更能激起学生尤其是差生在学习物理情感上的涟漪。

7.3.3 恰当利用多媒体

应用多媒体的教学,具有多种感官参与、形象生动、感染力强的特点,蕴含着丰富的兴趣因素,可以直观形象地展现观察的事物,打破了教师只靠一张嘴、一支粉笔、一块黑板的简单的讲授模式,易于引起学生注意,给学生以最直接的感观体验,能激发学生学习兴趣和乐于参与教学活动的热情。例如,在讲"引言"一课时,通过播放一些物理科技现代应用的视频,给学生展示一幅幅生动的画面,这样一定会引起学生浓厚的兴趣,激发起他们强烈的探索欲望。对于在教学中抽象难懂的、用实验无法直接向学生提供直观观察的内容,例如原子核式结构、电流、机械波等,可利用多媒体课件,把抽象的内容具体化,复杂的内容简单化,无形的内容化为有形的,刺激学生的多种感官,提高他们的学习效率。

7.3.4 创设问题情境

创设问题情境,能启发学生积极思维,激发学生的求知欲,培养学生的学习兴趣。问题情境是指有一定难度,但学生又可以解决的学习情境。问题情境要与学生已有的知识经验相适应,但又不完全适应。因为研究表明,在学生已有知识和新知识之间有一定差距时,能最有效吸引学生的注意。因此，创设问题情境使学生运用已有知识，探索解决新问题，既能调动学生学习的积极性，又能让学生感到知识的不足，产生探索因果的兴趣，使思维处于积极状态。

问题情境可以通过语言直接创设，即由教师直接提出引起学生认知冲突的问题。提问既可以在学习开始时也可以在学习中或者学习结束时。在引入课题时恰当提问，创设问题情境，在一开始就吸引学生注意力，使学生的注意力集中在新课的学习中并且促进学生积极思考；在授课过程中提出问题，有利于将学生的思维引向深处，加深学生对知识的理解；在一节课结束时提问，可造成强烈的知识悬念，吸引学生在课后去思考、争论，带着疑问参与下次新课教学活动。

问题情境除了可直接通过语言来创设，还可以通过实验创设。在教学中，教师要善于利用实验创设问题情境，基本途径是：使学生已有的认识与新知识发生激烈冲突，使学生意识中的矛盾激化，从而产生问题情境。如在"动量定理"新课教学中，教师问："谁能从一人高的地方让废白炽灯泡落到水泥地上而不摔碎？"有几个学生试了一下，结果都摔碎了，但教师却能够做到使灯泡不碎。奥妙在哪里呢？将灯泡底部有锡处置于下方，这样灯泡落地时锡先接触地面，由于锡较软延长了作用时间，灯泡没碎。由于设置了以上问题情境，学生不仅全神贯注地听完了教师的揭秘，并且还进一步产生疑问：这又是为什么呢？学生对这个现象的结果产生好奇心，由此激发了他们探索其中原因的兴趣。因果兴趣使学生的注意力由了解怎样改变现象转向认识自然现象的规律。

7.3.5 重视物理实验教学

中学生是好奇心和求知欲最旺盛的年龄，任何新奇的事物都会吸引他们的注意力，引发他们对该事物的探究倾向。演示实验生动、形象，对中学生有很强的吸引力，极易唤起他们的直觉兴趣。教师要善于利用学生的好奇心，在教学过程中多做演示实验，使学生的好奇心被激发起来，思维处于积极状态，直觉兴趣得到提高。需要注意的是，处于直觉兴趣水平的学生，仅停留在兴趣的低级水平——好奇心水平上，为产生探索现象因果的需要，在演示实验过程中，教师要不失时机地提出问题，引发学生积极思考，使学生从感性兴趣上升到理性兴趣。

实验是一种有目的的操作。学生在观察的基础上，很自然会产生一种自己操作的欲望。让学生自己动手实验，不但可以满足学生的操作欲望，还可以提高学生的操作兴趣。此时，学生的操作兴趣水平较直觉兴趣水平有所提高，但稳定性还比较差。在分组实验的过程中，教师要引导学生分析实验，探究实验现象背后的原因以及在操作中遇到各种问题的原因，让学生将观察、思维和操作结合起来，使实验既可以满足学生的操作欲望，又能满足学生探究实验现象产生原因的欲望，这样就可以将学生的操作兴趣转化为因果兴趣，从而形成稳定的学习动机和学习兴趣。

值得一提的是，分组实验中的探究性实验和设计性实验为学生提供一个有待探究、有待解决的问题，然后学生利用所学知识解决问题，进行科学探究，这可以激发他们的理论兴趣。教师教给学生必要的方法，并提供一定的实验材料，学生自行设计实验、操作实验、分析实验现象、得出结论的过程，也就是理论兴趣提高的过程。在设计、探究实验的过程中，学生经历了从感性认识上升到理性认识的过程，并运用已有知识解决了物理问题，把对具体的因果认识兴趣上升到能动解决物理问题的兴趣。理论兴趣需要在探索活动中发展,教师要给学生提供探索的机会。

7.3.6 渗透物理学史与物理小故事

中学生普遍爱听故事,例如,教师在"大气压强"的教学中,结合物理小故事,用绘声绘色的语言讲述"马德堡半球实验",让学生不仅对大气压强很大有了感性的认识,还会因为有趣的物理故事而对物理学习产生兴趣;教师还可以通过介绍运用物理学史与物理小故事对学生进行辩证唯物主义、科学方法论与科学家优秀道德品质的思想教育。

7.3.7 重视物理知识在生活中的应用

物理知识并不是空洞的理论,它反映了客观物质世界运动变化的普遍规律,与生活实际联系密切。在教学中,要揭示物理知识在生活、科技中的应用价值。比如,人们利用电磁感应制造出发电机、电动机、变压器等,使人类进入电力时代,极大地推动了社会生产力的发展;利用电流的热效应制造出电灯、电烙铁、电炉、电熨斗及电烤箱等电热器具,给生产和生活带来方便;利用声波反射的原理,制成了超声波测位仪,可以探测敌方潜艇,增强国防力量,也可探测海洋鱼群位置,提高捕捞量,促进渔业发展。在介绍应用的过程中,学生可以感受到物理知识在不断深入发展,物理知识的实际应用日益增多、层出不穷。学生从这些实际的生动事例感知物理知识有用,物理知识与实际生活息息相关,就会逐渐乐于学习物理。应用的形式可以多种多样,可以通过图片和实物展示生活中各种现象的物理原理,也可以通过观看录像等方式介绍物理科学技术的成果和最新动态,如观看神舟系列飞船的发射录像,介绍中国人的飞天情况等。

7.3.8 重视课外实践活动

物理源于生活,又应用于生活、改善生活,这是物理学科的一大特点。因而让学生的物理学习与生产生活联系起来是学习物理的又一方式,物理教师除了完成正常的课堂教学外,还应该开辟出第二课堂。第二课堂应该以课外活动为主,除了举办科普讲座、组织参观活动等之外,还可以组织学生参加物理趣味小组、科技创新小组赛等。比如,在学生学过力学后,组织他们实习钳工;学过电学后,组织他们制作亮度可调的台灯;学过压强后,开展鸡蛋撞地球活动等。课外实践活动是课堂学习的延续与深入,也是学以致用、理论联系实际的基本途径。教师在每一节物理课结束后可以提供一些生活化的物理小实验供学生课后选做。通过这些实践活动,学生可体会到物理知识的应用价值,同时发现自己物理知识的不足,从而引起了新的学习需要,并且活动的有趣及在活动中体验到的成功的喜悦进一步增加了他们对物理的学习兴趣,提高了他们物理学习的热情。

7.3.9 培养、激发学生的学习动机

兴趣是动机的深化。首先,对某事物产生了动机,不一定发展成兴趣,但一旦成为兴趣,就会有与之伴随的动机。其次,兴趣因行动结果获得的满足感而巩固加深。一个人虽有学习动机,若无行动,不会产生兴趣;如果有动机,也有行动,但行动结果没有获得满足感,也难以产生兴趣;只有行动结果反馈回来获得满足感后,才会使学习动机得到强化,并产生学习

兴趣,这就是"学习动机—学习行动—结果满足—学习兴趣"的模式。当学生有学习动机之后,通过学习获得了新知识、弄清楚问题,就会在心理上得到一种满足、愉快的情绪体验,从而产生了学习兴趣,形成探求新知识的学习行为。因此,要有学习兴趣,学习动机的培养很重要。

1. 向学生提出具体的学习目标

教师通过强化学生的目标意识,使学生清楚学习目标及学习意义以产生对学习的需要,这样可以使学生的学习目标逐步发展成学生自觉追求的奋斗目标。随着学生对目标认识的深化,可以进一步明确学习意义、激发学习兴趣。在此基础上,不断以新的、更高的奋斗目标进行引导,将学生的兴趣由现实学习目标上升到未来理想目标。这样,兴趣就能促进学生现在和未来的拼搏精神。

引导学生明确学习目标是促进学生认识自我、激发学生学习兴趣的方法,它需要以和谐的师生关系作为基础。这就要求师生之间必须建立良好的人际关系。教师应是学生学习的促进者、鼓励者和引路人。要尽量避免对学生做出强制性的命令、决定,要使学生对教师提出的目标与要求有认同感,从而达到积极配合、提高学习兴趣的目的。

2. 让学生获得成功感和自信心

如何保护和发展学习兴趣?最好的办法不是用屡次考试失败来扼杀,而是在引导组织学生认识自然的过程中、在解决问题的过程中,让学生获得成功的满足感,从问题走向成功,从成功走向新的成功。体验成功是人的需求,每个人都有获得成功的愿望。一个人获得成功被肯定,心情就会非常愉快,相反,如果多次努力依然失败,就容易产生消极情绪,自信心下降,影响学习的积极性甚至产生自卑感,更不用提学习兴趣了。所以教师要把学生学习刚开始培养起来的学习兴趣直接转化为学习成绩的进步,让他们知道自己有能力学好物理,产生物理学习的成功感和自信心,这样由兴趣导致成功、由成功再产生更浓厚的兴趣,如此循环,不断促进,学习兴趣就会长久保持,从而形成"感兴趣—努力学习—成绩提高,获得成功—兴趣更浓"的良性循环。由于物理知识逐步增多,难度逐渐增大,学习物理的过程中会遇到很多困难,会出现成绩起伏现象。在物理教学中,教师要根据学生认知水平的不同,合理安排教学内容,恰当把握知识的梯度,让每个学生都有取得学习上成功的机会,让学生"跳一跳可以摘到桃子"。在考试时不出偏题怪题为难学生,使全体学生在原有的基础上都能有所提高,并使他们体会到成功的乐趣。学生一旦取得成功,教师再及时地肯定和鼓励,会使学生的努力在心理上得到满足,这样学生的信心倍增,才会不断地产生学习动力,从而达到巩固物理学习兴趣的目的。

3. 及时恰当评价

及时并且恰当评价,是强化和保持学习兴趣的重要条件。学习是个环状结构,评价作为学习结果的反馈,能提高学生的学习兴趣。评价的目的是促进学生认知因素和非认知因素充分、和谐地发展,因此要适应学生身心发展水平和特征。要想有提高学习兴趣的好效果,教师要注意信息反馈时的情感投入。在评价学生学习情况时,只能对学生学习活动及其成果本身表示由衷的喜悦,对存在的问题表示遗憾,而不能对学生流露出好恶。指出问题后要多给予鼓励,作业评语既要有针对性,又要有激励性,这样才能达到增强学生的自信心、增强学生学习兴趣的目的。已有研究表明,对学生的学习情况,有反馈比无反馈效果好,经常反馈比偶尔反馈效果好。及时反馈,能使学生在急切想知道自己学习结果的情况下,满足其心理要求,而有针对性地肯定其成绩,指出问题所在,能使学生强化或保持学习兴趣,产生进一步提高学习成绩的愿望。此外,对学生学习评价的内容不只限于所学学科知识,还可涉及学习方法、解题技巧及途径等多方面。

思考与实践

1. 参考物理学习兴趣量表的开发过程,设计一个物理学习态度量表,有条件的情况下,用该量表对中学生进行测试,并分析结果。
2. 试设计一个研究中学生物理学习兴趣影响因素的方案。
3. 根据物理学习兴趣产生的心理机制,谈谈如何在物理教学中激发和保持学生的物理学习兴趣。

参考文献

[1] 高光珍.高中生物理学习兴趣量表的编制与应用[D].曲阜:曲阜师范大学,2006.
[2] 乔际平,邢红军.物理教育心理学[M].南宁:广西教育出版社,2002.
[3] 段新.激发兴趣授予方法——通过物理教学来提高差生科学素质的体会[J].物理教师,1998(9).
[4] 胡明,杨国金.物理课程标准教师读本[M].武汉:华中师范大学出版社,2002.
[5] 李安发.激发和保持学生物理学习兴趣的策略[J].物理通报,2012(6).
[6] 张家英.论学习兴趣的激发与培养[J].华中师范大学学报(人文社会科学版),1994(3).
[7] 燕国材.非智力因素与学习[M].上海:上海教育出版社,2006.
[8] 涂阳军,何旭明.学习兴趣测量研究述评[J].大学教育科学,2013(1).

第8章 物理学习动机

> **学习目标**
>
> 1. 知道学习动机的界定、基本结构和种类。
> 2. 解释学习动机在物理学习中的作用。
> 3. 描述存在动机问题的学生在学习活动中的主要表现。
> 4. 描述各种学习动机理论的主要观点和实际应用,并讨论其局限性。
> 5. 解释并举例说明物理学习动机的激发策略。

在日常课堂教学中,教师经常会面对一些没有学习兴趣、上课注意力不集中、学习时心不在焉的学生,以及由于各种原因在学习中产生挫败感甚至出现退学念头的学生。如何激发这类学生的学习动机,是教师面临的一个普遍问题,也是一个十分棘手的问题。

人的任何活动都是由一定的动机所激发并指向一定的目标的,学生的学习活动亦是如此。物理学习动机是学生物理学习的内部动力机制,是影响物理学习成效的关键因素。本章在概述学习动机的基础上,重点介绍了与物理学习密切相关的学习动机理论,以及在物理教学中,教师培养和激发学生物理学习动机的原则和策略。

8.1 物理学习动机概述

动机(Motivation)是一个非常广泛和复杂的心理现象,从动物的本能到人类高级的决策行为都离不开动机。动机是激发、维持并使行为指向特定目的的一种内部状态,是行为的直接原因和内部动力。动机对个体的行为和活动有引发、指引、激励功能。它涉及三个方面的问题:引发行为的起因是什么?使行为指向某一目的的原因是什么?维持这一行为的原因是什么?当动机对象指向学习事物时,对学习方面所持有的动机就是学习动机。即学习动机是指引起学生学习活动,维持学习活动,并使学习活动指向学习目标的内在心理状态。学习动机是影响学生学习的非智力因素。良好的学习动机有助于学生学习效率的提高;反之,不良的学习动机,直接影响到学生的学习兴趣和学习效率。学生的物理学习受多方面因素的影响,其中物理学习动机是关键因素之一。

8.1.1 学习动机的界定

学习动机(Learning Motivation)是指激励、引发、维持学生的学习活动,并使之指向一定学习目标的一种动力倾向。学习动机是一种长期的、稳定的心理倾向,能促使学生积极主动地参与学习活动。学习动机可通过外在的学习行为反映出来,表现为想学、喜欢学、要求学,有迫切的学习愿望。当然,同一种学习动机可能会产生不同的学习行为与结果,而相同的学习行为与结果也可能源于不同的学习动机。

奥苏贝尔认为,尽管学生有各种各样的学习动机,但几乎所有的学习动机都是同学生的学业成就相关联的,因此成就动机应该是学习动机的核心。最初研究成就动机的心理学家是美国心理学家默里(Murray),他将成就动机定义为"克服困难,施展才能,力求尽快尽好地解决某一难题"。成就动机是学习动机的组成部分。

在学习过程中,学生是否具有较强的主观积极性,能否努力、勤奋地进行学习并持之以恒,更大程度上取决于学生的学习动机。学习动机对学习结果的影响是通过制约学习积极性实现的。学习积极性是学习动机的一种直接的外在表现,是在学习活动中表现出来的认真、主动、顽强和投入的状态。有无动机及动机强弱都可以通过学习积极性的水平反映出来,而不同水平的学习积极性又导致不同的学习效果。由于学习动机可以通过外显的学习积极性表现出来,所以可根据学习积极性水平的高低来推测学习动机。学习积极性可以体现在注意状态、情绪状态和意志状态这三方面,根据学生在上述三方面的情况,可以在一定程度上判明其是否存在学习动机问题。

斯迪帕特(Stipet)认为,教师应经常通过观察来有意识地识别学生可能存在的动机问题。以下是他提出的教师应该经常观察的现象:① 学生是否注意听讲?② 课堂上是否主动回答问题?③ 能否迅速开始某项活动?④ 注意力能否维持到任务完成?⑤ 能否坚持独立解决问题,不轻易放弃看上去较难的问题?⑥ 学习能否主动自觉?⑦ 在需要他人帮助时,能否主动提出要求?⑧ 能否按时交作业?⑨ 能否顺利完成任务?⑩ 被允许选择时,即使有失败的可能,能否选择具有挑战性的任务?⑪ 能否接受"学习新东西时难免产生错误"之类的观点?⑫ 当从事不同的学习任务但需要相似的学习能力时,是否有相似的表现?⑬ 考试成绩与平时成绩是否一致?⑭ 是否积极参与课外的一些学习活动?⑮ 学习时是否显得快乐、自豪、热情和投入?⑯ 能否跟得上教师的教学与辅导?⑰ 即使成绩很好,是否仍很努力地去提高?⑱ 能否主动地选择具有挑战性的学习活动?⑲ 在没有奖励或评定时,能否努力地去学习?

通过回答上述问题,教师对学生的学习动机状况会有一个较全面的了解。当然,教师既要观察所有的学生,同时也要观察同一学生在不同学习活动中的表现,以便全面了解学生的学习动机情况。对教师而言,重要的是不应质疑学生是否有学习动机,而是应努力确定学生拥有哪种学习动机。

8.1.2 学习动机的基本结构

在实际学习过程中,影响学习的动力因素是多种多样的,这些因素对学习所起的动力作用主要表现为推力、拉力和压力三种。推力是发自个体内心的学习愿望和需求,它可以通过学生对学习的必要性的认识、对学习的求知欲、对未来的理想等产生。在推力作用下的学生通常能积极主动地参与物理学习活动,勇于挑战未知世界,能欣赏到物理学的自然美和理性美。拉力指外界因素对学习者的吸引力,使学生从事学习活动。学位、社会地位等对学生的学习活动构成拉力,让学生为了获得某种预期的结果而从事学习活动。压力指客观现实对学习者的要求,迫使其从事学习活动。考试、家长与学校的要求、社会现实都可以成为压力。这三种因素都可以促使个体进行学习,因此都是学习的动力因素。但是应该指出的是,压力往往难以独立、持久地起作用,必须真正地转化为推力或拉力才能发挥其动力作用。因此,促使主体从事学习活动的直接作用成分只有两个,就是推力和拉力。作为主体学习愿望的推力,实质上是一种学习需要,即内部动机;作为对主体的学习活动具有吸引作用的拉力,实质上是一种学习期待,即外部动机。因此,学习动机的两个基本成分就是学习需要和学习期待,两者相互作用形成学习的动机系统。

1. 学习需要及内驱力

学习需要是指个体在学习活动中感到有某种欠缺而力求获得满足的心理状态。学习需要是产生学习动机的基础。它的主观体验形式是学习者的学习愿望或学习意向。这种愿望或意向是驱使个体进行学习的根本动力,它包括学习的兴趣、爱好和学习的信念等。从需要的作用上来看,学习需要即为学习的内驱力。所以,学习需要对学习的作用,就称为学习内驱力。

奥苏伯尔在《学校学习》一书中提出,学校情境中的成就动机主要由认知内驱力、自我提高内驱力和附属内驱力组成。这三种内驱力就是学习需要的三个组成因素,也就是说在个体内部至少有这三种需要是指向学习的。

(1) 认知内驱力,即求知、理解的需要,掌握知识、系统地阐述并解决问题的需要。它以求知作为目标,以知识获得而满足,它包括对知识价值的认识和对学习的兴趣,是最理想的一种内部学习动机。

(2) 自我提高内驱力,即个体由自己的学业成就而获得相应的地位和威望的需要。它使学生把学习行为指向在当前学校学习中可能取得的成就,以及在此基础上将自己的行为指向未来学术和职业方面的成就和地位。它使学生把学业成就看作赢得地位和尊严的根源,成就的大小决定所赢得地位的高低,同时又决定着自尊需要的满足与否。所以,它是一种不指向知识本身的间接的学习需要,属于外部动机。在学习过程中,认知需要(内部动机)固然重要,但自我提高需要(外部动机)也是必不可少的。这是因为学生不可能始终坚持以掌握知识为学习目标。

(3) 附属内驱力,即个体为了获得他人(如教师、家长、同辈群体等)的赞许和认可,从而努力工作、学习的一种需要,也是一种外部动机。它既不直接指向学习任务本身,也不把学业成就看作赢得地位的手段,而是为了从他人那里获得赞许和接纳。

不过,成就动机的三个内驱力在动机结构中所占的比重并非一成不变,通常是随着年龄、性别、个性特征、社会地位和文化背景等因素的变化而变化,各种学习动机之间也可以互相转化。在儿童早期,附属内驱力最为突出,他们努力学习,主要是为了实现家长的期待,并得到家长的赞许。到了儿童后期和少年期,附属内驱力的强度有所减弱,而且来自同伴、集体的赞许和认可逐渐替代了对长者的依附。在这期间,为赢得同伴的赞许就成为一个强有力的动机因素。而到了青年期,认知内驱力和自我提高内驱力成为学生学习的主要动机,学习的主要目的在于满足自己的求知需要,并从中获得相应的地位和威望。

2. 学习期待及诱因

学习期待是个体对学习活动所要达到目标的主观估计,它是另一个构成学习动机的基本要素。学习期待与学习目标密切相关,但两者不能等同。学习目标是个体通过学习活动想要达到的预期结果,而在个体完成学习活动之前,这个预期结果是以观念的形式存在于头脑之中的。因此,学习期待是学习目标在个体头脑中的反映。

诱因是指能够激起有机体的定向行为、并能满足某种需要的外部条件或刺激物。学生所处的外界环境因素,即所谓学习动机的外部影响因素,主要包含其所处的生活环境或受教育环境,比如家庭、学校及社会等都可以对学生产生诱因。诱因可以是简单的物体,如食物、水等,也可以是复杂的事情,如名誉、地位等。凡是使个体产生积极的行为,即趋向或接近某一目标的刺激物,都称为积极诱因,例如,在激发学生学习积极性的措施中,教师所提供的奖品、成绩等都是积极的诱因。相反,消极的诱因可以产生负性行为,即离开或回避某一目标。可以说,学习期待是静态的,而诱因是动态的,它将静态的期待转换成为目标。所以,学习期待就其作用来说就是学习的诱因。

在学校情境中,具有诱因作用的学习目标是多种多样的,常见的主要有以下几种。

① 长远目标与短近目标。在将来实现的目标即长远目标,眼前或很快即可实现的目标为短近目标。

② 远大目标与具体目标。那种较一般的、宽泛的、总的、大的目标为远大目标,与某项具体任务的完成相连的目标即具体目标。

③ 内在目标与外在目标。内在目标是指向任务本身(如理解某一内容)或指向自我的目标(如比别人做得更好、证明自己有能力);外在目标是指向他人(如取悦他人)或外在奖励等目标。

④ 掌握目标与操作目标。一般认为,受掌握目标引导的学生关心怎样掌握知识、技能或如何改善自己的能力,即旨在提高理解、掌握等能力;而受操作目标引导的学生关注自己是否看上去更聪明,即旨在证实能力,获得对能力的有利评判或避免不利评判。

事实上,个体可能同时有多种学习目标,如掌握知识技能、获得有利的能力评价、避免不利评价。在另外一些情境中,可能有目标冲突,如在掌握目标与操作目标中二择一(通过学习使自己变得有能力,还是使自己看上去有能力),或在两种操作目标中二择一(力求看上去有能力,还是避免看上去无能)等。但是,无论何种形式的目标,都会使个体形成相应的期待,并产生定向性的学习行为。

学习需要和学习期待是学习动机的两个基本成分,二者密切相关。学习需要是个体从事学习活动的最根本动力,如果没有学习需要,个体的学习活动就不可能发生。学习需要在学习动机中占主导地位。另外,学习需要是产生学习期待的前提之一,正是因为那些能够满足个体的学习需要与那些使个体感到可以达到的目标的相互作用,形成了学习期待。学习期待则指向学习需要的满足,促使主体去达到学习目标。因此,学习期待也是学习动机必不可少的成分。

除此之外,我们也可以把学习动机的结构组成分为价值、期望和情感三个部分。这是因为,教育心理学常把学习动机分为价值、期望和情感三元结构。其中学习动机的价值因素是指学生要对达到的学习目标和要完成的学习任务的重要性下判断,要回答"我为什么要完成这个学习任务"的问题,对目标的重要性认识得越清楚,学习自觉性就越强,学习动机就越强烈。第二种构成成分是学习动机的期待因素。学习期待是学生基于过去经验和当前的刺激而对未来学习事件的预料或预想,它是导致个体希望某种学习出现的一种内部状态,要回答"我能否完成这个学习任务"的问题。在学习发生之前,学生会预料自己的学习能不能出现符合社会和自己要求的各种变化,从而影响学习的发生与维持。第三种构成成分是学习动机的情感因素。它是学生对学习过程及其学习结果的情绪情感反应,要回答"我对这项学习任务的体验如何"的问题。伴随着学习过程,学生会产生轻松愉快、惊讶迟疑、焦虑不安或羞愧内疚等各种情绪体验,对学习起促进或干扰作用。

8.1.3 学习动机的种类

物理学习活动中动机的作用是复杂的。对于物理教师来说,了解和掌握学生学习动机的类型和特点,有利于进行有效的教学。

1. 高尚的、正确的动机和低级的、错误的动机

根据学习动机内容的社会意义,可以分为高尚的与低级的动机,或者是正确的与错误的动机。高尚的、正确的学习动机的核心是利他主义,学生把当前的物理学习同国家和社会的利益联系在一起。例如,学生勤奋、努力学习物理等课程,是因为他们意识到物理学与国家建设密不可分,而自己肩负着祖国未来繁荣昌盛的重任,所以现在要打好基础,掌握科学知识。低级的、错误的学习动机的核心是利己的、自我中心的,学习动机来源于自己眼前的利益。例如,有的学生努力学习是为了个人的名誉、改变自己的命运、给父母更好的经济回报等。

2. 近景的直接性动机和远景的间接性动机

根据学习动机的作用与学习活动的关系,可以分为近景的直接性动机和远景的间接性动机。近景的直接性动机表现为学生对当前和当下的学习内容有浓厚的兴趣,在学习过程中能获得愉快积极的学习体验。近景动机具有不稳定和短暂的特点,例如,碰到自己喜欢的、感兴趣的知识,会乐此不疲,不畏困难地去学,而遇到自己不喜欢的知识则不愿学、不想学、不去学,容易受到环境或一些偶然因素的影响。

远景的间接性动机是与学习的社会意义和个人的前途相连的。例如,学生学习是为了自己的历史使命、为了不辜负父母的期望、为了争取自己在班集体中的地位和荣誉等,都属于间接性的动机。那些高尚的、正确的间接性动机的作用较为稳定和持久,能激励学生努力学习并取得好成绩。而那些为父母、教师的期望,或是为了自己的名声、地位的动机作用的稳定性和持久性相对比较差,容易受到情境因素的冲击。例如,在学习活动中遇到困难是常事,但受低级的、错误的间接性动机支配的学生在这种时候容易出现情绪波动,缺乏克服困难的勇气与力量,常常半途而废。

3. 内部动机和外部动机

根据学习动机的动力来源,可以分为内部动机和外部动机。内部动机(Intrinsic Motivation)又称内部动机作用,是指由个体内在的需要引起的动机。内部动机迫使学生内心渴望学习,表现出对学习活动的主动性,是影响事物变化的内因,内因会对学习活动本身产生持久的影响。例如,学生的求知欲、学习兴趣、改善和提高自己能力的愿望等内部动机因素,会促使学生积极主动地学习。外部动机(Extrinsic Motivation)又称外部动机作用,是指个体由外部诱因所引起的动机。外部动机具有较强的不确定性和不稳定性,随着学生所处的环境、年龄而变化,是影响事物变化的外因,外因起辅助作用,只会引起事物的量变。受外部动机驱使的学生,只会付出成功完成任务所需的最少的行动,一旦停止强化任务,他们就有可能终止行为。例如,某些学生为了得到教师或父母的奖励或避免受到教师或父母的惩罚而努力学习,他们从事学习活动的动机不在学习任务本身,而是在学习活动之外。

研究表明,内部动机可以促使学生有效地进行学校中的学习活动,具有内部动机的学生渴望获得有关的知识经验,具有自主性、自发性。具有外部动机的学生的学习具有诱发性、

被动性,他们对学习内容本身的兴趣较低。

当然,内部学习动机和外部学习动机的划分不是绝对的。由于学习动机是推动学生学习活动的内部心理动力,因此任何外界的要求、外在的力量都必须转化为个体内在的需要,才能成为学习的推动力。在外部学习动机发生作用时,人的学习活动较多地依赖于责任感、义务感或希望得到奖赏和避免受到惩罚的意念。因此,从这个意义上说,外部学习动机的实质仍然是一种学习的内部动力。因此,我们在教学过程中应强调内部学习动机,但也不能忽视外部学习动机的作用。教师一方面应逐渐使外部动机作用转化成为内部动机作用,另一方面又应利用外部动机作用,使学生已经形成的内部动机作用处于持续的激发状态。

4. 一般动机和具体动机

根据学习动机起作用的范围不同,可将学习动机分为一般动机和具体动机或性格动机和情境动机。一般动机(General Motivation)是在许多学习活动中都表现出来的、较稳定和持久地努力掌握知识经验的动机。该类动机贯穿于学校生活的始终,甚至使学生以后在工作中或毕生都具有这类动机。另外,该类动机广泛存在于许多活动中,表现为对不同科目、不同课题、不同内容的学习都具有强烈的动机。一般动机主要产生于学习者自身,与其价值观念和性格特征密切相连,因而也称为性格动机(Personality Motivation),具有高度的稳定性。具有这种学习动机的学生,即使遇到教学能力低、教学责任感差的教师,也仍能认真努力学习,是典型的"为读书而读书"者。

具体动机(Specific Motivation)是在某一具体学习活动中表现出来的动机。由这种动机支配的学生,常常只对某一门或某几门学科或内容感兴趣,而对其他学习内容则不予注意。这类学习动机多半是在学习过程中因学业成败或师生关系的影响而逐渐养成的。例如,在其学习经历中,学生多科失败而只有一科成功,就可能只形成对该门学科的学习动机。如在师生关系中,只获得某位教师的关爱和接纳,很可能只对该教师任教的科目有兴趣。由于这类动机主要受到外界情境因素的影响,因而也称为情境动机(Situational Motivation),其作用是暂时的、不稳定的。

尽管,我们可以从不同角度对物理学习动机进行分类,但实际上我们都可以把它们归为内在动机和外在动机两类。其中,物理学习内在动机是对物理本身感兴趣的动机,物理学习本身就能够让人产生快乐和满足感,体现为求知欲、好奇、兴趣、爱好或为了表现自我等;物理学习外在动机是学好物理所能带给我们的一些实惠或迫于外界压力的,例如通过考试、受到奖励、取悦父母和老师、害怕老师、为了自己的面子等。

8.1.4 学习动机的作用

不同的学生具有不同的学习动机,同一学生也可能因不同的学习情境产生不同的学习动机。而只有具备良好的、适应性动机,才有助于激发和维持学生去接受挑战和克服困难的动力,并使学生取得有价值的成就。具体讲,动机对学生的学习与行为的作用主要表现在以下几个方面。

① 使学生的学习行为朝向具体的目标。具有某种动机的学生经常自己设定某种目标,并使自己的行为朝这些目标努力。动机促使个体为达到某一目标而努力,影响个体作出某种选择,比如是玩游戏还是做作业。

② 使学生为达到某一目标而努力。动机决定了个体在某一活动中所投入的努力程度、

热情的多少。动机越强,努力程度越大,热情越高。在学生的认知活动过程中,学习动机能更好地加强学生对知识的选择和记忆、促使学生更能集中注意力、产生更强的克服困难的勇气和毅力,促进问题能更好地解决。

③ 激发和维持某种活动。研究表明,动机决定了学生在多大程度上能主动地从事某种活动并坚持下去。学生更愿意做他们想做的事情,并能克服某些困难,并最终完成任务。比如,在学生的学习过程中,物理学习动机能更有利于激发学生学习物理的兴趣与需要,促使学生更加专心致志地学习物理。

④ 提高信息加工的水平。根据信息加工理论,动机影响个体加工何种信息以及怎样加工信息。具有学习动机的学生注意力更集中,而注意力在获取信息以进入工作记忆与长时记忆中起到关键作用。另外,该类学生在必要时更易于通过其他多种途径来促进对某一任务的完成。研究还表明,具有学习动机的学生更倾向于进行有意义的学习,力求理解所学的内容,而不是在机械的水平上进行学习。

⑤ 决定了何种结果可以得到强化。学生取得学业成就的动机越强,则获得好成绩时自豪感(自我强化)越强,而获得不良成绩时受挫感或厌恶感越强。学生希望被同辈群体接纳和尊重的动机越强,则属于某一小群体会使他们感到欣慰,而被排斥于某一群体之外则会使他们感到痛苦。简言之,具有学习动机的学生因某种结果得到强化而趋向它,因某种结果受到惩罚而避开它。

⑥ 导致学习行为的改善。这是上述各种作用的最终体现。良好的、适当的学习动机最终将促进学习行为的改善,提高学习能力。学生在学习物理的过程中,物理学习动机能大大帮助学生加强注意力,提高思维积极性,并能有效地排除其他干扰,更好地促进学生物理学业成绩的提升。

动机是一个人的动力系统。动机为个人行动指引方向、为行动提供动力,并且维持一个人的行动。在现实的物理教学中,有的学生对学习缺乏兴趣,学习热情不高,遇到困难就退缩,意志力薄弱,不能持之以恒,学习动力不足,这些现象都充分说明学生的学习动机不强。物理学习是极其复杂的活动,要求学生集中注意力、坚持不懈、具有忍受各种挫折和失败等的意志和情感方面的品质,因此,要学好物理,必须有强烈而正确的学习动机。

8.2 物理学习动机的理论

人类行为发生的基本源泉、动力和原因是心理学研究的基本问题,动机研究是心理学研究的核心课题之一。学习动机是动机在学习领域中的表现,大多数动机理论对于解释学习行为也是适用的。事实上,学习是人类共有的最基本、最重要的行为,许多动机理论都是基于学习行为建立的,这些理论从不同的角度解释了人类的学习行为,对于物理学习动机的激发有着重要的启示和指导意义。

8.2.1 强化动机理论

学习动机的强化理论是由行为主义心理学家提出来的,他们不仅用强化理论来解释学习的发生,而且用强化理论来解释动机的产生。任何学习行为都是为了获得某种报偿。因此,在学习活动中,采取各种外部手段,如奖赏、赞扬、评分、竞赛等,可以激发学生的学习动机,引起其相应的学习行为。

学校中的强化既可以是外部强化,也可以是内部强化。前者是由教师施予学生身上的强化手段,后者则是自我强化,即学生在学习中由于获得成功的满足而增强了学习的成功感与自信心,从而增强了学习动机。无论是外部的还是内部的强化,都有正强化与负强化之分,并与惩罚有着千丝万缕的关系。一般来说,正强化和负强化都起着增强学习动机的作用,如表扬与奖励、获得的成绩、频繁考试等便是正强化或负强化的手段。惩罚则一般起着削弱学习动机的作用,但有时也可使一个人在失败中重新振作起来,如批评等便是惩罚的手段。在学习中如能合理地增强正强化,利用负强化,减少惩罚,将有助于提高学生的学习动机水平,改善他们的学习行为及其结果。斯金纳认为行为得不到及时强化就会消退,而且强化不及时是不利于行为的发展的。所以教师在教学中要兼顾内部强化与外部强化,才能将强化作用发挥到极致效果。我们需要注意的是,仅凭学生的行为来推断学生的动机往往是困难的,因为可能有许多不同的动机影响学生的行为。

当然,强化动机理论就其主要倾向来说,是行为派的学习动机理论。由于行为派的强化动机理论过分强调引起学习行为的外部力量(外部强化),忽视甚至否定了人的学习行为的自觉性与主动性(自我强化),因而这一学习动机理论有较大的局限性。

8.2.2 需要层次理论

需要层次理论是人本主义心理学在动机领域中的体现,马斯洛(Maslow)是这一理论的提出者和代表人物。马斯洛认为人类有五种基本需要,它们由低到高依次排列成一定的层次,即生理的需要、安全的需要、归属和爱的需要、尊重的需要和自我实现的需要。在人的需要层次中,最基本的是生理的需要,即满足与当前生存相关的需要,如对食物、水、空气、睡眠等的需要;在生理的需要得到基本满足之后,便是安全的需要,即表现为个体要求稳定、安全,受到保护,免除恐惧和焦虑等需要;这之后是归属和爱的需要,即个体要求与他人建立感情联系,如结交朋友、追求爱情等;随后出现的是尊重的需要,它包括自尊(需要自己感觉良好)和受到他人的尊重(需要相信他人对自己有积极的评价)。在上述这些需要得到基本满足之后,便进入自我实现的需要层次。自我实现作为一种最高级的需要,包括认知、审美和创造的需要,它具有两方面的含义,即完整而丰满的人性的实现和个人潜能的实现。从学习心理的角度看,人们进行学习就是为了追求自我实现,即通过学习使自己的价值、潜能、个性得到充分的发挥、发展和实现。因此,可以说自我实现是一种重要的学习动机。

马斯洛认为,在满足上述基本需要的过程中,各种需要不仅有层次高低之分,而且有前后顺序之别,只有低层次的需要得到基本满足后,才能产生高层次的需要。同时,马斯洛又把这五种需要分为基本需要(Basic Needs)和成长需要(Growth Needs)两类。其中,生理的需要、安全的需要、归属和爱的需要、尊重的需要属于基本需要,它们因身心的缺失而产生,因此也称缺失性需要(Deficiency Needs)。例如,因饥渴而求饮食,因恐惧而求安全,因孤独而求归属,因免于自卑而求自尊。只有环境中的人或事件等外部资源能满足缺失性需要,这些需要一旦得到满足,其强度就会降低,因此个体所追求的缺失性目的物是有限的。而自我实现的需要属于成长需要,它区别于缺失性需要的根本特点在于它的永不满足性。也就是说,自我实现的需要的强度不仅不随其满足而降低,相反地会因获得满足而增强,因此个体所追求的成长性目的物是无限的,是永无止境的。

需要层次理论说明,在某种程度上学生缺乏学习动机可能是由于某种缺失性需要没有得到充分满足而引起的。如家境清贫使得温饱得不到满足;父母离异使得归属与爱的需要得不到满足;教师过于严厉和苛刻,动辄训斥和批评学生,使得安全需要和尊重需要得不到满足等。而正是这些因素,会成为学生学习和自我实现的主要障碍。所以,教师不仅要关心学生的学习,也应该关心学生的生活和情感,以激发其学习动机。

一般说来,学校里最重要的缺失需要是爱和自尊,要使学生具有创造性,首先要使学生感到,教师是公正的、爱护并尊重自己的,不会因为自己出差错而遭到嘲笑和惩罚。

这个理论将外部动机与内部动机结合起来,考虑其对行为的推动作用,是有一定科学意义的。但忽略了人们本身的兴趣、好奇心等在学习中的始动作用,有些学习活动并不一定都是由外部动机所激发和引起的。

8.2.3 成就动机理论

成就动机(Achievement Motivation)是一种努力克服障碍、施展才能、力求又快又好地解决某一问题的愿望或趋势。成就动机是在人的成就需要的基础上产生的,它是激励个体乐于从事自己认为重要的或有价值的工作,并力求获得成功的一种内在驱动力。这种动机是人类所独有的,是后天获得的具有社会意义的动机。在人类的学习活动中,成就动机是一种主要的学习动机。

研究发现,成就需要高的人,喜欢在问题中承担自己的责任,能从完成任务中获得满足感。成就动机的高低还影响到个体对职业的选择。成就动机低的人,倾向于选择风险较小、独立决策少的职业;成就动机高的人喜欢从事具有开创性的工作,并且在工作中勇于作出决策。

在成就动机理论中影响深远的是期望—价值理论。这一理论认为,个体的成就动机强度由成就需要、期望水平和诱因价值三者共同决定。其中,成就需要是个体稳定地追求成就的倾向,期望水平是个体在某一任务上获得成功的可能性,诱因价值是个体成功地完成某一任务所带来的价值和满足感。一般而言,任务难度越大(成功的可能性越少),成功所带来的满足感也就越强。

然而,人们在追求成就时存在两种倾向:一种是追求成功和由成功带来的积极情感的倾向性,即力求成功的动机;另一种是避免失败和由失败带来的消极情感的倾向性,即避免失败的动机。

根据这两类动机在个体动机系统中所占的强度,可以将个体分为力求成功者和避免失败者。力求成功者倾向于选择和解决中等难度水平的任务,也就是既有一定的挑战性又有可实现性的任务,他们并不担心可能会出现错误或可能面临障碍。相反,避免失败者则倾向于选择非常容易或非常困难的任务。选择容易的任务可以保证成功,使自己免遭失败;选择极其困难的任务,即使失败,也可以找到适当的借口,得到自己和他人的原谅,从而减少失败感。针对这种情况,在教学实践中对力求成功者,应通过给予新颖且有一定难度的任务,安排竞争的情境,严格评定分数等方式来激起其学习动机;而对于避免失败者,则要安排少竞争或竞争性不强的情境,安排适宜学生本人学习能力的任务,如果取得成功则要及时表扬给予强化,评定分数时要求稍稍放宽些,并尽量避免在公众场合下指责其错误。

在实际教学过程中应注意的是,虽然成就动机对学习具有重要影响,但也不能片面地只讲个人的成就和个人的自我提高。教师必须引导学生认识学习的社会价值,把追求个人成就和追求社会进步结合起来,并使个人成就服从于整个社会进步的需要。

8.2.4 成败归因理论

人们做完一项工作之后,往往喜欢寻找自己或他人之所以取得成功或遭受失败的原因。这就是心理学家探索归因问题的客观依据。最早提出归因理论的是海德(Heider)。他认为,人们具有理解世界和控制环境这两种需要,使这两种需要得到满足的最根本手段就是了解人们行动的原因,并预言人们将如何行动。他认为,行为的原因或者在于外部环境,或者在于个人内部。他人的影响、奖励、运气、工作难易等都是外部环境原因。如果把行为的原因归于环境,则个人对其行为结果可以不负什么责任。人格、动机、情绪、态度、能力、努力等都是个人内部原因。如果把行为的原因归于个人,则个人对其行为结果应当负责。

后来,罗特(Rotter)对归因理论进行了发展,提出了控制点(Locus of Control)的概念,并依据控制点把个体分为内控型和外控型。内控型的人认为自己可以控制周围的环境,无论成功还是失败,都是由于自己的能力或努力等内部因素造成的,他们乐于对自己的行为负责;外控型的人则感到自己无法控制周围的环境,无论成败都归因为他人的影响或运气等外在因素,他们往往对自己的行为不愿承担责任。

在海德和罗特研究的基础上,维纳(Weiner)对行为结果的归因进行了系统探讨,发现人们倾向于将活动成败的原因,即行为责任归结为以下六个因素:能力高低、努力程度、任务难易、运气(机遇)好坏、身心状态、外界环境等。同时,维纳认为这六个因素可归为三个维度,即内部归因和外部归因、稳定性归因和非稳定性归因、可控归因和不可控归因。

一般而言,弗瑞兹(Friezer)指出学生通常将成功或失败归因于能力、努力、任务难度与运气等四个因素,而较少归因为身心状态或外界环境。不过,在这四个因素中,研究者对教学过程中的能力与努力归因及其相互作用给予了更多的关注,认为努力与能力之间存在着一种补偿平衡,低能意味着必须更加努力,而努力又表示低能。当然,学生最终将自己的成败归因为什么因素,是受到下列多种变量影响的。

① 他人操作的有关信息,即个体根据别人的行为结果的有关信息来解释自己的行为结果的原因。比如,班级中大部分人都得到高分数,则易产生外部归因(如测验容易、教师给高分);班级中只有少数人得高分,则易产生内部归因(如有能力、学习刻苦等)。

② 先前的观念或因果图式,即个体以往的经验或行为结果的历史。如果目前行为结果与过去结果具有一致性,则易归因于稳定因素,否则归因于不稳定因素。过去因努力而成功者,更易将成功归因于努力或能力等内部因素;如果经努力但最终失败者,则易归因于某些不可控的因素,如缺乏能力、运气不佳等。

③ 自我知觉,即个体对自己能力的看法。自认为有能力者,易将成功归因于能力,将失败归因于教师的偏见、测验不公正等。

此外,教师或权威人物对学生行为的期待、奖惩和归因,学生的性格类型,教育训练等都可以影响学生的归因。一些研究表明,个体作出某种归因受到情境线索中的有关信息的影响,因而通过改变、操纵情境信息,如操纵课堂情境中的某些变量,则可以改变学生的不适当的归因。教师要引导学生进行积极的归因,让他们在面临无论失败还是成功,都能对自己有理性而又积极的认识,以保持其对学习的积极主动性和持续的学习动机。

8.2.5 成就目标理论

成就目标理论(Achievement Goal Theory)是以成就动机理论、成败归因理论和德韦克(Dweck)能力理论为基础发展起来的一种学习动机理论。德韦克认为,人们对能力持有两种不同的内隐观念,即能力增长观(Incremental Theory)和能力实体观(Entity Theory)。持能力增长观的个体认为,能力是可改变的,随着学习的进行是可以提高的;持能力实体观的个体则认为,能力是固定的,是不会随学习而改变的。

人们持有的能力内隐观念不同,从而导致他们的成就目标也存在差异。持能力增长观的个体倾向于确立掌握目标(Mastery Goal),他们希望通过学习来提高(Improve)自己的能力;而能力实体观的个体倾向于确立表现目标(Performance Goal),他们希望在学习过程中证明(Prove)或表现自己的能力。研究表明,虽然这两类成就目标都可促进个体主动而有效地从事挑战性任务,但它们在更多的方面是不同的,具有不同的学习效果。

① 在选择任务方面,掌握目标者倾向于选择能提供最多的学习机会的任务,尤其是具有挑战性的任务,且能够坚持;表现目标者倾向于采取防御(保护)性策略,选择能证明其能力、避免显得无能的任务,即经常选择能保证成功的、非常容易的或很难成功的非常难的任务,较不能坚持。

② 在评价标准方面,掌握目标者根据是否取得进步来评价学习结果,是个人化的、自主的标准;表现目标者根据与他人的比较来评价自己的学习结果,因此容易产生一种输赢的情境。在这种情境中,过去的成功经验、进步以及出色的成绩等都会因一个比较性的评判而消失。

③ 在情感反应方面,从事简单的学习任务或付出较少努力即可获取经验,这将使掌握目标者感到无聊或失望;相反,经过艰苦努力,即使仍然失败,他们也对结果感到满意。对于表现目标者而言,从事简单的学习任务或付出较少努力即可获取经验,会使他们感到满意、自豪或解脱,他们只对成功的结果感到满意。

④ 在对学习结果的归因方面,掌握目标者认为努力是改善能力所不可缺少的,关注努力而不是能力,往往将结果的成败归因于努力的多少,认为错误是学习过程中的一个正常而有用的部分,有效地利用错误还可以帮助改善其成绩;表现目标者将成败的结果归因于能力或运气,认为努力是低能的标志,有能力者无须努力,并将错误视为失败或无能的反映,这有可能继续导致以后的失败。

⑤ 在学习策略的使用方面,掌握目标者倾向于应用那些能促进真正理解学习材料的策略(如有意义学习、精细加工、理解监控等);表现目标者则倾向于应用那些较为机械的、应付目前学习任务的学习策略(如机械重复、抄写、机械记忆等)。

⑥ 在控制感方面,掌握目标者认为努力与学习结果之间的关系是直接的,可以控制与目标获得有关的因素,如个人努力;表现目标者认为在学习与学习结果之间有许多因素是由外界控制的,如他人的操作、评价者的评价标准等,个体自身无法控制。

⑦ 在对教师的作用与角色的看法方面,掌握目标者将教师看作帮助学习的资源和向导;表现目标者则认为教师是给予奖惩的"法官"。

不过,学生的学习实际上是在同伴、家长和教师之间种种复杂的社会关系中进行的。因此,心理学家开始了对社会目标的研究,并认为成就目标应该包括掌握目标、表现目标和社会目标三种。其中,社会目标又包括社会赞许目标和社会责任目标。研究发现,社会赞许目标和社会责任目标能引起个体持续的努力,也与学生优良的学习成绩直接相关。

8.2.6 自我效能感理论

自我效能感指人们对自己是否能够成功地从事某一成就行为的主观判断。这一概念由班杜拉(Bandura)最早提出。班杜拉把自我效能感定义为:"个体对自己具有组织和执行达到特定成就能力的信念。"20 世纪 80 年代以来,自我效能感理论得到了丰富和发展,也得到了大量实证研究的支持。

班杜拉在他的动机理论中指出,人的行为受行为的结果因素和先行因素的影响。行为的结果因素就是通常所说的强化,但他对强化的看法与传统的行为主义不同。他把强化分为三种:一是直接强化,即通过外部因素对学习行为予以强化,如奖励和惩罚便是在教学中常用的两种强化形式;二是替代性强化,即通过一定的榜样来强化相应的学习行为或学习行为倾向;三是自我强化,即学习者根据一定的评价标准进行自我评价和自我监督,来强化相应的学习行为。他认为,在学习中没有强化也能获得有关的信息、形成新的行为,强化的作用在于激发和维持学生的学习行为。因此,他认为行为的出现不是由于随后的强化,而是由于人认识了行为与强化之间的依赖关系后而形成的对下一强化的期待。

"期待"就是班杜拉所说的先行因素,但他的期待概念不同于传统的期待概念。传统的期待概念指的只是对行为结果的期待,而他认为除了结果期待外,还有一种效能期待。结果期待指的是个体对自己的某种行为会导致某一结果的推测。如果个体预测到某一特定行为会导致某一特定的结果,那么这一行为就可能被激活和被选择。例如,学生认识到只要上课认真听讲,就会获得他所希望的好成绩,那他就很可能认真听讲。效能期待则指个体对自己实施某种成就行为的能力的判断,它意味着个体是否确信自己能够成功地进行带来某一结果的行为。当个体确信自己有能力进行某一活动时,他就会产生高度的自我效能感,并会实际去实施那一活动。例如,不仅在学生认识到注意听课可以带来理想的成绩,还在他们感到自己有能力听懂教师所讲的内容时,他们才会真正认真听课。

班杜拉认为,传统学习理论的研究集中在知识和技能的获得过程上,而传统动机理论的研究停留在提供什么强化(诱因)才能促进行为上。但是,个体在掌握了相应的知识和技能,也知道了行为将会带来的结果之后,并不一定去从事某项活动或做出某种行为,因为其要受到自我效能感的调节。同时,班杜拉也认为,除非学生真正地认识到自己在获得知识和技能方面有能力且取得了进步,否则他们是不会感到有效能的,即使他们的行为得到奖励或行为结果优于他人。研究表明,能取得好成绩固然是每个学生的期望,但力不从心之感会使人对学习望而生畏。因此,在学生获得了相应的知识和技能、确立了合理的学习目标之后,自我效能感就成为学习行为的决定因素。

班杜拉等人经研究指出,自我效能感的功能有:① 决定人们对活动的选择及对该活动的坚持性。自我效能感高的人,常会选择一些相对来说难度比较大、更有挑战性的任务,会努力认真地去坚持完成该任务,努力持续的时间也会很长。越是自我效能感高的人,越是有更大的成功的可能性。② 影响人们在困难面前的态度。自我效能感高的人,相信自己的能力,并敢于面对困难的挑战,相信通过自己的努力可以克服困难,最终一定会取得成功。③ 影响新行为的获得和习得行为的表现。自我效能感高的人,在面对新任务时,常会确信自己有能力完成该任务，所以他们能集中注意力，很快掌握好新的知识技能，形成新的行为。同样，自我效能感高的人，由于确信自己能够胜任，因此会最大限度地运用头脑中已有的知识和技能，使已经学会的行为及时地表现出来。④ 影响人们活动时的情绪。自我效能感高的人，在活动中充满自信，情绪饱满，心情愉快；而低自我效能感的人往往会充满紧张、焦虑和恐惧，对自己要做的事犹豫再三，顾虑重重。

影响自我效能感的因素主要有以下几种。① 学习成功与失败的经验。学生的直接经验对其自我效能信念的建立影响很大。一般来说，成功的学习经验会提高学生的自我效能感；相反，失败的学习经验则会降低学生的自我效能感。不过，成败经验对自我效能感的影响还取决于个体对成败的归因方式。如果个体把成功归因为外部的不可控因素，就不会增强效能感；反之，如把失败归因为外部的不可控因素，就不会降低效能感。② 替代性经验。一个人的自我效能感是个人在与环境互动过程中形成的。当学生看见替代者（与自己相似的人）成功时，就会增强自我效能感；相反，则会降低自我效能感。替代者对自我效能感的影响主要受自我与替代者之间相似程度的影响，相似性越大，替代者成败的经验越具有说服力。③ 言语劝说。用语言说服学生相信自己具有完成给定任务的能力，会使学生在遇到困难时付出更大的努力。④ 情绪唤醒。调整学生的情绪状态，减轻紧张和负面的情绪倾向，可以改变自我效能感。

8.2.7 自我价值理论

自我价值理论（Self-worth Theory）是美国教育心理学家卡文顿（Covington）于1992年提出的。该理论以成就动机理论和成败归因理论为基础，从学习动机的负面着眼，试图探讨"有些学生为什么不肯努力学习"的问题。这一思路对动机理论的研究颇具启发意义，对学校教学实际的应用也有参考价值。

卡文顿研究发现，自我接受的需要是人类最高的需求，只有个体感觉到自己有价值，才能接受自我，自我价值感是个体追求成功的内在动力。成功使人感到满足，使人自尊心提高，使人产生自我价值感；而成功的经验往往是在克服困难之后才能获得，困难的克服则需要以能力为前提。因此，能力、成功和自我价值感三者之间就形成前因后果的连锁关系。也就是说，高能力的个体容易成功，成功的经验会使个体产生自我价值感。久而久之，对自我价值感的追求就成了个体追求成功的动力，并常常把自我能力与自我价值等同看待。

按照成败归因理论，学生将成功归因于能力或努力，都属于积极归因方式，因为归因于能力有利于建立个体的自信，归因于努力则有助于个体的持久行动，只有将失败归因于能力才是消极的。但是，卡文顿发现，个体倾向于将成功视为能力的展现而非努力的结果。因为努力人人可为，能力唯我独有，因此只有当个体将成功归因于能力时，才能使人感到更大的自我价值感。

然而在竞争激烈的班级教学环境中，学生从考试结果中所体验到的成败经验永远是成功者少，失败者多。在长期追求成功而得不到成功机会的情形下，既要维持自我价值，又想逃避失败后的痛苦，于是在心理上形成一种应付学校考试后成败压力的对策（如同神经病理学中的自我防御机制），借此就可逃避承认自己的能力薄弱，从而维持自我价值。有关逃避失败的对策有很多，如不参加考试，力图给别人留下自己没有努力的印象，在考试前扬言自己只要及格就很满足。有的学生在学业中故意拖延或选择任务特别繁重的课程，以逃避反映能力差异的失败。有关研究表明,考试焦虑也是一种逃避失败的策略,因为看起来焦虑总比看起来笨使人更好受一些。

因此,卡文顿提出,根据学生追求成功和避免失败的倾向,可以将学生分为四类:

① 高趋低避者。这类学生的学习超越了对能力状况和失败状况的考虑,又被称作成功定向者。他们往往拥有无穷的好奇心,对学习有极高的自我卷入。

② 低趋高避者,又称避免失败者。这类学生有很多保护自己胜任感的策略,使用各种自我防御术,从外部寻找个人无法控制的原因来解释失败。

③ 高趋高避者,又称过度努力者。他们兼具了成功定向者和避免失败者的特点。一方面对自我能力的评价较高,另一方面这一评价又不稳定,极易受到失败经历的动摇。他们往往有完美主义的倾向,给了自己太大压力,处在持续恐惧之中。

④ 低趋低避者,又称失败接受者。他们放弃了通过能力的获得来保持其身份和地位的努力。这些学生在面临学业挑战时表现出退缩,至少是被动的反应。他们用于学习的时间很少,焦虑水平也很低,对极少获得的成功不自豪,对失败也不感到羞耻。

总之,自我价值理论可以较好地解释"有的学生为什么不肯努力学习",而"有的学生为什么要掩饰其努力或拒绝承认其努力"等问题。这些实质上都源于将成败归因于能力的一种自我价值保护的效应。表面看起来是学习动机的降低,实质上是"自我价值保护"这一学习的内在动机的加强。或许可以说对学业的漠视、逃脱和倦怠,不是由于缺乏动机,而是因为动机过强。这种过强的动机不是正常的、积极的动机,而是与胜任感联系过于密切的,从而采用的一些自欺欺人的保护自我价值的策略。

8.2.8 自我决定理论

自我决定理论(Self-determination Theory,SDT)是一种较新的学习动机理论,与自主学习观点密切联系。它从人类的内在需要出发,很好地解决了动机产生的能量问题,同时也兼顾了动机行为的方向和目标。从这个意义而言,它是先前强调需要和驱力的动机理论与目前强调学习者归因和信念的动机理论的集大成者,具有独特的教育意义和深远的研究前景。

自我决定理论由美国心理学家德西(Deci)和瑞恩(Ryan)提出。该理论指出,理解学生学习动机的关键是个体的三种基本心理需要:胜任需要、归属需要和自主需要。学习动机的能量和性质,取决于心理需要的满足程度。胜任是指在个人与社会环境的交互作用中,感到自己是有效的,有机会去锻炼和表现自己的才能。归属是指感觉到关心他人并被他人关心,有一种从属于其他个体和团体的安全感,能与别人建立起安全和愉快的人际关系。自主是指个体能感知到做出的行为是出于自己的意愿,是由自我来决定的,即个体的行为应该是自愿的且能够自我调控的。

自我决定理论尤其重视自主需要,认为学生的自主需要越能得到满足,则他的学习动机就越趋于内化。所谓内化(Internalization),是将外部偶尔相关事件的调控主动地转换为内部调控的过程。人们对有些活动并不感兴趣,但由于这些活动对社会生存具有重要意义,因此人们会对它们主动地、内在地加以整合和内化。与其他内化理论不同的是,自我决定理论把内化过程看作一个连续体,而不是二分变量。根据调控内化程度的不同,可以将外在动机分为四个类型:外部调控、内射调控、认同调控和整合调控。

外部调控是指由奖励或惩罚等外部原因而引发学习行为。一个学生,若是为了得到教师的赞扬,避免父母的惩罚而学习,那该生的学习动机就是外部调控的。外部调控是外部动机中自主性最少的形式。

在内射调控形式中,外部调控中的一些威胁性的约束或许诺的奖赏内化为硬性的规则或要求,个体在这种规则或要求的约束下不自觉地行动。如一个学生为避免成为一个坏学生而按时上课,由于这个学生并没有认同规则,因而准时不是他自己的选择,而是在内在压力的迫使下才遵守的。

当个体开始意识到行为的价值,开始认同和接受时,认同调控就会发生。与外部调控和内射调控相比,发自于认同动机的学习行为更具有自主性,更为主动积极。如一个学生愿意做一些额外的物理练习,是因为该生相信这有助于提高物理能力。

整合调控是外在动机内化的最高形式。在这种情况下,调控的过程和个体内在的自我感完全整合在一起。也就是说,学生所认同的规则与学生其他的价值、需要和身份同化在一起。整合动机所引发的行为是具有高度自主性的,这种动机调控主要出现于成人阶段。

总之,四种调控的风格处于以外在控制和自我决定为两极的连续体的不同点上,描述了不同程度的内化和整合,也反映了行为的自我决定程度与受控制程度之间比率大小的变化。这种分类方法比早期学习动机对内外动机的两分法有了显著的进步。

以上学习动机理论大致可分为三类: ① 第一类强调诱因的直接作用,如斯金纳的强化动机理论,属于行为主义观点。② 第二类强调需要的直接作用,如马斯洛的需要层次理论,属于人本主义观点。③ 第三类强调需要和诱因并不产生直接作用,而是通过学生对需要、诱因以及与学习活动本身相关的因素的意识和思考作中介而起作用,如自我效能感理论,成就动机理论和动机归因理论等,属于认知观点。

8.3 物理学习动机的激发

物理学习动机是直接推动物理学习的一种内部动因,是学生在物理学习活动中的一种体现自觉能动性、积极性的心理状态。有积极动机的物理学习,学习效果好,而无动机的物理学习往往成为一种负担,学习效果不佳。有正确、稳定和持久的物理学习动机也是物理课程对学生的情感态度所设定的目标之一。学习动机的培养与激发是指在一定教学情境下,利用一定的诱因,使学习需要由潜在状态变为活动状态,形成学习的积极性。那么,在实际教学中,教师应如何培养与激发学生的学习动机,使他们那种潜在的学习愿望变成实际的主动学习的行为呢? 本节就探讨这个问题。

8.3.1 做好初、高中物理课程的衔接

学生由初中升入高中后,普遍反映"物理难学",问题之一在于由初中物理到高中物理形成了一个较陡的"台阶",产生这一问题的原因是多方面的。例如,高中物理与初中物理相比,知识面更广,内容更丰富;初中物理较多是定性的,高中物理则有较多的定量要求;初中物理以现象为主,高中物理则要透过现象看本质,对抽象思维有较高的要求等。因此,在高一物理教学中做好初、高中物理课程的衔接尤为重要。

1. 注意新旧知识的同化以及顺应

在初高中物理知识的结合部位以初中物理知识引入新课,结合部位的知识要在初中的

基础上加深拓宽。想搞好高、初中物理的衔接教学,不仅要研究高中物理教材,还要熟悉初中物理教材,了解学生在初中已经掌握了哪些知识,并认真分析学生已有的知识,把初中物理知识作为高中物理教学的"生长点"。教师把高中物理教材研究的问题与初中物理教材研究的问题在文字表述、研究方法、思维特点等方面进行对比,明确新旧知识之间的联系与差异,选择恰当的教学方法,使学生顺利地利用旧知识来同化新知识。

2. 加强直观性教学

高中物理在研究复杂的物理现象时,为了使问题简单化,经常只考虑其主要因素,而忽略次要因素,建立物理现象的模型,使物理概念抽象化。

初中学生进入高中学习,往往感到模型抽象,不可以想象。针对这种情况,教师应尽量采用直观形象的教学方法,多做一些实验,多举一些实例,使学生能够通过具体的物理现象建立物理概念,掌握物理概念,设法使他们尝到"成功的喜悦"。

3. 突出过程教学,提高学生科学思维能力

在物理概念和规律教学中,按照物理学中概念和规律建立的思维过程,引导学生运用分析、比较、抽象、概括、类比、等效等思维方法,对感性材料进行思维加工,抓住主要因素和本质联系,忽略次要因素和非本质联系,抽象概括出事物的物理本质属性和基本规律,建立科学的物理概念和物理规律,着重培养、提高学生抽象概括、实验归纳、理论分析等思维能力的水平;在讲解习题时,可以采用进行一题多解或一题多变的方法,培养学生的思维策略的选择和运用的能力。

4. 加强解题方法和技巧的指导

要有效解决具体的物理问题,还必须掌握一些特殊的解决问题的方法和技巧。例如,解决力学中连接体的问题时,常用到"隔离法";对于不涉及系统内力、系统内各部分运动状态相同的物理问题,用"整体法"解答比用"隔离法"简便。

刚从初中升上高中的学生,常常是上课听得懂、课本看得明白,但一解题就错,这主要是因为学生对物理知识理解不深,综合运用知识解决问题的能力较弱。针对这种情况,教师应加强解题方法和技巧的指导。

8.3.2 创设适宜的问题情境

创设问题情境环节尤其在引入新课时起着至关重要的作用。心理学研究发现,人们的注意力往往容易被新奇的、互相矛盾的或者无法确定的事物所激活。在学习过程中,如果仅仅让学生简单地重复已经学过的东西,或者去学习力不能及的过难的东西,学生都不会感兴趣。只有在学习那些"半生不熟""似懂非懂""似会非会"的东西时,学生才感兴趣并且迫切希望掌握它。因此,能否成为问题情境,主要看学习任务与学生已有知识经验的适合度如何。如果完全适合(太易)或完全不适合(太难),均不能构成问题情境。只有在既适合又不适合(中等难度)的情况下,才能构成问题情境。要想创设适宜的问题情境,首先要求教师熟悉教材,掌握教材的结构,了解新旧知识之间的内在联系。此外,要求教师充分了解学生已有的认知结构状态,使新的学习内容与学生已有水平构成一个适当的跨度。

创设问题情境的方式可以多种多样,既可以用教师设问的方式提出,也可以用作业的方式提出;既可以从新旧教材的联系方面引入,也可以从学生的日常经验引入。

【例8-1】 在讲解"蒸汽变水"时,教师问:"在寒冷的冬天,我们在室外说话,空气里会

出现什么东西?"学生答:"一团团的哈气。"教师又问:"那么,我们冬天在室内说话,为什么没有哈气呢?"学生一般答不上来,从而构成了问题。在讲动量一节时,首先向学生提出问题,鸡蛋掉在水泥地上容易摔碎,而掉在弹簧软垫上不易碎,这是为什么呢?一片树叶落下时,人们不以为然,而一块砖头从高处落下时,人们会望而生畏,这又是为什么?这是从学生的日常经验引入、以教师设问方式创设的一种问题情境。

此外,在教学过程中和教学结束时,也可以创设问题情境。

【例 8-2】 讲授高中物理"宇宙速度,人造地球卫星"一节时,教学中以问题情境引起学生认知冲突。

教师问:在高山上以不同的水平初速度抛出一个物体,不计空气阻力,它们的落地点相同吗?

学生答:它们的落地点不同,速度越大,落地点离山脚越远。

教师再问:假设被抛出物体的速度足够大,物体的运动情形呢?

生活中一个物体被抛出去,都会落到地上,这个问题与学生的生活经验有强烈的冲突,课堂气氛立刻活跃起来。当速度增大到某一值,物体就永远不会落到地面上,而成为一颗绕地球运动的人造地球卫星,从而激发了学生往下探求的欲望,再引导学生推出人造卫星的速度。最后教师告诉学生这就是牛顿人造卫星的原理,这样引导学生把学习过程变为揭露事物本质,消除认知冲突的过程,一方面学生学习中的"问题"解决了,另一方面亲自体验了知识的发生和发展过程。

问题情境创设可以有多种方式,并且应该贯穿整个教学过程。

8.3.3 控制学习任务的难度

学习动机和学习效果之间有着相互制约的关系。因此,在一般情况下,动机水平增加,学习效果也会提高。但是,动机水平也并不是越高越好,当动机水平超过一定限度,学习效果反而更差。美国心理学家耶克斯(Yerks)和多德森(Dodson)认为,中等程度的动机水平最有利于学习效果的提高。同时,他们还发现,最佳的动机水平与学习任务的难度密切相关:任务较容易,最佳动机水平较高;任务难度中等,最佳动机水平也适中;任务越困难,最佳动机水平越低。这便是有名的耶克斯-多德森定律(简称"倒 U 字形曲线")(如图 8-1 所示)。

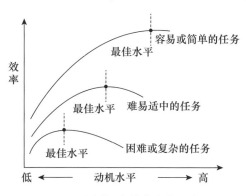

图 8-1 耶克斯-多德森定律示意图

由此可知,教师在教学时,要根据学习任务的不同难度,恰当控制学生学习的动机水平。在学习较容易、较简单的课题时,应尽量使学生集中注意力,使学生紧张一点儿;在学习较复杂、较困难的课题时,则应尽量创造轻松自由的课堂气氛,在学生遇到困难或出现问题时,要尽量心平气和地耐心引导,以免学生过度紧张和焦虑。在知识讲解时,教师要向学生阐述清晰的知识脉络、框架结构、考查形式等,明确教学中的重点和难点,使学生在学习的过程中做到心中有数,即使遇到困难也不会过度焦虑。在训练练习时,教师应根据任务的难易程度恰当控制时间,使学生不会因为时间太久而焦虑过低,也不会因为时间紧促而焦虑过度。

8.3.4 及时反馈,恰当评价

在教学中,教师要善于对学生的学习状态(包括学习态度、学习方式、学习结果)进行及时的反馈,这样做的主要目的,一方面是让学生对自己的学习有一个清楚、明确的认识;另一方面就是激励学生,使之在学习物理的过程中感到愉快,有一种积极的情感体验,提高学生的自信心和自我效能感。

教师在运用反馈时应该注意以下几点。

① 要及时反馈学生的学习结果,特别是年龄小的学生。

② 教师应该及时反馈学生平时的表现情况,比如说,课堂回答问题的情况,作业的完成情况等。

③ 教师给予的反馈应使学生知道什么样的回答是正确的,而不是反复强调错误的反应。

④ 应时刻让学生知道离自己定的学习标准还有多大距离。

⑤ 对于那些学习成绩不好的学生,教师不能只看成绩,还应该从学习的各个环节上发现他们的长处,并给予表扬和鼓励,以此来增强他们的自信心和上进心。

反馈和评价的结合也同样非常关键。需要强调的是:教师要对学生的学习态度和学习的主观能动性等方面及时做出评价,这样才能最大限度地发挥反馈的促进作用。相关研究表明:如果教师在给学生做出评价时,能加上具体的评语,那对学生的学习效果是非常有益的,这样可以激励学生,增强学生的自信心,同时还能拉近学生和老师之间的距离。学生也更容易对此学科产生兴趣。运用评价时,应该注意以下几个问题。

① 教师要使学生对评价持有正确的态度,特别要正确对待考试和考试分数。

② 坚持以正面鼓励为主,评价要尽量做到公平、客观、公正。

③ 评价时要考虑学生心理发展的现有水平和个别差异。如对小学生要多多表扬,对中学生应适当地采用表扬或批评。再比如,对自信心不强的学生应多鼓励,而对自信心比较强的学生,则应更多地提出严格的要求甚至批评。

8.3.5 以正面表扬为主

奖励和惩罚对于学生动机的激发具有不同的作用。一般而言,表扬与奖励比批评与指责能更有效地激发学生的学习动机,因为前者能使学生获得成就感,增强自信心,而后者恰恰起到相反的作用。所以在教学中要多给予学生表扬而非批评。

虽然表扬和奖励对学习具有推进作用,但使用过多或者使用不当,也会产生消极作用。有许多研究表明,如果滥用外部奖励,不仅不能促进学习,还可能破坏学生的内部动机。所以表扬和鼓励应该和批评适当地结合在一起,在表扬中提出不足的补救方法,在批评时又不挫伤其积极性,带着一些肯定的语气。班杜拉于1982年指出,如果任务能提高个体的自我效能感或自我价值感,则外在奖励不会影响内部动机。外部强化物究竟是提高还是降低内部动机,这取决于个体对该强化物的感受与看法。摩根(Morgan)于1984年指出个体如何看待奖励非常重要:当个体把奖励视为目标,而任务仅是达到目标的手段时,内部动机就会受损;当奖励被看作是提供有关成功或自我效能的信息时,内部动机则会提高。

布洛菲(Brophy)总结了有关表扬的文献,提出了怎样使表扬具有最佳效果的建议。他认为有效的表扬应具备下列关键特征:① 应针对学生的良性行为;② 教师应明确学生的何种行为值得表扬,应强调导致表扬的那种行为;③ 表扬应真诚,体现教师对学生成就的关心;④ 表扬应具有这样的意义,即如果学生投入适当的努力,则将来还有可能成功;⑤ 表扬应传递这样的信息,即学生努力并受到表扬,是因为他们喜欢这项任务,并想形成有关的能力。

事实上,有效地进行表扬确实不是一件容易的事。在课堂上有大量的表扬没有针对学生的正确行为,而经常给予了那些不值得表扬的行为,或者当学生有进步、值得表扬时,却未能得到表扬。有时,在竞争情境中,某些学生似乎永远得不到表扬,久而久之就会失去对学习的兴趣。另外,表扬是否具有内在价值,即是否为学生所期望、所看重,会影响表扬的效用。因此,如何适时地、恰当地给予表扬应引起高度重视。教师应根据学生的具体情况进行奖励,把奖励看成某种隐含着成功的信息,其本身并无价值,只是用它来吸引学生的注意力,促使学生由外部动机向内部动机转换,对信息任务本身产生兴趣。同时,对于那些在竞争中处于劣势的个体而言,教师应给予更多的关注与鼓励,设置情境使其有成功的体验,以免产生自暴自弃的心理。

中学生正处于自尊需要日益强烈的阶段。对"差生"一味地批评、指责起不到任何作用,反而会形成一种恶性循环。坚持对学生特别是"差生"多表扬、少批评的原则,肯定学生的优点、长处和成绩,有利于不断增强学生的自尊心和自信心。表扬实际上是一种最廉价、最易于使用且最有效,但也是最容易被人们忽视的,激发学生学习动机的方法。所以对于那些学习较差且自卑感又很重的学生,更要多一些表扬,少一些指责。

学生在学习物理的过程中,尤其容易心灰意冷,因为物理本身很难学,做题不会,考试成绩不高是非常常见的现象,这样特别容易打消学生学习的积极性。所以教师在教学过程中,要因材施教,适当控制习题难度,而且要不断地鼓励学生,给予正面表扬,尽量给每个学生表现的机会,事后也要及时给予表扬,不管学生做到什么程度,要让学生找到学习物理的信心。

8.3.6 正确认识并妥善组织竞赛

虽然大量研究表明,竞争对学生的学习动机存在一定的消极影响,但完全取消竞争也是不现实的,关键是如何正确使用竞争手段。学习竞赛以竞赛中的名次或胜负为诱因,可以满足学生的附属和自我提高的需要,从而在一定程度上提高其学习积极性,影响其学习效果。当然,学习竞赛对于不同水平的学习者的影响不同。对于成绩中上的学生影响最大,因为这种学生通过努力可以不断提高名次。而对成绩极优或极差者,学习竞赛的影响甚微。因为优等生每次都取得好名次,从而认为自己无须努力也能成功,故激励作用不大;差等生从来没取得过好名次,认为自己根本没有成功的希望,故竞赛对他们也没有什么作用。此外,学习竞赛往往是对不合作的一种无形的鼓励,不利于团结协作的集体主义精神的建立。

总之,学习竞赛既有积极作用,也有消极影响,我们既不能简单地全盘肯定,也不能简单地全盘否定。如果在竞赛中不注重思想教育,把竞赛仅作为激励学生个人自尊心与荣誉感的措施,势必会产生消极影响;相反,如果能在竞赛中结合思想教育,使竞赛成为激励学生集体荣誉感与责任感的手段,则是可取的。当然,要想发挥其积极作用,在竞赛标准上应体现出鼓励进步和团结互助,尽量多用集体或小组竞赛,而少用个人竞赛,并鼓励学生开展"自我竞赛"。这样,有利于使先进更先进,后进变先进,团结友爱向前进;有利于防止自卑心理、骄傲情绪和个人主义等不良倾向。

8.3.7 对学业成败积极归因

学习行为持续一段时间后,学生对学习结果会有一定了解,这个学习结果会影响学生的认识、情感和行为反应。那么对于学习结果的归因就非常重要,积极的归因能激发学生的学习动机,促进学生的积极性,消极的归因会使学生情绪低落,打击学生的学习积极性。

学生对学习结果的归因,不仅解释了以往学习结果产生的原因,对以后的学习行为也会产生影响。研究表明,不同的归因方式将导致个体不同的认知、情感与行为反应,具体表现在以下四个方面。

其一,对成功与失败的情感反应。当学生成功时会感到高兴,但只有当将成功归因于内部因素时,个体才会感到自豪与满意;如果认为成功是源于他人或外部力量,则学生的情感反应是感激而不是自豪。相反,如果将失败归因于内部因素,如不努力或无能,学生则会感到自责、内疚或羞愧;如果归因于外部因素,学生则会感到生气或愤怒。

其二,对成功与失败的期望。学生将成败归因于稳定因素时,对未来结果的期待是与目前的结果一致的,也就是说,成功者预期着以后的成功,失败者预期着以后的失败。例如,把失败的原因看作是自己能力差,那么个体就会担心下一次还会失败,因为能力是比较稳定的,很难在短时间内得到改变。相反,若将成败归因于不稳定的因素,则对以后成败的预期影响较小。

其三,所投入的努力。若学生认为失败是由于不努力造成的,即认为如果自己努力学习,确实有能力取得成功,则他们在以后有可能更加努力,遇到困难也能坚持。若将失败归因于缺少能力,也就是说,即使努力也不能成功,则他们很容易放弃,尽管有些任务是他们以前成功地完成过的。研究表明,后一类学生很容易产生习得无助感(Learned Helplessness)。

其四,自我概念。随着学生年龄的增长,他们越来越坚信能力是一个相对稳定的、不可控制的心理特性。如果不断地成功,则他们的自我概念中就包含着较高的自我效能感,否则自我效能感就会较低。

既然归因方式会影响主体今后的行为,也就可以通过改变主体的归因方式来改变主体今后的行为。这对于学校的教育工作是有实际意义的。在学生完成某一学习任务后,教师应指导学生进行成败归因。一方面,要引导学生找出成功或失败的真正原因,即进行正确归因;另一方面,更重要的是,教师也应根据每个学生过去一贯的成绩的优劣差异,从有利于今后学习的角度进行积极归因,哪怕这时的归因并不真实。

积极归因训练对于差生转变具有重要意义。由于差生往往把失败归因于能力不足,导致产生无助感,造成学习积极性降低,因此有必要通过一定的归因训练,使他们学会将失败的原因归结为努力,从失望的状态中解脱出来。在对差生进行归因训练时,往往是使学生多次体验学习的成败,同时引导学生将成败归因于努力与否。因此,只要相信努力会带来成功,那么人们就会在今后的学习过程中坚持不懈地努力,并极有可能导致最终的成功。

要想更好地激发学生的学习动机,教育者要学会引导学生建立准确的归因模式,引导学生对成败因果关系进行正确的归因。要帮助学生树立这样一种信念:要想获取成功就必须付出努力,不努力就注定要失败。我们要学会引导学习者把成功归因于自己的内部因素,只有这样才能使他们感到自己是成功的、有能力的,才能大大增强他们的自信心;与此同时,要尽量避免学习者把失败归因于能力的大小,因为这种因素是不可控的,它往往会打消学生的学习积极性,那不利于使学生产生学习动机。特别需要强调的是,不能让学习者产生"成就只取决于努力"这种不切实际的想法,应该让他们正确认识自己的能力,同时又能认识到努力对于成就的取得也是非常重要的。

8.3.8 增强学生的自我效能感

自我效能感是一种主观的心理感受,这种主观感受影响任务选择、努力程度、坚持性以及学习态度等。当学生获得了相应的知识、技能后,自我效能感就成为学习行为的决定因素。具有高自我效能感的学生,倾向于选择具有挑战性的任务,且遇到困难时仍能坚持,较少害怕和焦虑;自我效能感低的学生,则害怕选择具有挑战性的任务,遇到困难时容易放弃,或采取拖延、试图回避的方式来处理困难任务。在对待学习活动的态度方面,自我效能感高的学生具有自信心,敢于面对困难,面对即将学习的较难的学业内容,根据自己以往的学习经验,会认为自己通过努力能够完成学习活动;自我效能感低的学生,则对完成任务没有自信,认为努力、练习无济于事,因而容易退缩。

自我效能感影响学生的自我评价和自信心,进而影响他们的学习成绩。尤其是那些学业不良的学生,由于对自己的学习能力持怀疑态度,表现出很低的自我效能感,在学习中容易放弃尝试和应有的努力,学习成绩也就难以提高。

学生亲身经历的失败对自我效能感影响最大,成功的经验会提高自我效能感,多次失败的经验会降低自我效能感,不断的成功会使人建立起稳固的自我效能感。因此,教师在教学中要通过一定的方法改变和提高学生的自我效能感,这是激发学习动机的一条有效途径,具体可采取以下措施。

① 选择难易适中的任务,让学生不断地获得成功体验,进而提高自我效能感。学业成绩不良的学生常常过分夸大学习中的困难,过低估计自己的能力,这就需要教师为这些学生创设更多成功的机会,让他们在学习活动中通过成功地完成学习任务、解决困难来体验和认识自己的能力。每个学生都有自己的专长与潜能,教师要善于发现,并让学生有展示的机会和成功的体验,以激发他们的学习动机,提高他们的自信心。

② 让学生观察那些学习能力与自己差不多的学生取得成功的学习行为,通过获得替代性经验和强化来提高他们的自我效能感,使他们确信自己也有能力完成相应的学习任务,由此产生积极的学习动力。当一个人看到与自己水平接近的学生学习成功时,就会增强他的自我效能感,激发其学习动机。

③ 引导学生坦然面对失败,从失败中找出可以改进的因素,进而提高自己的学习技能,增强获得成功的自信。学业不良学生常常表现出厌学倾向,这是在失败的情境下产生的心理反应。如前所述,对失败的不适当归因,会使学生产生无助感,诱发消极的心理防御。有的学生为了避免再失败对自己自尊心的打击,干脆采取退避行为。因此,让学生正确对待失

败与鼓励取得成功同样重要。在学生学习受到挫折时,要引导他们改变对自己学习能力的错误判断,形成正确的自我效能评价,提高取得学习成功的信心。

8.3.9 维护学生的自我价值

自我价值理论指出,学生有保护和表现自我价值的需要,这是个人追求成功的内在动力。随着年龄的增长,学生越来越倾向于将成功视为能力的展现而并非努力的结果。而一旦成功难追求,学生就可能以逃避失败来维持自我价值。因此,我们在生活中常常发现有些学生为了面子,选择各种消极的自我妨碍策略。如有些学生喜欢把作业拖到最后一分钟才开始做,考试前的复习尽可能拖延到最后一刻才开始;还有些学生通过制定一个不现实的目标来掩饰能力的不足,让自己确信失败是因为任务很难,而不是自己能力不够;另一些学生会拒绝学习,认为学习不重要,努力的人都是傻瓜,学业失败是个性的表现……凡此种种自我妨碍策略,正是源于学生对失败的恐惧,源于理想自我和现实自我的差距过大。

随着学生对努力、能力、成功概念理解的变化,许多课堂上的教学就变成了一种能力竞赛。动机的增强不一定是为了学习,而是为了胜过他人以提升自己的声誉。在这样的课堂里,学生由于对他人可能做得更好而心存恐惧,因而成就动机会不断提高。对于学习而言,这是一种破坏性的动机,它让学生远离真正的成就,降低他们尝试的意愿,引发学生之间的嫉妒性的比较。过多地将评价和能力差异联系起来,使得个体为保护以能力为基础的自我价值感免受损害,而采用一些歪曲的策略欺骗自己,制造一些借口来推卸失败的个人责任。更糟的是,这种防御策略的作用并不长久,最终,借口会失去作用,这时学生对自己能力会产生更加肯定的怀疑。防御措施的崩溃,使得学生感到绝望和被暴露,为自己的愚蠢而愤怒、焦虑等不良情绪会不断袭来,结果会变得更糟。

教师应该教给学生一种积极、乐观的看待能力的态度。首先,让学生意识到能力是一种用来解决问题的资源,可以随着知识和经验的增加而增加;其次,让学生知道能力是多个维度、多种形式的,所有的学生都或多或少地拥有不同方面的专长。同时,我们建议对多种能力形式进行奖励,鼓励尽可能多地运用已有的、发展最好的能力是加强学生学习愿望的一个途径。另外,还可以提供一种发现学生潜在天赋的方法,当学生发现了自我满足感的来源,就像获得独特的成功一样,对学习而言是一种持续的激励。

教师要理解和尊重学生有保护自我价值的需要,引导他们把自我价值的实现方式与正向、积极的学习行为相联系,避免学生不断从环境中体验到对自我价值的威胁感,从而采取各种自我妨碍的逃避策略。研究表明,依照以下三个动机原则而设置的课堂任务,有助于达到以上的教育效果。首先,提供足够的自我发展的机会,即在教学中教师尽可能不使用惩罚措施,尤其是针对个人能力、成败的负向评价,帮助学生在学习过程中逐步提高成就感,不断克服先前的错误和缺点而做得更好。在淡化惩罚和评价色彩的教学氛围中,学生往往也容易摆脱对"自我价值"的过度关注,体验到更多安全感,同时表现出更多的探索和挑战欲望。其次,任务设置保证合理的挑战性,即针对学生目前的能力水平,合理设计教学任务。任务过于简单或过于困难,都不利于学生自我价值需要的满足;具有合理挑战性的任务,会鼓励学生调动各种相关信息探索矛盾和不确定性因素。最后,加入更多合作,更多团体意识,即让学生了解学习是一件以集体为单位的共同活动,学习效果的提高是集体共同努力的结果,借以帮助学生日后能更好地适应社会,处理好各种人际关系和完成协作任务。

8.3.10 教给学生学习方法

是不是学习动机水平高,就意味着学生的积极性一定比较高?答案是否定的。学习方法同样重要。因为如果学生不会学习,没有掌握学习的方法,或者说没有养成良好的学习习惯,那学生的学习积极性也会大大地被削弱。

根据物理学科自身的特点,其方法教学包含两个方面:一方面是加强物理学习方法的教学,另一方面加强科学方法的教学。

1. 加强物理学习方法的教学

加强物理学习方法教学,一方面要丰富学生的学习方法,提高学习效率;另一方面也是一种归因诱导,即引入学生将失败更多地归因于方法策略的不当。教师要加强指导学生学习物理的几个环节:预习、上课、复习、练习、总结。很多学生学习物理就等于"记记公式,做做习题",原因之一是他们不知道该怎么预习、复习、总结。尤其是在教学起始阶段,教师可以在适当的时候对学生进行"怎样预习?怎样听课?如何复习?怎样做习题?"等方面的指导,并要求学生养成习惯以后保持下来。另外,教师教学中应穿插学习策略的指导,比如向学生介绍复述、精加工、反思、组织、做小结等的学习策略,使学生在应用中逐步认识学习策略的适用范围,掌握这些策略。

2. 加强科学方法的教学

科学方法是指科学研究的一般方法,与科学融为一体,是科学的有机组成部分。物理学研究最基本的方法是实验与数学的结合,以实验为基础,以数学为工具。具体高中物理所涉及的科学方法可分为四个方面:物理方法、数学方法、逻辑方法和哲学方法。

物理方法集中体现了物理学科研究方法的特色,具体有:实验法、理想法、等效法、对称法、叠加法、隔离法等;数学方法被认为是物理研究的工具,常用的有比例法、图像法、极限法、数列法,还有三角、几何中的一些方法;逻辑方法指逻辑思维的方法,主要有:比较、分类、类比、概括、分析和综合、归纳和演绎、抽象和具体等;哲学方法突出了哲学的方法论功能,把对方法的认识上升到哲学的高度,具体有:量变质变、肯定否定、绝对相对、现象本质、形式内容、原因结果、偶然必然、部分整体、有序无序等。在这四个方面的方法中,物理方法是最基本的,其中又以实验法、理想法、等效法、叠加法等最为基本;逻辑方法中,比较方法是最基本的。一个知识点可以渗透多种方法的教学,一个方法也可以在不同的知识点中教学。在具体教学中,要权衡一个知识点突出哪个方法,并兼顾哪些方法。如在"力的合成分解"教学中,重点渗透"等效法"的教学;在"速度、加速度"等的教学中,重点渗透"比值定义法"的教学;在"牛顿第一定律"的教学中,重点渗透"理想实验法"的教学;在"牛顿第二定律"的教学中,重点渗透"控制变量、数据处理"等实验方法的教学;在电场强度、电势差的教学中,重点渗透"类比法"的教学,同时兼顾"比值定义法"的教学等。

8.3.11 展现物理学习的价值

高中物理是高中教育的重要课程,它使学生获取丰富的物理知识,深入了解自然规律,帮助学生培养科学精神,树立正确的人生观、世界观和价值观。学生在学习物理的过程中,如果认识不到学习物理的价值,而只是为了考试成绩或者其他原因,认为学习物理很无聊,那么无论教学形式怎样精彩,学生也很难长时间地投入学习。所以,在物理教学的过程中展示物理自身的价值,让学生体会物理学的内在价值是非常关键的。

1. 展示物理学的美

物理教学要使学生感受到物理学的简洁美、和谐美和对称美。科学研究法是物理学的研究方法之一,突出主要因素、忽略次要因素,把实际的复杂问题简单化,使物理学中出现了许多理想化模型,如质点、自由落体运动、弹簧振子、单摆,使物理学具有了简洁美。当然物理学的简洁美并不仅仅是将复杂问题简单化,也体现在科学家们从众多的物理现象中总结出了一系列的物理规律。神秘的太空中天体的运动、地球上物体的运动统一在牛顿运动定律之下;电和磁的各种现象统一在麦克斯韦电磁理论之中;质量和能量统一于爱因斯坦质能方程;量子理论中波动性与粒子性的统一等。物理规律的和谐美,还体现在大自然的对称性。如竖直上抛运动、斜抛运动、简谐运动、波动镜像对称、磁电对称、作用力和反作用力对称、正电和负电、N极与S极等无不展现自然的对称与和谐美。

2. 展现物理学的实用价值

物理学的发展对人类社会生产生活有巨大的推动作用,每一次物理学的发展都在一定程度上改变了人类的生存方式和生活状态。在物理教学中应以讲解、展示图片、播放视频等方式向学生充分展示物理学原理的实际应用或应用前景,以提高学生对物理知识的价值认识。如牛顿运动定律和万有引力定律在航空航天技术上的应用;热机(蒸汽机)对第一次工业革命的巨大推动作用;电磁感应的研究直接导致了电气化时代的来临;电磁场理论与电磁波的发现导致了通信领域的革命;光导纤维(全反射)技术和以量子理论为基础的激光技术、现代电子技术(计算机技术)的结合,导致互联网的出现和信息时代的来临。另外还有超导现象、激光技术、纳米技术、可控核聚变等都具有广泛而美好的应用前景,即将对人们的生活产生巨大的影响等。

3. 展现物理世界的魅力——教学中渗透物理学史的教学

物理学史记载了人类揭开自然奥秘的令人兴奋的探索历程,是一块能够激发学生学习热情的热土。在物理学的发展过程中,有很多耐人寻味、发人深省的事例。有反映物理学发展曲折过程的史料,如人类对力与运动的关系、折射现象等的研究,都是经过了近千年的漫长探索。有反映科学大师崇高精神的言行,如亚里士多德的名言"吾爱吾师,吾更爱真理!";法拉第钻研十年终于发现电磁感应;牛顿与胡克的长期"争论"等。也有体现科学大师的天才思维和方法创新的过程,如伽利略的思想实验法、法拉第发现电磁感应的过程、麦克斯韦创立电磁理论的思维、爱因斯坦对光电效应现象的解释等。还有关于物理学家的各种轶闻趣事,如关于安培的"移动的黑板"、牛顿煮怀表、泊松的可爱错误、名不见经传的爱因斯坦的伟大发现。再比如,富兰克林在雷雨天放风筝的故事以及哥白尼、布鲁诺和伽利略等人为了真理而执着奋斗的故事。将这些事例有机地穿插在物理教学过程中,既能激发学生的学习兴趣,又能启迪学生思维,提高学生的科学思维品质,因此是激发学生学习动机的有效策略。物理教学,不仅是将物理知识传递给学生,也要将物理学家研究物理的方法、物理学的思想传承下去,同时还应将物理学家对物理的痴迷和热爱传承下去。

❓ 思考与实践

1. 如何利用学习动机和学习效果的相互制约关系来培养新的学习需要?
2. 成就动机理论的主要内容是什么?如何利用成就动机理论来激发学生的学习动机?

3. 什么是归因理论？常见的归因维度有哪些？如何指导学生对学习结果进行正确的归因？
4. 自我实现理论和自我效能感理论对学习动机的培养和激发有何启发作用？
5. 成就目标理论的主要内容是什么？在实际教学过程中，应如何设置合理的课堂目标结构？
6. 自我价值理论如何解释学生学习过程中的退缩行为？这对教师的动机激发行为有什么启示？
7. 自我决定理论的主要内容是什么？如何利用自我决定理论激发学生的学习动机？

参考文献

[1] 陈琦.当代教育心理学[M].北京：北京师范大学出版社,2005.
[2] 刘惠军.动机心理学[M].北京：开明出版社,2012.
[3] 王鸿江.现代教育学[M].上海：上海教育出版社,2001.
[4] 燕国材.非智力因素与教育改革[J].课程·教材·教法,2014(7).
[5] 袁丽靓.高中生物理学习自我效能感及其学业表现的调查分析研究[D].武汉：华中师范大学,2017.
[6] 陈璞.学习困难学生学习动机、自我效能感、学习策略的特点及关系研究[D].武汉：华中师范大学,2015.
[7] 张军鹏.理科学生对物理学科学习认识的差异研究[J].课程·教材·教法,2002(1).

第 9 章　物理学习进阶

> **学习目标**
> 1. 知道学习进阶的源起、内涵、要素及其建立过程。
> 2. 解释学习进阶的特征,知道学习进阶研究的意义。
> 3. 描述并举例说明学习进阶研究的循环模式及开发方法。
> 4. 知道学习进阶与物理教学、评价、课程的关系。
> 5. 解释基于"学习进阶"的课堂教学设计的模型,并尝试用该模型设计一堂物理课。

学习进阶(Learning Progressions)概念自 2004 年在科学教育领域正式提出以来,已成为国际科学教育研究领域的热点议题之一,用以解决科学课程学习"广而不深"、关联性不够,以及课程、教学与评价相分离的问题。本章从学习进阶的缘起、内涵、学习进阶的研究范式及开发方法和在物理教学中的应用等方面进行探讨,以期对我国的物理教育研究和实践有所启示,以促进学生科学有效地学习物理。

9.1　学习进阶概述

近十年来,与学习进阶的相关研究受到教育界学者的关注,同时也涌现了许多研究成果,学习进阶已成为科学教育研究领域的一个核心概念。本节我们首先从缘起和概念上,了解学习进阶的内涵、要素及特征。

9.1.1 学习进阶的缘起

关于学习进阶的研究与科学教育的三个研究领域——学习领域的研究;课程领域的研究;评价领域的研究有密切的联系。

1. 从学习领域的发展看学习进阶

从学习理论的发展来看,人们对学习的认识经历了相当长的时间。最初的行为主义将学习看成行为方式或频率的改变,认为理解就是收纳一堆事实性或者程序性知识。它因忽视了学习者作为学习主体对学习的影响而受到了认知主义学习理论的挑战。其中,皮亚杰学派对认知学习理论的贡献主要体现在两大方面:一是揭示个体认知成长的历程,即提出了个体认知发展的四个阶段;二是揭示个体认知成长的机制,即同化——将新的信息纳入自己的图式,顺应——修正自己原有的图式以适应新的信息。这两方面的研究成果分别推动了之后的认知发展心理学研究,以及关于个人概念以及概念转变的研究。

皮亚杰学派关于认知发展阶段研究的重要意义在于将认知心理学与发展心理学进行了融合。研究的局限主要体现在两个方面:一是仅仅关注了个体逻辑推理的阶段化发展,即一般逻辑能力的发展,而忽视了具体内容领域这一重要的学习变量;二是其所谓的建构不太重视社会因素和物理环境对个人认知建构的影响。而近三十年来科学教育领域关于专家和新手的研究不仅论证了具体领域知识对于认知建构的重要性,同时指出了事实性知识的有效组织才是认知成长的关键,因为研究发现各个领域的专家都拥有更具有连接性的知识。同时,维果茨基的学习理论一方面强调的学习的社会性本质弥补了皮亚杰个人认知建构的不足,另一方面他提出的最近发展区揭示了学习者存在最适宜学习空间的问题。也就是说,如果学习者现有的知识水平已知,并且通过已有研究发现了一种可能的学习路径,那么就有可能通过教学促进学习者最近发展区的学习。这一观点成为学习进阶研究的理论前提。

皮亚杰学派关于学习机制研究的一个重要贡献在于提出学习是基于个体已有经验的积极建构,从而引发了20世纪70至80年代个人概念/迷思概念及20世纪80年代后的概念转变研究的热潮。关于个人概念的研究最初起源于研究者研究迷思、错误的理解、其来源和对科学学习的影响。到20世纪70年代中叶,科学教育研究者才对儿童概念的研究产生浓厚的兴趣。早期关于个人概念的内容主要关注的是学生对于自然现象的理解与学生认知发展阶段的匹配程度的验证。随后,研究者开始将焦点转向关注学生的想法以及解释内容。研究者们探查各个具体内容领域学生的个人概念,例如,物理方面主要有力学、光学、热与温度、电学、物质三态变化等概念,主要研究迷思概念的来源、错误的频率、阻碍学习的原因,以及教师促进学生概念转变的策略等。研究确证了许多迷思概念的存在,证明了学生的个人概念与科学概念之间的差异性。但是随着这一领域研究发展的极限的到来,许多研究者不仅开始关注迷思概念是什么、有哪些,更希望能够有一种综合的理论来解释和转化它们。

从1980年开始,许多研究者开始提出并强调概念转变(Conceptual Change)的学习,逐步形成了一些有代表性的概念转变理论。如波斯纳等人于1982年提出的概念转变理论、奇等人于1992年提出的本体论类别转换、沃斯尼亚杜于1994年提出的认知架构理论和心智模式等。我们可以看到概念转变研究所试图解决的四个问题:知识是按照何种方式被误解的?为什么这种被误解的知识如此难以改变?原有知识改变的是什么?如何设计教学促进概念转变?尽管这些典型的概念转变理论都试图阐述概念改变的机制,但他们所面临的共同难点是个人概念转变相当复杂,且较难以囊括包含有认知、社会和情意等诸多方面的因素。这使得概念转变研究在今后相当长的一段时间内仍将是科学教育研究领域的重要议题。

此外,一个值得注意的问题是,有文献将个人概念及概念转变的已有研究归纳为两大派别倾向:一类倾向于认为学生头脑中的概念是结构化的,具有理论的功用;另一类则认为学生头脑中的概念是碎片化的,通过相似联结进行概念转变。这一点提示我们,在研究概念的转变和发展时,也需要慎重选择概念单位的大小。

从以上学习理论研究的发展脉络可见,如果说个人概念的研究发挥的是对学生的学习和发展进行描述的功能,而概念转变的研究发挥的是对学生的学习和发展进行解释的功能,那么,当人们将概念转变研究的时间单位拉长,并对概念转变的模式进行整合,就能对一段时间内的概念转变的模式建构认知模型,这就是学习进阶的研究。而这样的研究将发挥对学生的学习和发展进行预测的功能。

2. 从课程领域的发展看学习进阶

同样是近十几年间,在课程研究领域,由美国科学教育所引发的关于课程的一致性和连贯性研究为学习进阶研究在课程领域的价值凸显提供了两方面的契机:一是确定了学习进阶研究的两个核心变量,一致性研究关注到了对于不同知识,学生在认知要求上的不同,即将课程研究聚焦到学生认知、知识两个要素。而连贯性研究关注到了不同学段知识本身具有的逻辑结构及其发展,即将课程研究聚焦到学段、知识两个要素上。若将两种范式的研究进行整合,不难发现课程研究缺乏的是刻画学生在每一个学段应该达到的具体学科内容领域中某一个核心概念的认知水平,即对于学段与认知两要素结合的研究,这无疑就是学习进阶的研究。二是提出了概念单位大小的问题。基于大概念来促进课程的连贯性和一致性,成为美国科学课程改革的重要呼声,这也为学习进阶研究的出现作了铺垫,因为要刻画学生的概念发展模式必然需要基于一定单位大小的概念。

如果说关于个人概念以及概念转变的研究意义主要在于解决教学的问题,那么学习进阶的研究则将有利于解决课程和教学两方面的问题。学习进阶的研究成果有利于解决课程设计的核心问题,即选择合适的课程内容(大概念及子概念)并进行学段组织的问题。

3. 从评价领域的发展看学习进阶

在学习进阶的研究兴起之前,科学教育的评价系统研发已经具备了相应的基础。2001年美国国家研究理事会(National Research Council,NRC)在《认识学生知道什么》(*Knowing What Student Know*)报告中指出,评价设计应该基于认知和学习的模型,教学、课程和评价应该具有一致性。它指出如果能够描述学习是如何随着时间而发展的,即评价系统可以识别当前学生的思维、可能的原有认识,那么下一步就是让学生的思维向着更精熟化的理解去发展,这本身就是对学习进阶研究的一种预先倡导。之后马克·威尔逊(Mark Wilson)沿着这样的方向开发出了伯克利评价系统(Berkeley Evaluation and Assessment Research,BEAR),以测量学生对某个具体内容领域的理解是如何随时间发展的,由于学习进阶强调基于学生证据的研究,这对于评价领域无疑具有积极的驱动意义,因而,研究者相信学习进阶的研究将促进评价领域的发展。

概括来说,学习进阶研究是学习、课程及评价领域研究协同发展、相互影响的产物,作为几乎同时段的研究,这三个领域的研究无疑促进了学习进阶研究的丰富和发展。

9.1.2 学习进阶的内涵

科学教育界对"学习进阶"目前还没有一个统一的界定。美国国家研究理事会将学习进阶定义为:学习进阶是对学生连贯且逐渐深入的思维方式的假定描述。在一个适当的时间跨度下,学生学习和探究某一重要的知识或者实践领域时,思维方式逐渐进阶。另外,许多学者根据其自身研究背景提出了不尽相同的表述。例如,史密斯(Smith)等认为学习进阶是学生在学习时对一系列概念连续的、逐渐复杂的思维方式。罗斯曼(Roseman)等定义学习进阶是从小学延续到高中的一条符合逻辑和学生发展的概念序列。萨利纳斯(Salinas)认为学习进阶是以实证为基础的、可检验的假说,它阐释了在一段时间内经过适当的教学指导,学生对科学核心概念、科学解释以及科学实践的理解和运用是如何逐渐发展、逐渐深入的。邓肯(Duncan)于2009年指出,学习进阶是一系列假设,假设学生在教学的影响下,对核心概念的理解、应用能力如何随着时间的推移而逐步深入发展,而该假设可通过实证检验。国内学者,如刘恩山教授给学习进阶的界定是:学生在各学段学习同一主题的概念时所遵循的连贯的、典型的学习路径的描述,一般呈现为围绕核心概念展开的一系列由简单到复杂、相互关联的概念序列;高嵩教授则认为对学习进阶的认识既不能脱离学科概念体系,又不能超越学生实际,因此,把学习进阶定义为:在一定的目标预设之下,学生通过经历一定的学习过程而发展起来的围绕某一科学主题核心观念的概念序列;郭玉英教授认为学习进阶是一个描述学生在知识学习和实践活动过程中连续地、更加熟练地发展的框架,这个框架的构建需要了解学习者是如何理解知识以及以何种方式理解这些知识的。

结合上述各位学者对学习进阶的认识,我们将学习进阶定义为:学习进阶是对学生在一个时间跨度内学习和探究某一主题时,依次进阶、逐级深化的思维方式的描述,是学生在学习过程中,可遵循的一条符合学生认知规律的连贯的典型的学习路径的描述,一般表现为围绕某一主题而展开的不断深入的概念序列描述。

为了正确地理解学习进阶,还需要强调以下几点。

第一,学习进阶的研究对象是学生,学习进阶刻画的是学生思维的发展过程。

第二,学习进阶描述了学生在学习某一主题时不同的思考方式。

第三,学习进阶并非是一种自发发展过程。

第四,教学实践对学习进阶起着关键性作用。

第五,需要对学习进阶、学习轨迹和教学序列进行区分。一般认为学习进阶是一个更为上位的概念,学习轨迹的有机组合构成学习进阶,而教学序列则是在学习进阶框架下,教师根据学生的具体情况规划其教学活动的安排和选取教学策略。

第六,学习进阶不同于课程文件中的"内容进阶"。"内容进阶"描述的是学生学习的特定的、有序的学习内容,而学习进阶描述的是学生如何思考这些内容。因此,学习进阶的每一个"阶"描述了学生在学习"同一内容"时的不同思考方式,而并非学习不同的内容;而内容进阶则是描述了所有内容及其"不同内容"之间的层级发展。

第七,学习进阶不同于"学会了"和"没有学会"。假设这里有这样一个问题:一个石块被竖直上抛,在它到达最高点之前,请学生分析石块的受力情况。有时候我们发现,可能学生的答案都是"错误的"(没有学会)。但是如果我们仔细研究发现,这些"错误的"答案可能代表了学生对"力如何影响物体的运动"的不同层次的理解,如果仅用"学会了"或"没有学会"来描述是非常粗糙和不准确的。

9.1.3 学习进阶的要素及其建立过程

学习进阶的要素包括进阶终点、进阶维度、成就水平、各水平的学业表现以及测评工具等五个要素。

① 进阶终点,即学习目标(Learning Goals),是指学生在一个学段或毕业时所能达到的终极水平,它的制定主要是基于对学科概念的分析、社会对公民的基本要求和期望、更高水平教育的准入要求。

② 进阶维度,即进阶变量(Progress Variables),它可以是学生对核心概念的理解、应用和练习。研究者可以通过追踪一个或多个发展变量来测量学习进阶或了解学习历程。

③ 成就水平(Levels of Achievements),指学习进阶发展路径中的多个中间层级,这些层级可以反映学生不同阶段的能力发展过程,是实现终极目标的跳板。它用来描述学生学习

发展过程中存在的不同阶段,是设计学习进阶的重要组成部分。在划分成就水平时需要注意两点:其一,将某一核心概念及其相似概念归纳为同一个水平;其二,划分的标准应既满足课标的理论要求,又要参照对学生现有学业能力进行实证研究的结果。

④ 学习表现(Learning Performance),指处于不同发展层级的学生完成相应任务时的表现,或者是该水平层次学生表现的核心特征。

⑤ 测评工具(Assessment Fools),指一套基于假设模型的测量学生发展的工具,主要用于跟踪学生在预期进阶路径上的发展情况。

学习进阶的建立一般包括三个步骤。首先,建立假设性学习进阶,包括验证性和演进性两种方法,验证性方法是从课程或考试标准出发,自上而下地基于学科专家所预期的学生概念发展情况来制定学习进阶的具体内容;演进性方法是从学生对概念的理解出发,自下而上地基于学生对概念的理解来制定学习进阶。其次,根据建立的假设性学习进阶编制试题,组成信效度良好的测验。最后,采用所编制的测验施测于目标样本,用心理测量学模型分析数据,一方面对学生的概念掌握情况进行诊断,另一方面对建立的学习进阶进行验证或修正。

9.1.4 学习进阶的特征

1. 学习进阶的构建以核心概念为主轴

学习进阶的理论吸收了认知心理学对专家和新手头脑中知识结构的研究成果,该成果的一个重要启示就是理科课程的编排应借鉴专家的知识结构组织方式,即作为理科课程骨架的学习进阶应基于一定数量的核心概念构建,给学生足够的机会和时间去理解和实践,以帮助学生建立更为深入、连贯、系统的知识结构框架。

这里的核心概念,有时称作大概念或关键概念(Key Ideas),位于学科的中心地位,包括了学科领域内重要概念、原理、理论等,能够展现当代学科图景,是科学领域的核心内容,是学科结构的主干部分。

2. 学习进阶的发展立足于长期、持续、渐进的学习

学习进阶理论认为,学习是一个长期、可持续发展的过程,学生需要相当长的一段时间(少则2~3年,多则6~8年)真正深入、细致地理解核心概念。因此,中小学科学课程应围绕某些核心概念进行长远的设计,力图让不同年级段的课程呈现核心概念的连贯一致、由浅入深、循序渐进的特点。有研究者指出,孩子在入学前已经具有一系列对自然界的观点,学习进阶理论认为这正是科学学习的基础,整个教学起点应据此展开,随着年级段的增长,一步一步地发展学生对核心概念的理解和运用,由现象到本质,由低阶到高阶,由简单到复杂,逐步建立对自然世界更精致复杂的科学解释。学生对概念的学习前后连贯,不是凭空而起,而是在以前学习的基础上,对概念的进一步发展和延伸。

3. 学习进阶的路径由起点、中间过程和目标构成

学习进阶理论认为,学习就是一个逐渐积累、演进的历程,学生对某个核心概念的学习进阶就像是爬楼梯的过程,起点是指学生在未接受教学之前,头脑中存在着的朴素概念(Naive Concept)或者迷思概念(Misconception);终点是高水平的固定点(Upper Anchor),是期望学生达成的水平,即人们期望学生到达学习进阶顶端时"应该做些什么"和"能做些什么",由社会对学生的期望和需求、学科内容分析以及下一阶段教育的入门要求决定;学习进阶的中间过程类似于逐级上升的台阶,各个台阶象征着学生在不同的年龄阶段能达到的不同理

解水平。学生对知识的不同理解水平体现在学生平时的学习表现（Learning Performance）上，学生的学习表现可作为体现学生理解水平和能力的有效证据。学习进阶的一般模型如图 9-1 所示。如果说终点是教学的长期目标，那么中间水平就是教学的短期目标。中间水平所涉及的概念理解不局限于终点所特指的概念，但要为深入理解终点目标提供有力的基础保障。比如，终点目标期望学生深入理解原子-分子理论，但在中间水平的初期会涉及如下概念理解——"物体由物质组成，物体的属性由物质的性质决定"，这些内容虽然看起来与原子-分子理论并非直接相关，却是深入理解原子-分子理论重要的知识基础。这些中间水平对最终概念理解的基础贡献往往容易被教师所忽略，但在学习进阶中应得到格外的重视。

图 9-1 学习进阶的一般模型

4. 学习进阶是一种基于实证研究的假设，可由实践检验

一个学习进阶是否能够代表学生对核心概念知识的典型发展路径，必须在教学实践中进行实证研究。这些实证研究包括：如何将学习科学和儿童发展的理论用于科学学习中；不同年龄段学生的认知特点、对知识的理解情况以及容易出现的错误概念等，由此确认学生的概念理解发展路径。因此，学习进阶可作为教师确立教学序列更为可靠的依据，并且能够确保教学沿着最终目标（锚定终点）稳步前进。而以往教师确立教学序列主要基于对学科内容知识的逻辑分析，以及教师自身的教学经验，显得相对松散而随意。同样，也正是由于学习进阶源于实证的特性，使得它与教学实践紧密相连，反过来也可被教学实践类的实证研究检验和修正。总而言之，学习进阶的设计、应用、完善均与实践交织结合，为理论研究与课堂实践搭起桥梁。

5. 学习进阶的路径多样化

虽然学习进阶的表现形式或许看起来是线性的，但并不意味着学生的学习进阶只能按照单一的学习轨迹发展，因为学生的思维能力并不是简单地线性增长，而是一系列复杂程度逐次增加的理解过程，这样形成的知识或许在较长的一段时间内会更稳定，但随着时间的推移，当有新证据或新观点产生时（也包括新的教学方法的引入），学生头脑中原有的知识结构会发生改变甚至分解并重建。另外，由于学生的认知发展存在个体差异，不同学生对某一核心知识的学习进阶路径可能是不同的。因此，学习进阶只能是力求描述代表大多数学生的典型发展路径。

9.1.5 研究学习进阶的意义

学习进阶对于教学实践有重要的意义和价值，这是学习进阶成为国际科学教育研究热点的重要原因。

1. 学习进阶促进有效的认知构建

概念是科学教育的基础,学生的认知发展要建立在一定的概念基础上。要使学生达到学习进阶的最终目标,概念教学是必须的,特别是对于低年级的学生来说,学校的课程必须强调概念的重要性。由于学生在学习新的科学概念之前往往已经对一些科学概念有感性的认识,而这些认识是碎片化、纯经验性的,距离科学概念仍然有一定的距离,因此科学教育的一个很重要的目的就是促进由经验概念向科学概念的转变,这个过程就是学习进阶的过程。碎片化的知识在转化为科学概念的过程中往往需要很长的时间。特别是科学大概念,对这些概念的学习通常会伴随学生的整个基础教育阶段,例如对力概念的学习,幼儿园的小朋友可能对力也有零星的感性认识,但是直到高中毕业,仍然有很多学生对力存在一些迷思概念,未能构建起力的完整、系统的概念。学习进阶一方面使得对概念的学习具有连贯性,贯穿于整个科学学习的过程中;另一方面,也为概念学习的过程提供有力的实证数据,以支撑概念学习的完整性。

2. 学习进阶促进课标、教材的设计具有连贯性

以美国为代表的各国在检视自己的科学课标和教材的时候,几乎不约而同地发现如下一些问题:知识多而不精,学生的学习无法深入;不同学段课标和教材的设计缺乏连贯性,学生无法实现对某些大概念的持续、连贯的概念构建;教材设计缺乏连贯一致的标准和检测工具。正是在这样的问题的驱使下,美国《新一代科学标准》于2013年4月颁布,该标准在学习进阶研究成果的基础上围绕大概念组织教学内容,实现了科学课程的多维统整,为我国当前的课程标准修订提供了重要借鉴。

学生的认知发展过程是复杂、连续的过程,是科学概念和经验概念博弈的过程。在不同的学习情境下,学生的认知可能会沿着不同的方向发展,这个过程有可能会在科学概念和经验概念间反复徘徊。因此,课程设计应该基于学生学习过程的"大视角",从更大的时间跨度上关注学生对大概念的认知构建。而基于学习进阶的课程、教材设计将能够为这种"大视角"的学习提供情境支持,使得学生在更复杂的情境下构建对于概念的更连贯、精准的理解。

3. 学习进阶为教育测评与教学决策提供参照

目前,教育测评无法准确诊断学生在科学知识与技能学习方面的进展情况,一方面是因为测评的制定本身缺乏以学生学习进阶的尺度作为参照,另一方面是因为测评的制定者(教师)对学生学习进展情况缺乏足够的了解。多数的教育测量只能通过测试学业成绩,对学生解决科学问题的能力给予量化,但是无法探查学生出现问题的原因以及具体学习的进展情况,无法区分不同学生间的学习进展和差异。

基于学习进阶研究结果的教育测评区别于以往指向学业成绩的测评,它首先提供了一个测评的尺度,同时产生基于学习进阶的表现期望描述,因此将有望诊断出学生在大概念学习过程中的知识与技能的发展状况,从而有利于教师对教学行为的监控。

学习进阶可以为教师的教学决策提供有用信息。教师在教学过程中要基于形成性评价的反馈,针对具体的教学情境灵活调整教学行为。因此教师的教学决策多数是不可预估的,教师只能依靠对学生学习的外在表现做出教学决策,由此对学生外在行为表现的解读异常重要。学习进阶能为教师提供了解学生知识和技能发展的一种角度,它帮助教师选择那些对学生发展最重要的知识和技能作为标记,并以这些标记来侦测学生的学习进展情况等,使

教师的教学决策更有针对性,从而提高教学实施的效果。

9.2 学习进阶的研究模式及开发方法

对学习进阶的研究遵循证据驱动范式,结论基于具有代表性且稳定可靠的观测结果,但仅仅通过测试和访谈积累证据是不能得到有效的进阶框架的。若要得到有效的进阶框架则要进行以下几步学习进阶研究循环操作(如图9-2所示):确定学习进阶要围绕的核心概念和关键能力、基于对学生认知的研究提出有效的进阶假设、根据假设选择测量模型、开发研究工具收集证据、基于证据修正假设,逐步完善进阶。如果是要构建高质量的学习进阶,还需要将上一轮研究修正出的进阶当作新一轮研究的进阶假设,经历几个研究循环才能得出最后的结论。

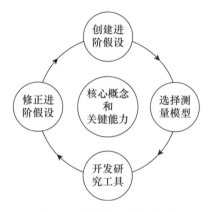

图 9-2 学习进阶研究循环

9.2.1 学习进阶研究的循环模式

1. 确定核心概念和关键能力

这里的核心概念包括学科核心概念和共通概念。学科核心概念是组织、整合某个学科自身内容的少数关键概念,其中包括重要概念、原理、理论等,能够展现当代学科图景,是学科结构的主干部分。共通概念是涉及科学、数学和技术等各个领域的最基本的概念,这些概念超越了学科界限,反映出不同学科的内在统一性,并且相对稳定,对于各种文化观念都普遍适用。关键能力是指科学实践能力,在物理学中包括了科学解释、科学论证等能力。目前学术界对核心概念和关键能力已基本达成一致理解,对学习进阶的研究将以此为基础开展。并且可以预想,学习进阶的研究也将会给内容体系的整合提供反馈,使确立的核心概念和关键能力真正达到其设想的学科显著性和贯通性,以实现其促进学生终身发展的价值。

2. 创建进阶假设

确定了核心概念和关键能力之后,接下来将围绕其创建进阶假设。进阶假设一般由进阶起点、进阶目标和中间节点构成,由进阶变量将三者串联。进阶变量为进阶假设搭建起理论框架,其选取和设计是创建进阶假设的核心工作。目前,进阶变量的内涵日益丰富:以知识内容本体作为进阶变量、以关键能力作为进阶变量、以学生头脑中内在知识结构的关联程度作为进阶变量。另外,当前研究中进阶变量的选取还呈现出两种趋势:一方面是内容和能力的融合,另一方面是基于认知理论更深入地分析学生的进阶。

应用进阶变量搭建起进阶假设的框架后,接下来设定进阶起点、进阶目标和中间节点。早期进阶研究以学生的迷思概念作为最低的阶,以课程标准的期望作为进阶目标,再划定中间层级。这种设定方式体现了一种"修正观",即整个进阶始于对迷思概念的分析,描述在学习过程中对错误认识的修正和内容知识的扩展。而现阶段的进阶研究更倾向于采用"发展观",即以学生有感性认识或易着手分析的具体现象为起点,从学生的已有认识出发深化理解、构建知识网络。这里还需要强调,在设定进阶的阶段目标时要考虑现有课程中年级节点的设置是必要的,但是过分关注现有课程又会忽视学生认知,失去了学习进阶的研究目的——从学生的认知规律出发改进现有课程设置。

3. 选择测量模型

学习进阶将有代表性、稳定且能表征学生发展的观测证据作为检验和修正的依据,这是学习进阶与20世纪90年代的概念轨迹研究相比较之下的重要发展,但这对研究方法提出了相当高的要求。先进心理测量技术向教育测量的转化使得许多研究设想逐渐成为可能,经过反复检验的可靠实证数据使学习进阶的研究结论得到了广泛的认可。这其中项目反应理论(IRT)和潜类别分析(LCA)是当前采用最广泛的统计分析模型。两种测量模型本质区别在于基本假设的不同:项目反应理论假设学生在某一主题内的思维模式可表征为一个单维、连续且稳定的心理构造,潜类别分析假设某一类学生在回答一系列问题时会有一种稳定的应答模式。两种模型各有其优势和待解决的问题,但由于项目反应理论的相关软件率先实现商业化开发并占据了国际大范围测评的主流市场(例如TIMSS和PISA),所以当前的学习进阶研究中运用项目反应理论作为测量模型的占了绝大多数。

在实际应用中,众多研究者都选用了Rasch模型。研究者认为,Rasch模型是一种理论导向的测量模式,当测量数据与Rasch模型拟合时,该测量会具备独特的优良性质,建立被试和题目的怀特图(Wright Map),解释被试和题目之间,以及不同题目、不同被试之间的差距。使用Rasch模型开发测评工具的步骤:① 基于某学科领域专家对学生学习的认识或已有的关于学生迷思、概念掌握的文献,建立该学科重要概念的学习进阶;② 根据最初建立的学习进阶编制题目,组成测验;③ 在代表性样本中试测,为测验、题目、选项提供信度、效度证据;④ 将测验施测于目标样本,根据题目类型选择合适的测量学模型进行数据分析,获得测验的心理测量学性能,并验证学习进阶的理论假设。

4. 开发研究工具

最初的学习进阶研究多利用现有工具,如在TIMSS或NAEP的题库中选择区分度等指标较高的测试题作为研究工具。正因为此,第一位获得美国"总统奖"的科学教育学家、密歇根大学的桑格教授指出,当前学习进阶的研究中最大的问题在于测评工具的质量还没有达到评估进阶的要求。为了更好地诊断学生状态,研究者们一直在改进现有研究手段。一般而言,能够适用于项目反应理论的试题形式都可以应用于学习进阶测评工具开发,建构反应题(Constructed Response,CR)、顺序多项选择题(Ordered Multiple-choice,OMC)、填空题(Short Answer,SA)、多项选择题(Multiple Choice,MC)、判断对错题(Multiple True or False,MTF)均可应用于学习进阶的测量。这些类型的试题各有特点,如多选项选择题使用方便,但存在猜测效应,不能呈现学生本来的想法,可能不能用来测量高级思维,且在低能力段上测验信度不高；主观建构题更适用于测量学生组织、整合、综合知识的能力和解决新问题的能力，可以呈现学生初始的想法和推理的过程，缺点是难于管理、赋分，评分者之间易出现不一致性，也不总是能很好地呈现学生思考的过程。综合两类题目的特点，布里格斯（Briggs）等人于2006年开发了顺序多项选择题，其选项经过精心设计，学生不同的选择反映其所处思维水平，然后通过题组来区分学生在学习进阶中所处的层级。纽曼等改进题干设计，在保持情境不变的情况下通过调节题干信息量控制题目的复杂度，以此收集证据作为其进阶修正的参照，这类题型比传统的建构反应题和多项选择题能更有效、更精细地诊断学生的学习进阶水平。

虽然在研究者不断的努力和先进测量模型的监测下，研究工具的信、效度和精细化程度已经达到空前水平，但在未来的进阶研究中改进和开发测量工具仍是关键。问题集中体现在：

① 当前的测量工具多面向大范围测评，属于终结性评价，缺乏形成性测量工具；

② 如果学习进阶融合科学概念的理解和实践能力的培养，那么仅局限于纸笔测试将难以满足要求；

③ 精巧的研究工具和复杂的测量模型难以被教学实践者掌握。从现代教育测量的发展来看，基于电子测评系统的自适应组卷测验、对应开发相应的操作类任务和网络化的教研支撑体系将有助于上述问题的解决。

5. 修正进阶假设

基于研究工具探查出的学生表现情况修正原有进阶假设，既是一轮进阶研究的最后一个环节，同时也是新一轮研究的基础。修正进阶假设应建立在两个前提之上：一是实证数据和现有进阶假设不匹配，二是研究工具准确反映了学生实际情况。题目设计没有切实反映考察意图、学生进行问题表征时的思维图式与研究者的预设不同、进阶框架不合理等都有可能造成研究结果与进阶假设不匹配。所以当实证数据"证伪"进阶假设时，不能想当然地修改假设迎合实证结果，而是要审慎地分析造成两者差异的原因。应该先结合数理统计手段和对师生的访谈重新进行任务分析，确保研究工具能真实测查学生状态后，再对原假设的进阶层级做出分解、合并或次序调整。

9.2.2 开发学习进阶的方法

开发学习进阶的方法主要有三种，下面逐一介绍这三种方法。

1. 逐级进展法

这种方法从认知科学与教学论视角出发，对某主题的教学内容进行认知心理学分析，聚焦于理解核心概念意味着什么？新手与专家的理解有何差异？通过怎样的路径可以由幼稚水平逐渐发展为良好科学素养应有的理解水平？这类方法通常会专门开发出跨学段的大型评测工具，用以探查学生在一段时间跨度内概念理解的线性发展过程，并用预期表现描绘出学习进阶中相互关联的多个成就水平，萨利纳斯称之为逐级进展法。用逐级进展法开发学习进阶，也就是把学生关于主题的理解定义为一个几乎线性的、逐级发展的图景。逐级进展法的一个重要特点就是它基于已有的研究提出假设，然后由可靠的经验验证。具体的开发过程可参照：史密斯等人于2006年详细阐述的开发物质和原子分子理论的学习进阶；莫寒

(Mohan)等人于2008年开发的"碳循环"学习进阶;梅里(Merri)等人于2008年开发的物质粒子模型的学习进阶;阿朗索(Alonzo)和斯特利(Steedle)等人于2008年开发的"力与运动"的学习进阶。

2. 全景图法

全景图法保持了课程标准的框架,它使课程标准或者社会期望围绕大概念组织,这样就会聚集课程标准内容,使核心概念和谐地发展。不同于逐级进展法,全景图法通过描述联系现象、观察或技能的线索提供不同内容之间的联系。这些线索展现了学生向更高一级进展所必需的相互联系。

全景图法与逐级进展法不同是因为,全景图法的有用性更依赖于已有的学习进阶的可靠性。它更强调用学习进阶去为教学和测评服务,而不只是为了描述学生的知识。

总之,全景图法开始于限定学生需要掌握的知识和实践,然后识别帮助学生达到理解层次所需的支撑观念。在此之后用线把这些观念联系起来。最后,获得的证据主要用于支持进阶的组织和监控学生的进步。

3. 综合法

除上述两种方法之外,还有一种综合法。史蒂文斯(Stevens)等人于2007年开发了"物质本质"的学习进阶,他综合了上述两种方法,开发出了既描述学生如何建立起科学概念之间联系,又有实证研究的学习进阶。

9.2.3 学习进阶研究示例

我们以密歇根州立大学查尔斯·安德森(Charles Anderson)教授科研团队最新修订的"碳循环"学习进阶为例,具体呈现学习进阶研究模式的应用过程。

(1) 确定核心概念和关键能力

安德森教授认为虽然有很多学者对"物质-能量"这一核心知识的不同方面有研究,但是我们更应该关注生命系统和人类能源系统中的碳循环过程,因为它在日常生活中发挥着重要的作用。碳循环系统包括了三部分:碳的生成、碳的转化、碳的氧化。

(2) 创建进阶假设

以上每个进阶维度中又包含着1~2个维度项目,如表9-1是"生态系统碳循环——碳的氧化"这一维度的学习进阶假设,安德森教授的研究团队先是确定了水平4,之后再划分前面的三种水平。其中,水平4即进阶终点,它是对学生在毕业时所应具备的科学素养和对"物质-能量"这一核心概念所应理解程度的描述。"水平1""水平2""水平3""水平4"即为成就水平。

表 9-1 "生态系统碳循环——碳的氧化"的学习进阶

成就水平	维度项目	各水平预期表现/核心特征
水平 4 (能够定性、基于模型、科学地解释现象过程)	细胞的呼吸作用	知道物质的腐败是由于细胞呼吸作用造成的,并能运用化学模型从微观上科学地解释腐败的原理
	氧化燃烧	1. 知道各种燃料具有一些相似的化学性质 2. 理解物质的燃烧是一种氧化反应,并能够解释其化学机理
水平 3 (能够用更多的专业术语解释现象过程)	细胞的呼吸作用	能够从"分子-原子"水平上,用专业术语基本解释腐烂现象的机理,但可能解释得不清楚
	氧化燃烧	1. 知道氧化燃烧的相应术语,并可借此描述氧化燃烧的现象 2. 能够通过识别重要产物 CO_2 来解释燃烧现象,但不清楚 O_2 作为可燃物的机理
水平 2 (能够利用"机理"理解现象过程发生的因果序列)	细胞的呼吸作用	1. 了解物质腐烂的"潜在机理" 2. 能够确定腐烂过程中谁是"分解者" 3. 知道物质腐烂是因为有机物(如昆虫、细菌)将腐败物作为了食物
	氧化燃烧	1. 知道物质燃烧后的产物以"灰烬"和"废气"的形式存在 2. 知道氧气和二氧化碳在燃烧中各自的作用
水平 1 (能够对现象进行宏观描述)	细胞的呼吸作用	能够对有机物(如苹果等)的腐败进行现象和变化的特征描述,而忽视腐败过程中存在的化学变化和能量守恒
	氧化燃烧	能够对氧化燃烧供给能量这件事进行较为详细的描述,但不关注发生变化的事物本身

(起点(低水平) → 终点(高水平))

(3) 选择测量模型

安德森教授采用的测量模型是基于项目反应理论的"四基石模型"。四基石模型包括四个因素:结构图、项目设计、结果空间和测量模型(如图 9-3 所示)。结构图就是研究者最初关于学生对具体知识理解发展的理论假设,即预期的学习进阶;项目设计是指测试工具的设计;结果空间是指面对测试工具时学生实际的学习表现;测量模型的任务就是对测量所得的结果进行数据处理。

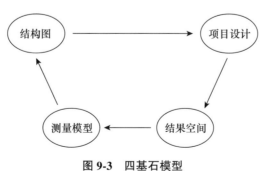

图 9-3 四基石模型

表 9-2 为安德森教授及其团队对"碳循环"学习进阶的四基石模型的构建。

表 9-2 "碳循环"四基石模型的构建

要素	要求
结构图	1. 明确测评内容 2. 定性描绘各个成就水平的特征 3. 确定测评对象和测评题目 4. 设置特定的标准来评判学生的成就水平有随年级上升而逐级升高的趋势
项目设计	1. 结构图中的各要求能够在项目设计中被观察、体现出来 2. 学生对测评题目的回答均能与结构图中划分的不同成就水平表现一一对应 3. 测评的题型应多样化,可以包含选择题、填空题、简答题等多种题型
结果空间	1. 开发一套基于定性描述的、专门用于记录或判断学生反应的标准 2. 这种标准应该:① 界定清晰② 基于实证③ 层次分明④ 具有情境性⑤ 描述详尽
测量模型	1. 测量模型应具有较高的信度和效度 2. 利用项目反应理论模型(Rasch 模型),重点是突出项目的设计和分数的分析。数据的分析又包括:① 探索性分析② 发展性编码(Developmental Coding)③ 完全编码(Fully Coding)三个步骤 3. 利用怀特图来描述数据

（4）开发研究工具

在"碳循环"的学习进阶这一研究中,研究者采取了访谈和开放式问题的纸笔测试。研究者选择访谈和纸笔测试两者同时进行的原因是:能够最大限度地减少对特定词汇知识的需求。另外,访谈和纸笔测试的内容都是学生熟悉的宏观过程和与日常情况相关的问题(如动植物的生长、动物的运动、腐烂和燃烧),保证每一学生都能够做出来。下面将节选其中的几个问题进行举例:

- 一棵大树的质量来源于何处?
- 汽车行驶时汽油的状况?汽油中含有什么?
- 食用食物时会发生什么情况?
- 为什么认为水、阳光、二氧化碳和土壤有能量?是什么使它们有能量?
- 火柴燃烧时为什么变得更轻?

（5）修正进阶假设

由于基于研究工具探查出的学生表现情况和现有进阶假设较为匹配,另外,题目设计也有切实反映考察意图,因此,在"碳循环"这一研究中并没有对一开始的进阶假设进行修正。

9.3 学习进阶在物理教学中应用

本节以"力与运动"学习进阶为例,探讨学习进阶与课堂教学、评价、课程的关系,同时关注学习进阶在物理教学设计中的具体应用。

9.3.1 学习进阶与物理课堂教学、评价、课程的关系

目前对学习进阶的研究已经从理论向实证研究过渡,并向应用领域拓展。开发的物理等学科领域相关核心概念的学习进阶,为学科教学和评价提供了指导方向,同时为课程开发提供了重要依据。

1. "力与运动"学习进阶

以阿朗索构建的"力与运动"学习进阶为例,说明学习进阶对中学物理教学和评价的指导意义。阿朗索开发了一套评价学生思维能力的多项选择测试题对中学生关于力与运动的理解进行实证研究,并结合美国国家科学教育标准(NRC,1996)的要求,构建出表 9-3 的"力与运动"学习进阶。该学习进阶把学生对"力与运动"的认识分为 4 个发展水平,每个水平都有相应的学习表现,描述该阶段学生对"力与运动"的理解水平。每个水平层次还细化地描述了物体在所受合外力 $F_{合}\neq0$,合外力 $F_{合}=0$,运动状态和静止状态四种情境下,学生对"力与运动"的理解。

表 9-3 "力与运动"学习进阶

水平	学习表现描述	$F_{合}\neq0$	$F_{合}=0$	运动状态	静止状态
4	学生理解物体的加速度与作用于物体的合外力成正比,并且这个合外力不一定沿物体的运动方向。	如果物体所受合外力不为0,则物体必然有加速度。	如果物体所受合外力为0,将保持其原有速度不变。	如果物体有加速度,所受合外力一定不为0。如果物体的速度保持不变,所受合外力为0。	如果物体保持静止,物体所受合外力为0。
3	学生理解保持静止的物体可能不受力,也可能所受合外力为0。学生对作用于运动物体的力有着部分的理解: ① 学生理解即使不受力,物体也会运动;但是,学生认为如果物体不受力,将不会保持匀速运动。 ② 学生认为物体可能受到不沿其运动方向的力。而且,他们认为如果物体不受力,将不会保持匀速直线运动。 ③ 学生认为物体的速度(而不是加速度)与物体运动方向上所受的合外力成正比。 学生普遍的错误理解: ① 物体的速度与合外力成正比。 ② 物体在平衡力的作用下,将保持静止。 ③ 恒定的力引起恒定的速度。 ④ 不受力的物体将减速直到静止。	如果物体所受合外力不为0,物体将做匀速运动。	如果物体所受合外力为0,物体将减速或静止。合外力为0可能是因为物体受到一对平衡力的作用。	如果物体做匀速运动,则物体所受合外力一定不为0。如果物体正在减速,物体一定不受合外力。	静止物体所受合外力为0。

续表

水平	学习表现描述	$F_合 \neq 0$	$F_合 = 0$	运动状态	静止状态
2	学生认为运动的物体所受力一定沿其运动方向,并且静止意味着不受力。相反地,学生认为物体受力后必然沿其受力方向运动。 学生普遍的错误理解: ① 不运动的物体必然不受力。 ② 运动物体必然受到沿其运动方向的力。 ③ 物体所受的力可能是最初使物体运动的力的延续。如果物体所携带的力用光了,物体将静止。	受力的物体必然运动。作用于物体的力可能源于最初的受力(物体始终携带着,并随着时间逐渐减小)。	不受力的物体不会运动。	运动物体必然受力。	静止物体必然不受力。
1	学生认为力就是推或拉,与运动无关。 学生普遍的错误理解: ① 力是由生物产生的。 ② 力是物体的内在属性,与质量有关(所有的物体都有力,与重力或运动无关)。 ③ 力阻止物体的自然运动(比如说,重力阻止物体飞向太空)。 ④ 没有摩擦力物体将不能运动。	受力的物体必然运动,除非物体被固定住了。			
0	答案偏题				

基于实证所构建的学习进阶,能够反映学生思维能力的典型发展路径,为物理教学和评价的实施提供了重要的参考指标与启示。

2. 学习进阶有助于教学目标的设计

学习进阶描述了学生对核心概念的理解经历的多个水平层次。通过实证,教师得以明确不同年级或者不同层次的学生对核心概念的认识集中于哪一水平,并根据学生的实际发展情况合理制定教学目标。例如,对于力和运动,高中大部分学生在学习"牛顿三大定律"之后应该能够达到第四水平层次,但仍有部分学生只能达到第二或第三水平层次,而小学生的思维可能还停留在第一水平层次。因此,教师应该以学习进阶为参考,将目标学习表现(一般为课程标准)进行分解细化,步步递进,帮助学生一步步地建构力和运动的科学知识框架。

3. 学习进阶有助于教学策略的选择

学习进阶中间水平层次的学习表现往往代表学生的迷思概念,而学生在当前阶段的学习中可能仍存在对概念的错误理解,因此教师在教学过程中要关注学生对概念理解的发展过程,选择适当的教学策略,帮助学生完成概念转变。例如,在"力与运动"的学习进阶中,处于第三水平层次的学生存在着"物体的速度与物体所受合外力成正比"这样的迷思概念,这时,教师应该从学生的现有认知水平出发,通过搭建物理概念脚手架等教学策略促进学生对核心概念的理解朝着最高层次的水平逐级发展,从而促进学生科学素养的提高。

4. 学习进阶有助于提升评价的过程性

当前国内所开发的测试题更多的是注重评价学生是否达到了目标学习表现,而缺乏对学生思维过程的评价。这种重结果轻过程的评价方式容易导致学生机械地背诵理科知识,无法真正理解核心概念知识的本质。学习进阶呈现了学生在学习过程中的困难,这为开发出能够反映学生知识和能力水平的评价工具提供了重要的参考指标。阿朗索在构建"力与运动"学习进阶的过程中,使用多项选择测试题对学生的理解水平进行评价,每一个选项分别对应一个水平层次。如例9-1:

【例9-1】 地面上的石块没有运动是因为(　　)。

A. 石块内部力量太大以至于无法运动

B. 没有力作用在石块上

C. 重力将其压在地面上

D. 地面对石块的支持力与石块重力大小相同、方向相反

当学生选择 A 或者 C 选项时,学生对"力与运动"的理解还处于第一水平层次,错误地认为"力是物体的内在属性""重力阻止物体运动";选择 B 选项则说明学生对"力与运动"的理解处于第二水平层次,学生认为"静止的物体不受力";选择 D 选项则说明学生对"力与运动"的理解处于第三水平层次,学生理解"静止物体所受合外力为0"。

基于过程性的评价诊断学生的学习情况和学习困难,能够促进教师教学方法的改进,从而促进学生的发展。

5. 学习进阶对课程开发的启示

(1) 学习进阶为课程标准的制定提供了基于实证的依据

由于学习进阶是基于大量的实证得到的,能够反映学生的典型发展路径,这就为课程标准确定学生应在什么年级阶段达到什么样的学习表现提供了具有说服力的支持。通过实证构建学习进阶,检验并促进当前课程标准不断完善;再用课程标准指导教学实践,在教学实践中构建更加符合学生认知发展规律的学习进阶。

(2) 注重核心概念的整合

从横向考虑,应对同一核心概念在不同学科的同一学习阶段中的联系进行整合。学习进阶强调了学生对核心概念的理解,从少量的核心概念出发,构建整个学科知识体系,实现"少而精"的课程。目前我国初中分科课程和综合课程并存,但大部分地区的初中理科课程仍是分科开设,高中课程则全部是分科制定。由于化学、物理、生物、地理等科目中概念繁多,同一概念常常出现在不同的学科中,比如,"波"是地理和物理的共通概念、"物质"是化学和物理的共通概念,这样的概念在不同的学科中应该如何联系,如何设置课程才更有利于学生的学习?学习进阶的实证研究,将为课程开发者提供参考。

从纵向考虑,应对同一核心概念在同一学科的不同学习阶段的连贯性进行整合。目前我国不同学习阶段的学科课程标准是分别设计的,虽然对同一知识在不同学习阶段有不同层次的要求,但总的来说小学和初中之间、初中和高中之间缺乏内在的逻辑联系。学习进阶描述了学生对核心概念的理解连贯性且逐渐深入的典型发展路径,其研究成果有利于促进学科核心概念的整合。

国内外教育界对学习进阶的研究仍处于起步阶段,随着学习进阶研究的发展和成熟,相信其将来会对课程、教学和评价产生积极的影响。

9.3.2 用"学习进阶"的理论指导课堂教学设计

课堂教学设计是教师上课必须充分准备的重要环节,教学设计不仅能体现教师的教学技能素养,也能够将教师的教学理念和教学实践有效地结合起来。

1. 教学设计进阶路径及要素

根据国内目前的研究,从理论层面来说的基本路径:进阶起点—中间阶段(多级)—进阶终点。在进阶起点阶段,需要教师把握学生的前概念,前概念是进阶起点的重要因素。进阶的中间阶段主要包括多个不同层级之间的相互关系,即进阶关系;主要包含的要素有物理概念和关键能力的进阶水平;主要中间阶段有事实、映射、关联、概念、整合;阶段与阶段之间保持进阶关系;前一个阶段为后一个阶段的前概念或基础水平,后一阶段为前一阶段的最近发展区;需要教师建立"脚手架"让学生顺利过渡。进阶终点要把握的主要要素是学生在学完课程后被期望获得的知识水平。对于进阶的终点,往往采用量表分析,一般运用测量评价作为反馈,以指导教师的教学和进阶设计。

2. 基于学习进阶的教学设计模型

图9-4所示是一种基于学习进阶的常规教学设计模型。这一模型在常规教学设计的基础上融入学习进阶的设计,要求教师在学情分析、教材分析的基础之上,明确学生的知识构建过程,确定在不同的水平层级间如何过渡进阶,如何让学生有效地进阶等。这一过程不仅要体现在教学设计中,更要在课堂实践中加以实践应用,找准教学策略、教学方法,并在课后完成评价反馈。

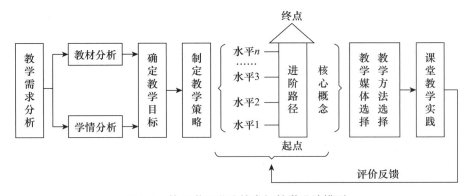

图9-4 基于学习进阶的常规教学设计模型

下面介绍北京师范大学郭玉英教授的研究团队开发的基于学习进阶的教学设计模型。在教育技术领域,ADDIE模型(如图9-5所示)是教学系统设计理论的基本范式。ADDIE模型将教学系统的设计分为分析、设计、开发、执行和评估五个模块。

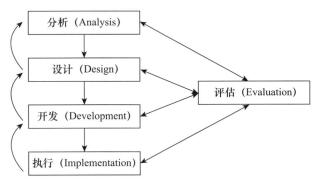

图 9-5　教学设计的 ADDIE 模型

该团队参照这一经典范式和框架,融合学习进阶研究,借鉴其他科学学习的设计理论,开发了基于学习进阶的科学教学设计模型(如图 9-6 所示)。

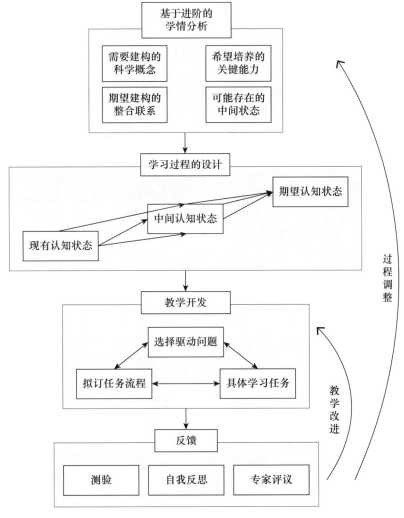

图 9-6　基于学习进阶的科学教学设计模型

第一，学情分析模块。本模块指向基于学习进阶的学情分析。就物理教学设计而言，在此模块中应对以下四个方面的问题进行分析：① 希望促进哪个或哪些物理观念的建构？结合此物理观念的进阶图谱，确定学生的原有知识基础和期望达到的理解水平；② 希望培养的关键能力是什么？面向此关键能力的培养，基于学习进阶确定学生原有的科学思维、科学探究基础和期望达到的能力目标水平；③ 希望帮助学生建构哪些整合联系（包括思维能力和探究能力的整合，物理观念与实践能力的整合、物理观念、能力与科学态度、责任的整合），以及建构联系的切入点和关联水平；④ 确定学生在学习过程中可能存在哪些中间认知状态和关键进阶节点。相比于常规的教学设计，本设计模块中基于学习进阶的学情分析实质上把原来的目标分析、学情分析和重难点确定进行了整合，以学习进阶为参照，更深入、准确地回答上述问题。

第二，学习过程设计模块。本模块指向学习过程的设计。基于分析模块中学情分析的结果，进入设计模块来规划整体的学习轨迹。图9-6用非常简单的方式来代表学习轨迹的设计，但实际上学习轨迹是多元多段、较为复杂的。多元是指，学习轨迹常涉及概念理解和关键能力等多个认知发展维度，有时在一个维度上还会涉及多个认知发展方面（例如某单元的学习可能会考虑提出问题、科学解释等多方面的实践能力），故设计模型中三条双线表征设计时需规划各认知发展要素的协同发展。多段是指，学习轨迹一般涉及几个进阶层级，以层级间为主、层级内为辅，需规划多个学习阶段。

第三，教学开发模块。本模块指向教学的开发。以学习轨迹为脚本，开始教学的具体开发。本模型中，教学开发以精心设计的驱动问题和锚基任务为起点。因为好的驱动问题和锚基任务一方面能激发学生的兴趣和好奇心，另一方面还能顺畅地引出需要科学理解和能力发展才能解决的具体任务情境。好的驱动问题和锚基任务应能：① 为整个学习单元激发探究兴趣和学习动机；② 联系学生的生活经验和原有认识；③ 顺应各阶段的学习轨迹；④ 处于学生的最近发展区；⑤ 教学可行性；⑥ 对后续学习的启发性。随后在驱动问题的激发和引领下，拟订任务流程和具体学习任务，完成具体的教学设计。

第四，反馈模块。教师执行教学设计后，通过对学生的测验、自我反思来对教学进行评估，有机会的话还可以邀请专家和同事来听课并给予反馈。学生的测验表现、自我和他人的评估等信息是后续教学改进和学习过程调整的重要依据。

9.3.3 学习进阶的构建——以牛顿运动定律为例

"学习进阶的教学设计模型"的具体应用，分为学习进阶构建和教学设计两部分。这里重点讨论学习进阶的构建。

1. 宏观进阶构建

从宏观构建来说，"力与运动"模块包含大量的内容，贯穿于小学、初中、高中不同学习阶段。通过文献调查和一线教师访谈，普遍认为力与运动可以从"动力学"和"运动学"两个角度进行研究。力与运动宏观构建如图9-7所示。

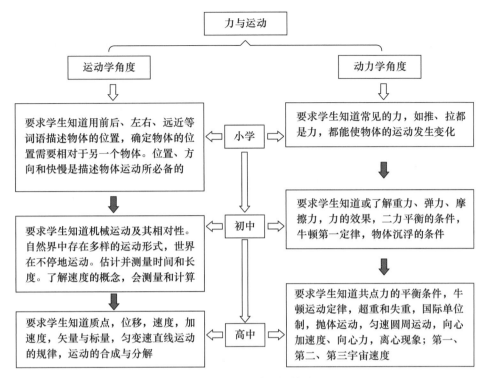

图 9-7　力与运动宏观构建

牛顿运动定律是力与运动宏观构建中高中阶段最主要的内容之一,是高中物理教材必修的内容。

2. 微观构建

力与运动模块的内容主要包括六个方面:牛顿第一定律,实验探究加速度与力、质量的关系,牛顿第二定律,力学单位制,牛顿第三定律,用牛顿定律解决问题。

(1) 以牛顿运动定律为核心概念

对于核心概念的界定,不同学者从不同的出发点也得到了不同的结论,主要观点包括大概念、关键概念、基本概念。对于物理课程而言,无论从知识的广度还是深度上说都适合将核心概念理解为"基本概念"。现将牛顿运动定律的基本概念总结如图 9-8 所示。

(2) 划分成就水平

成就水平贯穿于学生的整个学习过程,是实现教学目标、学习目标的必经阶段。任何学习过程都不是一蹴而就的,都必须一步一步实现对知识的认知和构建。学习之前学生所具有的成就水平叫作"前概念",相对于之前,之后的成就水平叫"最近发展区"。学生的成就水平在开始阶段有可能是完全错误的,必须经过教师的引导一步一步自我完善或纠正,逐步朝着正确的方向发展,以实现教学目标。

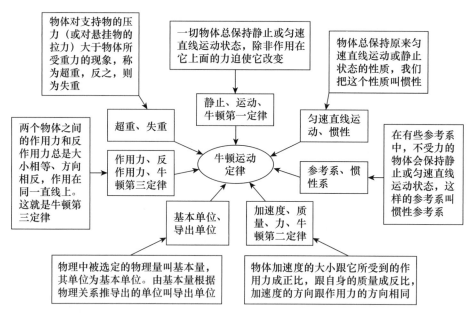

图 9-8 牛顿运动定律基本概念图

牛顿运动定律依据核心概念可划分为七个基本概念,每一个基本概念在不同的阶段对应着不同的成就水平。成就水平主要划分为最初水平、中间水平、最终水平三个不同的阶段,其中对应不同的基本概念的中间水平有不确定性因素影响。不同的学生对同一个概念认识的中间水平不同,有的学生可能只经过一个中间水平就进入了最终水平,但对同一个概念的认识,有的学生可能要经过两个或两个以上中间水平才能进入最终水平。表 9-4 列举学生对牛顿运动定律中牛顿第一定律的常见认知水平。

表 9-4 牛顿第一定律的学习进阶

最终水平	不受力时,物体保持匀速直线运动状态或静止状态;受到力时,才使得物体的运动状态改变。速度的大小、方向改变才称之为运动状态改变。 典型学习表现:理解牛顿第一定律的内容及意义,可以用自己的话描述。了解力与运动的关系。在处理实际问题时会清楚静止在桌面上的物体,力作用在物体上物体为什么运动,力撤去后物体为什么停下。实质原因都是力改变了物体的运动状态,而并非维持。
中间水平	对力对物体的作用效果认识仍停留在表层,对力到底是改变物体运动状态的原因还是维持物体运动的原因产生怀疑。 典型学习表现:物体静止在桌面上时,用力拉,物体运动,力改变了运动状态。那当力撤去后学生会怀疑,那没有力物体为什么停下了呢?认识不到摩擦力将其运动的状态改变。甚至不清楚什么是物体的运动状态。
最初水平	物体要运动,需要施加力的作用,即力是维持物体运动的原因。 典型学习表现:当问到静止在水平面上的物体,当用力去推的时候物体运动,当撤去外力时,物体又会停下,那么力与运动有什么关系?学生会回答:力好像在维持物体的运动。

思考与实践

1. 结合我国的实际情况,谈谈学习进阶对我国中学物理课程改革的启示。
2. 请尝试构建中学生"能量"这一概念的学习进阶。
3. 选择中学物理教材中的一个课题,尝试基于学习进阶的理论进行教学设计。

参考文献

[1] 王磊,黄鸣春.科学教育的新兴研究领域:学习进阶研究[J].课程·教材·教法,2014(1).

[2] DUSCHL R A,SCHWEINGRUBER H A,SHOUSE A W. Committee on science learning, taking science to school: learning and teaching science in grades K-8[M]. Washington D C: The National Academies Press,2007.

[3] ALONZO A C,STEEDLE J T,Developing and assessing a force and motion learning Progression[J]. Science education. 2009,93.

[4] 刘晟,刘恩山.学习进阶:关注学生认知发展和生活经验[J].教育学报,2012(2).

[5] 高嵩.心理发生视域下学习进阶机制的研究[J].山东师范大学学报(社会科学版),2020(1).

[6] 翟小铭,郭玉英,李敏.构建学习进阶:本质问题与教学实践策略[J].教育科学,2015(2).

[7] 皇甫倩,常珊珊,王后雄.美国学习进阶的研究进展及启示[J].外国中小学教育,2015(8).

[8] 郑曼瑶,张军朋."学习进阶"的研究及其在物理教学中的应用[J].物理通报,2014(12).

[9] 姚建欣,郭玉英.为学生认知发展建模:学习进阶十年研究回顾及展望[J].教育学报,2014(5).

[10] 郭玉英,姚建欣.基于核心素养学习进阶的科学教学设计[J].课程·教材·教法,2016(11).

第 10 章 物理科学推理能力

> **学习目标**
> 1. 知道什么是推理和科学推理,知道科学推理的要素,举例说明科学推理的类型。
> 2. 比较科学推理、科学推断与科学预测,科学推理、证据与信息,逻辑推理与科学推理之间的区别和联系。
> 3. 了解科学推理能力研究的主要进展,描述科学推理的过程模型。
> 4. 了解科学推理能力测量工具与方法及其应用。
> 5. 解释并举例说明科学推理能力培养的策略。

掌握物理知识与发展科学思维能力是物理教育的两个重要目标,科学思维能力的核心是科学推理能力。科学推理能力是思维发展到一定程度后的一种高级思维形式。对于科学推理能力的研究不应仅仅局限于心理学领域,还应与科学教育相结合。目前,国内的物理教育或科学教育对于青少年科学推理相关研究的系统成果还很少,一线物理教师还没有对中学生科学推理能力发展与培养形成清晰的认识。随着年龄的增长,学生的心智不断成熟,思维也不断发生变化。学生通过判断和推理,发现和学习新的知识。在我国,物理作为理科主要学习科目之一,承担着培养学生科学推理能力的重要任务。物理教师在深刻理解科学推理能力内涵、构成的基础上,应更加深入地探讨中学生科学推理能力的形成机制,建立针对科学推理能力的评价框架,确立有统一规范和标准的考查量表,以测查中学生科学推理能力达到的水平,诊断科学推理能力的缺失和问题,进而更好地培养和发展他们的科学推理能力。本章在阐释科学推理能力概念及其相关理论的基础上,综述了科学推理能力的研究进展,介绍了科学推理能力的测量工具、研究现状,最后,结合实际,探讨了科学推理能力的培养途径。

10.1 科学推理能力概述

科学思维能力是科学能力的核心,是科学创造力的基础,研究青少年科学思维能力的发展与培养对培养创新人才具有重大意义,而科学推理是人类的一种高级的科学思维形式,在人类认知世界的过程中起着重要作用。科学推理能力对青少年科学思维能力乃至科学素养的形成起到关键作用。皮亚杰在其认知发展理论中首次提出了科学推理(Scientific Reasoning)的概念。20世纪60年代以来,科学推理已成为心理学和科学教育研究的一个重要领域,发展学生的科学推理能力已成为当前国内外科学教育改革中强调的科学教育的主要目标之一。

10.1.1 什么是推理

在逻辑学领域,推理是思维的基本形式之一。思维的基本形式包括概念、判断和推理。推理是根据一个或几个已知的判断得出新判断的思维形式。推理由两部分组成:一是推理的前提,即已知的判断;二是推理的结论,即得出的新判断。

从推理的内涵来看,推理不仅是一种获取新信息、新知识的重要学习方法,也是日常生活中必不可少的一种必备能力。人们可以运用推理思考分析周围事物之间的复杂关系,解释日常生活中一些现象产生的原因。

根据不同的划分标准,可以对推理进行不同的分类:根据推理思维进程的方向不同,可以将推理分为演绎推理、归纳推理、类比推理三类。演绎推理是由普遍性的前提推出特殊结论的推理;归纳推理则是由特殊的前提推出普遍性结论的推理;类比推理则是从特殊性前提推出特殊性结论的一种推理,也就是从一个对象的属性推出另一对象也可能具有这属性。

根据前提与结论之间是否具有蕴含关系,则可将推理分为必然性推理和或然性推理。必然性推理是前提与结论间具有蕴含关系的推理,即从真前提能必然推出真结论的推理;或然性推理亦称"概然性推理",即前提与结论间不具有蕴涵关系的推理,从真前提不能必然而只能或然地推出真结论的推理。

根据前提的数量,则可将推理分为直接推理和间接推理。直接推理就是从一个前提直接推出结论的推理。间接推理是纯关系推理的一种,通常指以两个关系命题为前提而推出另一个关系命题的结论的推理。

上述关于推理的分类,由于划分依据的差异,故划分的类别之间有交叉重合的部分,如三段论推理属于演绎推理,同时也属于必然性推理和间接推理。

10.1.2 科学推理与科学推理能力

"科学推理"的概念最早是由皮亚杰在其认知发展理论中提出的,他将人从出生开始思维能力质的变化划分成四个互相衔接、特征各异的认知发展阶段,即感知运算阶段、前运算阶段、具体运算阶段和形式运算阶段。每个阶段的特点如下:

1. 感知运算阶段(0~2岁)

儿童从出生到2岁左右,大致处于感知运算阶段。这一阶段的儿童仅靠感知动作来适应外部环境,只有动作的智慧而没有表象运算的智慧。这一阶段的儿童形成了动作图示的认知结构。

2. 前运算阶段(2~7岁)

由于语言的出现和发展,儿童日益频繁地用表象符号来代替外界事物和外部活动,这就是表象思维。这一阶段的儿童的认知特点是:① 相对的具体性;② 不可逆性;③ 自我中心性;④ 刻板性。不可逆性是这一阶段的重要特点,即儿童不能进行逆向思维。由于可逆性是运算的必要条件,所以这阶段的儿童尚不能运算,只是处于运算的准备期。

3. 具体运算阶段(7~11岁)

在具体运算阶段,儿童的思维出现了守恒和可逆性,因而可以进行群集运算。但这个阶段的运算一般还离不开具体事物的支持。他们进行运算时还要依靠物体、事物以及观察到的实际事物,不能依靠词语、假设。只要问题是具体的而非抽象的,儿童就可以完成相当复杂的运算。

4. 形式运算阶段(11~15岁)

"形式运算"是指对抽象的假设或命题进行逻辑转换,特点是:① 能区别形式与内容。形式运算的显著特点之一是思维已能摆脱具体事物的束缚,把内容和形式区分开来。② 能进行假设——演绎推理。这种假设演绎推理,不仅是逻辑和数学思维的凭借,也是一切科学思维活动的基础。处于这个阶段的儿童青少年,能够根据理论,推出结论,并以结论来检验假说或理论;解释有关现象或预言新的事实、发现新的事实。

在皮亚杰看来,科学推理是认知发展到形式运算阶段之后,儿童或成人才具有的推理类型,这就为科学推理的发展提供了一个理论基础。

科学推理的概念自皮亚杰提出之后,在科学哲学、心理学及教育学等领域均有研究涉猎。科学哲学领域从哲学角度研究了科学推理在科学发展中的作用以及推理的逻辑;心理学与生物学结合研究科学推理产生的生理基础、如何发展以及随年龄变化的发展状况等;教育学领域主要研究科学推理能力的影响因素以及如何在教学中培养学生各方面的推理能力。

随着研究的逐步深入,诸多学者对科学推理的概念提出了自己的观点,也就形成了科学推理概念的多维界定。

莱德曼(Lederman)定义科学推理为归纳思维和演绎思维。归纳思维包括概念获得、概念形成、概念图式;演绎思维包括基于观察、模型建构和根据经验证据的评价。

克拉尔(Klahr)和邓巴(Dunbar)则将科学推理视为问题解决。

齐默尔曼(Zimmerman)认为科学推理能力,从广义上来说,涵盖了探究学习、设计实验、证据评估、推论思辨、逻辑论证等活动中所需要的一切思维能力和推理技能。

斯图西(Stuessy)认为科学推理是一种在科学探究过程中运用的逻辑思考模式,它能帮助探究者明确观察现象之间的关系、设计探究实验、验证相关假设、从中选取可能的结果、预测潜在的原因、评估结果的合理性。

荷兰德(Holland)等人提出了科学推理是探究者在科学探究的不确定情景下,通过推理扩充知识的思维过程。

施莱伯(Schreiber)认为,科学推理能力是建构和评价科学论点且能够作出并证明与科学技术问题相关的决定的能力。

劳森(Lawson)将科学推理定义为经验归纳思维和假设演绎思维之间的一系列思维过程。经验归纳思维的特点是准确地整理和描述感知的对象,而假设演绎思维是让学生去创造和检测非观察到的事物(假设)现象的解释,明确科学学科相关的学习技能。

从上述对科学推理以及科学推理能力的界定中可以看出,个体进行科学推理一般采用演绎推理和归纳推理;个体应用科学推理进行假设检验或问题解决,是以"已知的判断"为科学证据,而得出的"新判断"则是科学结论。因此,在科学研究活动中进行,基于科学证据得出科学结论,是科学推理区别于一般性推理的显著特征。

综上所述,科学推理是个体思维水平发展到一定阶段后所具有的推理类型。科学推理能力是运用逻辑思维、依据科学事实进行推理,进而做出解释或得到结论的能力,这种能力不依赖于某一专门领域,而是个体所具备的一种一般能力,在一定程度上影响着个体的学习能力。从科学素养的角度来看,科学推理表现为一种理解和评价科学信息必不可少的认知技能。

在本书中我们将"科学推理"定义为：在物理学习中，经历发现并确定问题、提出猜想和假设、设计实验、评估实验结果和证据、解释推断等一系列活动，并利用归纳推理和演绎推理检验猜想和假设或解决问题的思维过程。

"科学推理能力"定义为：在科学推理的一系列活动中个体所运用到的一切内在思维能力和推理技能，是个体思维发展到一定水平之后才会出现的高级推理形式。

科学推理机制是个体运用所掌握的科学知识和信息等解决某一具体推理任务时选取的推理策略以及思维过程。解决不同的推理任务所选取的推理机制可能不同，即使针对同一个推理任务，不同的个体由于知识或思维风格的差异所选取的推理机制也会有所不同。

10.1.3 科学推理的要素

科学推理包含三个关键要素：假设、实验和证据。假设也可以认为是一种假说，从认识过程方面考虑，假说是研究科学问题的基础，它来源于个体已有的知识或经验，产生于知识不足或存在于已有知识与实际的认识需要之间的某种裂缝之中。也就是说，假说是已有问题的可能答案。假设是科学推理的重要背景，它是由个体利用已有的信息资源进行归纳、演绎等推理过程并按照一定逻辑规则表述出来的，是科学推理的基础。

实验作为检验、验证假设的手段和方法，一方面，实验的方法、设计和过程要受假设的控制与指引；另一方面，实验结果作为证据，要对假设的合理性做出判断。实验在科学推理中占有非常重要的地位，没有实验，科学推理无法进行。

在科学推理中，到处都有证据的身影。支持假设和实验的实例是证据，形成的新概念是新的证据，实验中得到的科学事实是证据，作为实验逻辑基础的先前经验和先前实验结果也是证据。证据无处不在，但是想要找到它并且运用它并不是那么容易的。当前的物理教学经常会强调加强学生主动收集信息的能力，但教师往往会忽视学生收集到信息之后处理信息的情况。应该让学生在学会通过一系列收集、比较、评价信息等过程之后，去鉴别哪些信息是证据，只有成为证据的信息才能在科学推理中起到"地基"的作用。

我们可以看出在科学推理中，假设、实验、证据这三个要素呈循环往复且互为依托的关系。假设产生于通过一系列收集、比较、评价已有信息或规则后产生的证据，同时又被实验中产生的新证据所修订。实验中的所有操作由假设控制，同时在实验中产生的证据又能改变形成新的假设，继续指导实验。

10.1.4 科学推理的类型

为了考查学生的科学推理能力，不同研究者开发了不同的测试工具，这些测试工具的理论框架大多来源于皮亚杰提出的科学推理的类型。结合物理学科的特点，我们将物理学习和探究活动中科学推理的基本类型划分为：守恒推理、比例推理、控制变量推理、概率推理、相关推理、因果关系推理、假设-演绎推理、组合推理等。

1. 守恒推理

在皮亚杰的认知发展理论中，守恒概念的获得与建立是儿童从前运算阶段发展到具体运算阶段的一个重要标志。守恒推理是指儿童能够认知物体的形式（主要是外部特征）发生了变化，但物体的量（或内部性质）并没有发生改变。具有守恒推理能力的儿童掌握和概括概念的能力不再受事物的空间特点等外在因素的影响,而能够抓住事物的本质特征进行抽象概括,也就是儿童的认知能力不再因为事物的非本质特征(如形状、方向、位置等)的改变而改变,能够透过现象看清本质,把握本质的不变性,这时个体能认识到物体固有的属性不随其外在形态的变化而发生改变的特性。儿童最先掌握的是数目守恒,年龄一般在6~7岁,接着是掌握物质守恒,在7~8岁之间,几何重量守恒和长度守恒在9~10岁左右掌握,体积守恒一般要11~12岁以后掌握。

物理学上的守恒,是指在某种物理过程中,在一定条件下,某个物理量保持不变。例如动量守恒、机械能守恒和能量守恒以及电荷守恒等。利用守恒推理的思维过程:第一步是明确守恒条件是什么;第二步是确定"一个过程"和"两个状态","一个过程"是指研究对象经历的变化过程,"两个状态"是指研究对象变化前的状态和变化后的状态。

2. 比例推理

根据皮亚杰的认知发展理论,比例推理与形式运算阶段相关联,研究人员通过让被试执行需要使用比例来完成的任务,以此确定被试是否达到形式运算阶段。比例一般涉及两种情况:一种是根据两个变量的恒定比值,在知道其中一个变量值的情况下,求算另一个变量值,这叫作缺失值问题;另一种是求算两个已知值的变量之间的比值,这属于比值问题。在基础课程中,比例推理被认为是学习数学和科学课程所必需的基本推理技能。在科学探究中,我们可以通过比例推理来定义特征量,例如,我们用比值来定义密度、速度等。运用数学工具来解决物理问题的能力是中学物理教学的重要目标,物理和数学各有其不同的研究对象和方法,因而在应用数学工具解决物理问题时,必须考虑其在物理上的限制。利用比例推理的思维过程:第一步是根据已知信息推断出各个物理量之间的比例关系;第二步是利用公式和数学法将结果正确地表达出来。

3. 控制变量推理

现实世界的情况往往很复杂,涉及许多不同类型的变量,因此在解决实际问题时,人们需要确定哪些变量会影响结果,对关键变量进行探究时必须控制其他变量。控制变量能力是支持各种高级科学思维能力的核心能力,也是理解科学概念和实验探究的重要技能。控制变量推理是指采用操纵自变量、控制无关变量和检测应变量的方法,把多变量问题转换为单变量问题,对多个变量分别加以研究,最后综合分析解决问题。例如,皮亚杰的"钟摆实验",实验者将不同长度的绳子固定在一个横梁上,绳子的末端拴上不同重量的重物,实验者向被试演示如何使钟摆摆动(将拴有重物的摆绳拉紧并提至一定的高度,再放下即可)。被试的任务是,检验与钟摆摆动有关的四种因素(重物的重量、摆绳被提起的高度、推动摆绳的力、摆绳的长度),确定哪一种因素决定钟摆摆动的快慢。皮亚杰通过实验发现,只有进入形式运算阶段的儿童,才能验证钟摆实验,即具有了控制变量能力。控制变量推理是中学物理一种非常重要的思想方法,不但用于实验探索和研究之中(比如"探究加速度与力、质量的关系"),而且在理论分析问题、解决问题中也大有用处。利用控制变量推理的思维过程:第一步是逐个分析每个变量对结果的影响;第二步是改变自变量,控制其他变量不变,观察其对结果的影响,重复以上方法,检测其他变量对结果的影响;第三步是综合分析、推断各个变量对结果的影响,得出结论。

4. 概率推理

概率是反映随机事件出现可能性大小。事件是指定类型的结果或所有结果的集合,事件的概率是当某个可重复过程重复很多次时,事件发生的总次数占总重复次数的比例。

概率包括理论概率与经验概率。对概率的经典解释是基于实验物理学的理论概率,不需要进行真实实验。例如,在没有进行实验的情况下,我们知道投掷一枚硬币,正常硬币正面向上的概率为 0.5。另一种为经验概率,通过进行大量的试验并观察结果,我们可以估计概率,这就是基于长期相对频率的经验概率,定义为某特定事件的出现结果次数除以可能结果总数的比率。经验概率的试验次数越多,概率估计值越准确。

5. 相关推理

在多变量语境的科学探究过程中,一些变量是相互独立的,但也有一些是相互依赖的,即任何两个变量之间可能会存在这样的关系:密切相关、微弱相关或者根本不相关。相关性则被用来表示两个变量之间的关系。在社会生活中,人们非常重视事件之间的相关关系,如吸烟与得肺癌的机会之间的相关性、喝茶与减肥之间的相关性、父母及其子女的身体状况的相关性,以及产品需求与价格之间的相关性。

劳森等人将相关推理定义为个人用于确定变量之间相互关系强度的思维模式。相关推理是建立变量之间关系的基础,这种关系反过来又是基本预测和科学探索的依据。在探究"相关性"的过程中,要从两个角度看待两个变量之间的关系。一是看它们之间是否存在联系,二是看这两个变量是如何相关的,换句话说,就是它们之间关系的机制。研究者主要关注被试是否认为目前的数据显示两个变量存在相关性,以及人们是否可以从已有数据中获得预测。相关推理并不需要被试看到两个变量之间已经存在某些机制或因果关系。另外,相关推理与条件概率高度相关,这意味着当事件 A 和 B 之间存在相关性时,A 的概率可以影响 B 的概率,反之亦然。

6. 因果关系推理

因果关系推理涉及确定事件之间是否存在因果关系。当存在因果关系时,我们有充分的理由相信某事件(原因)与其他某事件(结果)有系统的联系,可以通过产生某事件来改变另一事件的发生。大多数关于学生协调理论和证据能力的研究都集中在归纳因果关系方面。因果关系的具体机制可以描述为:如果变量 x 和 y 之间存在因果关系,可将原因分为必要原因、充分原因和促成原因。① 必要原因:如果 x 是 y 的一个必要原因,那么 y 的存在必然意味着 x 的存在概率为 100%。然而,x 的存在并不意味着 y 会发生。② 充分原因:如果 x 是 y 的充分原因,那么 x 的存在必然意味着 y 的出现概率为 100%。但是,另一个条件 z 可能会导致 y。因此 y 的存在并不意味着 x 的存在。例如,在"失去呼吸意味着一个人的死亡"的前提下,失去呼吸是一个人死亡的充分原因,但是一个人的死亡并不意味着一定是失去呼吸导致。③ 促成原因:如果 x 是 y 的一个促成原因,这意味着 x 的存在使得 y 的存在成为可能,但不是 100% 的概率。换句话说,一个促成原因可能既不必要也不充分,但它是有贡献的。例如,在"癌症导致一个人死亡"的情况下,"患有癌症"是一个促成原因,这既不是一个人死亡的必要原因也不是充分原因。

7. 假设-演绎推理

假设-演绎推理(HD 推理)是检验理论或假设的一个非常重要的方法,HD 推理是包括生物学、物理学和化学在内的所有科学学科共有的最基本的方法之一。其应用可以分为五个阶段:① 提出许多假设并评估每个假设;② 选择一个假设进行测试;③ 从假设生成预测;④ 通过实验来检查预测是否正确;⑤ 如果预测是正确的,那么假设得到证实,如果不是,那么这个假设就被证明不成立。HD推理涉及从所有可能影响结果和构成假设的因素的一般理论开始,然后从该假设中作出推断来预测实验中可能发生的情况。在科学研究中,假设-演绎能力非常重要,为了解决科学问题,需要提出假设,而许多假设不能直接测试,必须从假设推论并作出可以通过实验进行测试的预测。根据皮亚杰认知发展理论,假设-演绎出现在形式运算阶段。劳森等人认为有两种基于认知发展水平的假设检验能力:第一种是对可观察的事物进行假设检验的技能,称为具体推理阶段;第二种涉及检验关于不可观察的假设,称为形式推理阶段。

8. 组合推理

把任何单个因素每两个或每三个结合在一起,就有可能建立所需要的任何关系或分类,这种分类运算和次序关系运算的概括最后发展成为一个组合系统。皮亚杰把同时对多个变量进行推理,能够测定一系列变量中的一个或全部变量的结果,也能测定变量的某种组合的结果称为组合推理。组合推理的思维过程:第一步由呈现出的多个单一的科学事实及一些隐含的因素,分别推理得到多个单一的科学结论;第二步观察提出的问题,把这些单一的科学结论中一个或几个人为地看成或组合成一个集体,得到新的推理结论;第三步以此方式深入分析、整理,最终使问题得到解决。

10.1.5 相关概念的辨析

1. 科学推理、科学推断与科学预测

科学推理与科学推断不同。推断(Inferring)是指利用先前的知识和经验对观察到的现象的解释,而推理是一系列活动,我们可以认为推断是推理的一个部分,一个具体的活动。例如,装有冰水的玻璃杯外潮湿的水汽从哪里来的?学生可以用先前的科学知识和经验,来推断和推测玻璃杯上的水汽来自玻璃杯周围空气中的水蒸气。科学推理的另外一种具体活动是预测(Predicting),预测是向前看——会发生什么,推断是向后看,是解释那些已经发生了的事件。

2. 科学推理、证据与信息

无论是逻辑学中的"前提-结论"的经典推理形式,还是认知心理学的信息加工程序,都强调了"前提""信息"的重要作用,它们与"证据"有关,但也有区别。

从认知心理学的信息加工理论来看,"信息"(Information)与"证据"有很多的共同之处,例如都是前提基础,都是过程进行的必备要素。实际上,在进行推理时所需要的"证据"就是"信息",即"信息"的含义更广,包含着"证据",但不是所有的"信息"都能够成为"证据"。

从要求上,"证据"应有客观性、真实性,其获得程序是严格的、经查证的,并非所有的客观事物、事实都能成为"证据",具有与一般信息相区别的特征。信息是关于某人某事某物的事实,或者说是被告知的一切、某问题的答案等,都可以认为是信息。它常常与数据(data)和知识(Knowledge)相关联,数据代表的是参数的值,而知识意味着对真实事物或抽象概念的理解。具体说来,数据是来源于观察(观测)的,比如物理实验的现象,或是教育调查的问卷结果等;信息是将相关数据归纳收集之后的结果;知识是建立在一定抽象水平之上的。从物理实验中探寻到一定的规律,调查发现了潜在的因果关系等,即信息转化为知识。由此可见,数据、信息和知识是逐步抽象、组织化的一组概念,同时,三者也经常在不同的情境下混用。

也有学者将信息定义为一种"代码"(Code),是独立于物质和能量之外的自然的第三属性,用来精确地、科学地描述事物,如生物遗传信息、语言信息等,这种描述与计算机网络和信息技术发展的背景契合,也带有信息加工理论的意味。

事实上,证据也是一种信息。它可能是以数据的形式呈现,从各种现象或事件中观察、收集获得的。一般来说,数据需要经过处理和整合,才能为他人理解、传播等,此时的数据已经具有信息的形态。同时,证据也可能是某种确定的、抽象意义上的知识,是在数据、信息理解基础之上形成的,具有可利用的形式,可以被储存在个体头脑的长时记忆系统之中,在需要时,如进行推理时,被提取出来。

3. 逻辑推理与科学推理

所谓逻辑推理,就是运用给出的信息和已掌握的知识,综合运用理解、分析、综合、判断、归纳等方法,引出概念、寻求规律,对事物间关系或事件的走向趋势作出合理判断与分析,确定解决问题的途径和方法。在推理过程中按照逻辑规则进行,是思维的高级形式之一。

表 10-1　逻辑推理与科学推理对比

	逻辑推理	科学推理
要素	信息、推理规则、结论	假设、实验、证据
研究对象	静态	动态
推理规则	固定的、不变的	随证据而变

表 10-1 分别从组成要素、研究对象和推理规则三个方面对逻辑推理和科学推理进行了比较。从组成要素我们可以看出,逻辑推理是由信息、推理规则和结论组成,在逻辑推理过程中我们运用给出的信息和已掌握的知识,按照一定的推理规则进行推理进而得出结论。在这个过程中,推理规则可以是一个数学定理或是一个物理规律,还可能是一个经验规律。比如,下雨天我们会打伞,这是我们日常生活的一个经验规律。如果将其当作一个推理规则去推理,因为有人打伞所以推断天在下雨,很明显这个结论可能是正确的,也可能是错误的。也就是说,逻辑推理的过程关注的是推理规则,并不注重前提和结论是否正确。逻辑推理中推理规则是固定不变的,A+B=C,A+D=C,则 B=D,从这个简单数学模型中我们可以轻易得到这个结论。在这个推理过程中,研究对象是静态的,推理规则是固定的,已知条件也是静态的。若我们无从知晓已知条件是否正确,推理规则是否适用,也就无法知道结论是否正确了。由此可见,逻辑推理只注重根据一定的逻辑规则进行推理,并不在意前提和结论是否正确。科学推理除了要依据逻辑规则进行推理外,还非常注重"依据证据进行推理"。科学推理的基础和核心是"证据",这是和逻辑推理的本质区别。科学推理的组成要素中,进行推理所依据的证据是通过猜想、实验检验过并确定为真的,实验一方面为证据的正确性提供保障,另一方面也为猜想的修改提供实验依据。科学推理中的推理规则是动态的,为更好地适用于推理的进行,推理规则会随着新证据的出现或者猜想假设的修改而发生动态变化。

科学推理区别于逻辑推理的关键一点是科学推理是基于"证据"的推理,所以推理依据的选取是否科学、合理、恰当会对推理结果造成影响。

在物理学习中,我们应用的规律、概念、模型大多只能在某种理想状态下解决某种理想化问题,抛开预设情况,问题将不能被解决。学生对理论假设与事实证据之间的差距浑然不知,学到的静态的科学知识只是逻辑推理层面的,他们对规律和概念等的由来从未关心,致使他们在思考问题时,不会寻找有用的事实证据且利用证据去分析问题,而是依靠自己头脑中已有的现今认为正确的科学理论进行逻辑推理。逻辑推理确实是我们解决问题的重要思维方式,但如果我们一味地依赖它,科学发展将走进泥沼。无数个阻碍科学发展的例子告诉我们,不能仅仅依靠已有的规律概念,要勇于质疑,提出假设,而假设需要以事实证据为基础,用实验事实去检验,进而修订假设,提出新的规律概念。人们在跳出逻辑推理束缚的同时,科学推理也就迎来了它的时代,科学推理补充了逻辑推理的不足,在科学史中处处闪耀着它的光芒。科学推理开始崛起,跃居传统的逻辑推理之上。纵观科学发展史,任何一个规律概念的提出都是对某个假设的无数次检验,实验、找证据、修订、再检验,在这种往复循环中建立新的理论。科学家在提出新的规律概念的过程中经历了科学推理的过程,而得到的规律概念由教师传授给学生时又变成了一个个静态的科学知识,在此过程中学生只得到了逻辑推理能力的训练,这会对学生发展产生阻碍。因此,研究科学推理能力发展的影响因素、发展机制就变得非常重要。

10.2 科学推理能力的研究进展

思维是人类区别于世界上其他生物的一个显著特征,思维是人类智力的核心元素,思维水平的发展状况很大程度上决定着个体的智力水平。科学思维,简单来看,就是在科学探究中的思维过程,这样的过程,不仅对于科学工作者来说充满魅力,也深深吸引着普通大众的关注和参与,因为科学探究过程是基于对整个自然界和人类社会的好奇,能够给予人类无限的活力,它无时无刻不在改变着我们的世界,让我们获取更多的知识和更深刻的认识。科学思维是个大的概念范畴,涵盖了科学探究领域里提出假设、设计实验、结果分析、推论思辨、得出结论等步骤中的一切思维技能,这其中最为核心的就是科学推理能力。在现今的国内外相关研究文献中,科学思维和科学推理这两个概念基本能够互为替代。下面就科学推理及其能力的相关研究及其背景做一些介绍。

10.2.1 关于科学推理的心理学研究

按照皮亚杰的认知发展阶段理论,科学推理(Scientific Reasoning)也指"形式推理"(Formal Reasoning),儿童在 11~12 岁左右,其认知发展到形式运算阶段方才具有科学思维(Scientific Thinking)而进行"形式推理"。处于这个阶段的被试能够在假言命题的情况下进行完全的推理,并对经验实际进行心智转换,要求具备进行反思性思考、批判性检验,以及理论与证据的协调整合能力。皮亚杰及其合作者开展了多项研究,为其观点提供了实证支持。这是心理学领域对于科学推理的初步研究。

在心理学研究中,一般有两种使用"科学推理"这个术语的方式:其一是指"理想化模型"(Idealized Model),科学家们提出对立的假设,再开展实验进行评价或检验;其二,广义而言,是指认知过程,儿童和成人对自然规律、模式、因果关系结构的推论、论证。

科学探究的目的是逐步完善和修正我们对自然社会和人文社会的认识以及理论观念。这一过程既包括对科学概念、科学规律的获得(结果),又包括获得科学概念、科学规律的活动(过程),还包括对科学概念、科学规律的发现和检验(过程),这就相应地涉及产生假设的归纳过程和检验假设的演绎过程。

由于科学探究过程包含诸多复杂的活动,自然科学和社会科学涉及的领域又繁多,如果试图在所有科学领域研究分析个体在科学探究的各个环节所运用的科学推理能力,几乎是不可能的。因此,早期科学推理的研究者们往往把研究范围限制在考察个体在一般知识领域和专门知识领域中展示出的科学思维和推理能力,重点放在科学概念的获得以及科学推理的程序上。

1. 科学推理在专门知识领域的研究

专门领域知识在人脑中是存储于记忆神经中的,为科学推理的顺利进行提供科学概念的基础,主要是通过科学概念、科学规律的学习而获得,通过回忆概念、规律等方式解决同一类型的问题。最早提出"科学推理"这一概念的皮亚杰,在其早期研究中格外关注儿童在时间、空间、运动、速度和数等方面的发展状况,并解释了儿童复杂认知的初步发展。

科学推理在专门知识领域的研究,一般采用与具体的科学现象相关的概念知识作为推理的任务。这些推理任务,只要求儿童运用自身的直觉心理模型去解决问题,得出答案,不要求儿童进行实验等去检验或证实答案的正确与否。例如,让儿童自己画出或者用橡皮泥捏出地球,利用这种实验方法获取儿童头脑中对地球形状的理解情况。

由于研究初期注重研究思维能力的发展,研究者们往往忽略了所选个体所具备的专门领域的背景知识,他们将研究焦点放在探究个体进行科学推理的一般认知水平上,即考察和比较个体在各个成长阶段所展现出的思维能力的发展。随着知识在个体科学思维发展中的作用逐渐被大家所认识,研究者们开始思考科学推理能力是否与个体掌握的领域知识无关,而只是与个体思维能力的发展有关呢?他们开始把个体所掌握的一般领域知识和专门领域知识纳入研究范围。科学推理的研究者们将目光扩展到各个不同的特殊知识领域中考察个体的科学推理能力,他们开始思考并探究个体所具备的各领域知识在其科学推理能力的提高中扮演什么样的角色?对某一专门领域知识掌握较好的个体与掌握相对较差的个体在科学推理能力上究竟展现出哪些差异?分别掌握不同特殊领域知识的两个个体在科学推理能力方面有哪些差异?这些差异与所掌握的领域知识的差异有哪些关系?等诸如此类的问题。

2. 科学推理在一般知识领域的研究

一般知识领域与专门知识领域不同,它处于人脑有高级控制权的神经元网络之中,一旦接受信息,一般不会遗忘。

科学推理在一般知识领域的研究,主要考查儿童在推理和问题解决过程中使用的策略,这些策略蕴含于实验设计和证据评价的一般技巧之中。与专门知识领域的推理任务不同,一般知识领域的推理任务需要儿童提出假设、收集相关证据、设计实验、评估证据、修改假设或得出结论。受皮亚杰研究的影响,早期关于一般知识领域的研究多是采用知识贫乏的任务来分析个体的科学推理能力。其中最典型的就是沃森(Wason)的"(2,4,6)规则发现任务",任务要求如下:实验者给定被试三个数字,比如(2,4,6),要求被试确定这三个一组的数字排列所满足的规则,当被试提出一个规则,实验者会告诉他正确与否,如果错误,被试可以继续思考。在这个过程中,为发现三个数字排列背后的规则,被试必须提出假设、搜集证据、得出结论或修改之前的假设直至发现正确的规则。研究发现,几乎所有的被试都具有"正检验偏向"即产生规则的正例来证实假设,比如(6,8,10);几乎没有被试产生规则的反例去证伪假设,比如(10,7,3)。

很长的时间内,关于科学推理的研究在专门知识领域和一般知识领域各自独立进行,虽然取得了一些成果,比如在假设检验、证据评估、因果推断等方面,但是仍然不能从整体上描绘出个体科学推理能力的图景。最近的研究表明,科学推理的相关研究经历了由分割走向整合的过程,早期对科学推理的研究都忽略个体掌握的领域背景知识,采用知识贫乏的任务来分析个体的科学推理能力,主要聚焦于儿童这一群体,将其视为"天生的科学家",研究其一般领域的科学推理能力。随着研究的深入,发现专门知识在个体科学思维中发挥着极其重要的作用,出现了"新手-专家研究路线",即专家到底是领域知识专家还是科学推理技能专家。可见,关于科学推理能力的研究走向整合是必然趋势。

10.2.2 基于科学探究的科学推理研究

莫什曼(Moshman)将科学推理描述为一种基于规则的推理形式,或是一种审慎地应用规则的思维。库恩(Kuhn)将科学推理视为一种知识获取(Knowledge Acquisition)的过程,即通过有意识地、规则所限地(Controlled)协调理论和证据,从而获取知识。在他的研究中,青少年和成人被要求去设计实验,继而验证其理论观点,基于合适恰当的推论去修正他们的理论,由此发现被试进行因果推断时既需要他们的先前观念,也要依靠于变化着的证据。库恩因此提出了知识获取的三阶段模型:探究(Inquiry)、分析(Analysis)和推断(Inference)。在探究阶段,需意识到应解决的问题,并明确阐述问题;分析阶段则是获得数据、进行处理的阶段,如比较、模式检测等,这个阶段需要程序性知识,或利用多种策略去分析数据;最后一个推断阶段是协调理论和证据(Coordinate Theory and Evidence)阶段,并在此阶段提出有关科学的知识观点。

克拉尔与邓巴承认产品(概念形成或知识获得)和过程(实验设计和事实评价技巧)的重要性,认为科学发现过程应同时包含问题解决和科学推理两方面。科学推理是在两个问题空间(Problem Space)中进行搜索(Search)的过程,涉及一个假设空间(Hypothesis Space)和一个实验空间(Experiment Space),并提出了"科学发现双重搜索模型"(Scientific Discovery as Dual Search, SDDS)。该模型由三个环节组成:搜索假设空间(Search Hypothesis Space),验证假设(Test Hypothesis)和评价证据(Evaluate Evidence)。这与库恩的知识获取过程类似,在搜索假设空间时,被试提出或修正他们的假设,由此形成一个完整具体的、可证伪的、能够验证的假设;其后,在验证环节,被试形成(计划)实验,就结果作出预测,开展实验;最后是评价证据环节,被试评判实验所收集的证据是否足以驳斥或接受假设。

由此可见,不论是基于心理学视角,还是科学探究过程,科学推理均具有重要意义。劳森指出,科学推理能力及思维习惯是科学素养中最核心的要素,这些能力涉及建构理解的能力和思维习惯,理解核心概念并整合科学理论,交流、告知并说服他人采取科学概念和科学理论相关的行动等。

10.2.3 影响科学推理能力发展的因素

想要提高学生的科学推理能力,找到适当的策略就必须先明确,到底是哪些因素在影响着学生科学推理能力的发展。年龄、经验、智商、性格等都有可能影响到学生科学推理能力的发展。研究者在研究皮亚杰认知发展阶段理论之后,将其与科学推理能力策略的研究相结合,提出一些潜在的影响科学推理能力发展的决定因素,并假定了各个因素之间的因果关系。

在皮亚杰学派研究者们看来,影响科学推理能力发展的决定因素,是年龄、性别、经验、内外控倾向、场独立型(Field Independence)和场依存型(Field Dependence)、死板和灵活、智商。内外控倾向是指个人日常生活中对自己与周围世界关系的看法。内控者相信凡事操之于己,将成功归因于自己的努力或能力,把失败归因于自己的疏忽或能力不足,即将行为结果视为自己的努力或个人特征。而外控者相信凡事不操之于己,把成功归因于幸运,把失败归因于外部因素,即将行为结果视为运气、命运或是其他力量的产物。有关研究表明,性别影响着个体的内外控倾向,而个体的内外控倾向则直接影响着其科学推理能力的发展。

场独立和场依存这两个概念来源于美国心理学家 H. A. 维特金(H. A. Witkin)对知觉的研究。场独立型个体对客观事物作判断时,倾向于利用自己内部的参照,不易受外来因素影响和干扰;在认知方面独立于周围的背景,倾向于在更抽象和分析的水平上加工,独立对事物作出判断。场依存型个体对物体的知觉倾向于把外部参照作为信息加工的依据,难以摆脱环境因素的影响。他们的态度和自我知觉更易受周围的人,特别是权威人士的影响和干扰,善于察言观色,注意并记忆言语信息中的社会内容。有关研究还表明,场独立和场依存与学生的学习倾向和特点有关系。由性别和年龄影响的个体经验直接导致个体的知觉倾向,而个体的知觉倾向是场依存型还是场独立型直接影响个体科学推理能力发展的进度。

从整体来看,年龄也就是个体的成熟程度,直接影响着科学推理能力的发展,同时它也是个体的经验多寡、是否具有灵活性的决定因素。性别虽然没有直接对科学推理能力的发展产生影响,但它通过对经验、场依存型和场独立型、内外控倾向的控制,对个体科学推理能力的发展也起到不可或缺的作用。另外,智商直接控制着个体科学推理能力的发展,它的作用无论到何时都是不容忽视的。

上述讨论的影响因素只是一部分,在众多研究文献中我们还可以看到,一些关于其他影响因素的研究,例如已有知识、学习背景、教学中的引导、信息加工能力、认知风格,甚至还有关于文化背景、社会地位等影响的研究。因此,不同国家、不同地区、不同学校甚至不同家庭背景的学生的科学推理能力的表现都存在一定的差异。

10.2.4 基于科学推理的教学策略尝试

皮亚杰认知发展理论提出后,卡普拉斯(Karplus)引入学习环(Learning Cycle)教学法,此教学法在皮亚杰理论和课堂活动之间建立一座桥梁。学习环,涉及学生积极参与的探索、创造和应用阶段。在探索阶段,学生有机会去体会与新概念有关的经验。这个阶段的活动旨在帮助学生将注意力集中在新概念上,这样就可以使他们对先前获取的知识产生怀疑。探索阶段之后,学生应该随时准备去比较信息和组织数据。在创造阶段,指导者通常会在过程中提供必要的术语讨论。概念也就在研究中产生了,如果可能的话,应主要由学生阐述。应用阶段则允许学生应用新概念,以拓宽他们对新概念的理解。一些针对理科课程发展的研究显示,在教材中加入学习环之后,加速了学生守恒推理的学习。但学习环教学法的缺点是:人们原本的认知过于简单,且受制于一般性的教学指导,将特定科学概念的教学和一般推理形式视为主要的学习目标,会阻碍推理的进行。马雷克(Marek)和韦斯特鲁克(Westrook)于1990年发现许多初一至高三的学生在参与一年的学习环计划教学后,形式操作推理能力或是科学技能的增加皆不显著。

10.3 科学推理能力的测评研究

目前,关于个体科学推理能力的研究受到国际科学教育领域的广泛关注。根据这一领域学者的共识,科学推理能力主要包含守恒推理、比例推理、控制变量推理、组合推理、概率推理、相关推理以及假设-演绎推理等能力维度。这种能力不依赖于某一专门领域,而是个体的一种一般能力。国外已有研究表明,科学推理能力在一定程度上是学习科学知识的前提条件,因此为了更好地提高学生的科学推理能力,研究者对科学推理能力发展的影响因素进行了深入研究,测量了各种因素影响其发展的趋势并且分析了其中的原因。在此过程中开发了很多测量科学推理能力的工具,其中具有代表性的工具即劳森科学推理测试量表,其能测量出学生科学推理能力的缺失,提出很多发展学生科学推理能力的策略,希望借此能够促进学生的科学推理能力发展。

10.3.1 科学推理能力测量工具与方法

1. 纸笔测试工具

国内外文献中,测查学生"科学推理"能力的工具,以及相关的开发、应用研究十分丰富。

(1) 劳森科学推理测试量表

早期,学生的推理能力是基于皮亚杰的认知任务进行考查,之后,在这一经典认知理论和实验成果的基础之上,1978 年美国亚利桑那州立大学的劳森教授结合纸笔测验的便利和访谈任务的优势,设计研制了劳森科学推理测试量表(Lawson's Classroom Test of Scientific Reasoning, LCTSR)。该测试量表最初是用来检验、诊断被试的形式推理发展水平,工具信度、效度良好,而且便于操作和实施,因此发展成为最为经典、广为应用的科学推理能力测评工具。

为检验工具的效度,劳森将测试结果与访谈任务的作答进行对比,后者常用来反映被试的推理水平分布,涉及具体(运算)水平、过渡水平和形式(运算)水平。在他之后,有诸多研究应用该工具,也为其信效度提供了证据,研究数据发现,内部一致性系数(Cronbach's α)在 0.61~0.78 之间,表明工具项目的信度良好。

继最初的 LCTSR 之后,劳森该工具被多次修订,应用最多的是 2000 年公布的测试卷,共计 24 个项目,包括 10 对双重多项选择题(Two-tier Multiple Choice Questions),这类题型首先以一个结论式的问题让学生作出推理、选择,进而对原因进行说明,选择合适的解释(Explanation)选项,反映被试的思维过程;其中有 2 对测查假设-演绎推理(Hypothetical-Deductive Reasoning)技能的选择题,这些题目都是不能实际观测到,需根据题目情境进行假设、推测、判断而得出结论的。

这些成对问题可对学生的科学推理能力进行评估,主要包括 6 个维度的推理,分别是守恒推理(Conservation Reasoning)、比例推理(Proportional Reasoning)、概率推理(Probability Reasoning)、相关推理(Correlation Reasoning)、控制变量推理(Control of Variables),以及假设-演绎推理(见表 10-2),题目见本章的附录。

表 10-2　LCTSR 量表 6 个维度分布

维度	题目数	考查的能力
L1	1~4 题	守恒推理
L2	5~8 题	比例推理
L3	9~14 题	控制变量推理
L4	15~18 题	概率推理
L5	19~20 题	相关推理
L6	21~24 题	假设-演绎推理

目前 LCTSR 测试广泛应用于国内外科学推理能力的调查研究中。

（2）逻辑思维测试

逻辑思维测试（Test of Logical Thinking，TOLT）是 1981 年由托宾（Tobin）和卡皮（Capie）等人编制的。该测试共有 10 个项目，对推理的 5 个技能维度进行了测量，分别是比例推理、控制变量推理、概率推理、相关推理和组合推理。研究发现，测试项目的信度较高，内部一致性系数达到 0.85；同时，对测试表现的因素分析结果表明，这 10 个项目的观测数据中能抽取出一个因子结果，说明工具项目的聚敛效度良好，共同反映同一个潜在构念，即推理能力。TOLT 的项目设计与劳森的有许多类似之处。

（3）逻辑思维群组评估

逻辑思维群组评估（Group Assessment of Logical Thinking，GALT）是由罗兰卡（Roadrangka）和范特帕（Vantipa）于 1983 年开发的测量工具。这份测试题主要测量了 6 个维度的逻辑思维能力，包括物质守恒推理、比例推理、控制变量推理、组合推理、概率推理、相关推理。题目类型为多项选择题，每个题目都包含有示意图，目的在于对测试题进行解释说明，GALT 的开发者已经对工具的测量学指标进行了研究。GALT 最初的问题集由 21 组题目组成，题目设计形式为双层多选设计，也就是 21 组题目中的每组题目都包含两个小题，两个题目中的第一题都要求被试给出答案，第二题则都要求被试勾选出选择第一题答案的原因。GALT 的 21 组题目包含 4 组物质守恒推理题目、6 组比例推理题目、4 组控制变量题目、3 组组合推理题目、2 组概率推理题目、2 组相关推理题目。由于 GALT 所含题目众多，必然导致其在测试时间方面要求较高的特点，而在实际应用时，由于时间限制或其他原因，可能需要一份更短的测试卷，更简洁方便地进行测量。为此，罗兰卡和范特帕还提出了缩写版的 GALT 测试卷，研究发现，缩写版的 GALT 可以从 6 个测量维度的每一维度抽取两组项目来构建测试。在这里，罗兰卡和范特帕给出了一个建议组合（包括：物质守恒推理维度的第 1 题和第 4 题；比例推理维度的第 8 题和第 9 题；控制变量维度的第 11 题和第 13 题；概率推理维度的第 15 题和第 16 题；相关推理维度的第 17 题和第 18 题；组合推理维度的第 19 题和第 20 题），并对由上述题目组成的缩写版 GALT 测试卷给出评分标准：当且仅当被试能够选择正确答案并且推理理由也选择正确时，得 1 分，否则得 0 分，缩写版 GALT 测试卷共有 12 组题目，试卷总分为 12 分。缩写版的 GALT 在国外已经得到广泛应用，而就国内来看，也已有研究者，如朱思敏等应用缩写版 GALT 的中文版实施测量。

除此之外，罗兰卡和范特帕还对测试分数进行了进一步说明和归类。罗兰卡和范特帕将不同的测量分数对应划分为不同的推理能力水平：得分为 0~4 分的被试推理能力处于具体运算阶段,得分为 5~7 分的被试推理能力处于具体运算向形式运算过渡的阶段,得分为 8~12 分的被试在科学推理能力方面,被认为是处于形式运算阶段。我国研究者朱思敏在其研究中对被试思维水平的划分也与罗兰卡和范特帕一致。

2. 利用科学推理任务

随着研究的深入,以往纸笔测验的局限性逐渐凸显,通过纸笔测验我们得到的只是一个客观的结果,而我们需要分析的往往是个体在做出这个结果过程中体现的科学推理能力。因此,现今的研究者更关注整合的科学推理能力,研究多采用动手的科学推理任务,用访谈、现场问卷、查阅学生的实验记录等方式获得被试者的推理过程资料,从而深入分析学生在实际情况中发生的复杂的科学推理过程,以对其科学推理能力做出评价。

(1) 科学推理任务

根据科学推理过程中被试的自主性及任务的完整性,可将科学推理任务分为自我指导实验和部分指导实验。自我指导实验任务是让学生完成一个完整的科学推理任务,自己设计实验、完成实验、获得证据,然后对实验中获得的证据作出评价;部分指导实验任务多是针对科学推理活动的某个环节设计的,被试无须全程参与任务过程,如给被试一些现成的证据、要求被试作出评价。从 20 世纪 80 年代起,研究者多采用自我指导实验,即在一个完整的科学推理任务中研究学生的实验设计能力、证据评价能力。这种任务的优点:第一,具有真实性,与实验室及实际生活中的真正科学活动具有很多相似之处;第二,有时也会产生对科学推理过程中环节的孤立的理解,但学生应该知道这些环节的整合关系,知道绝大多数科学推理过程包括提出假设、设计实验、验证假设、证据评价、修订假设等环节;第三,有对策略的改变也有对知识获得的发展研究,这两个过程是相辅相成的,精细的策略有助于知识的获得,正确的知识有助于策略的选择。

根据科学推理任务的真实性,可将任务分为需要动手操作的任务和计算机模拟任务。动手操作任务,如研究影响灯泡亮度因素的实验。研究者为了完整记录被试者在完成任务中的过程,开发了一些计算机模拟实验代替手动操作实验,计算机模拟可将科学推理过程完整记录下来,包括控制自变量、每一个环节的操作时间、实验的实时结果等。这种任务的使用可以使科学推理整个过程的研究更加方便与精准。

根据科学推理任务的内容,又可将任务分为弹簧任务、单摆任务、浮力任务、斜坡任务等,这些任务涉及自然与社会环境领域,是研究个体科学推理能力中比较常用的经典任务。这类任务是真实的关于科学的任务,但对背景知识的要求不是很高,且安全容易操作,并能快速完成,这对能力测量有很大帮助。

(2) 科学推理能力评价标准

针对科学推理过程的不同步骤,研究者常常采用不同的标准衡量学生的科学推理能力。在提出假设环节,研究者主要考察被试已有的信念,以及推理结束后,面对新证据其已有信念是否改变;在假设空间中的搜索假设的数量多寡及其完备性;提出假设的合理性等。在实验设计环节,主要考察被试在实验空间搜索的数量,实验设计的策略等。例如索布尔(Schauble)的研究中运用"运河任务",他设计了一个水槽,用一块可以活动的板调节其深浅,从而检验河水的深浅、船的大小和重量是否对船的速度有影响。通过变化船的特征、水的深浅等变量可以产生 24 个变量水平的组合,也就是实验空间的数量为 24,以此考察被试实验空间搜索的百分比。假设空间搜索的数量和实验空间搜索的数量等标准往往用于多变量的任务,在这样的任务中,假设空间的数量和实验空间的数量要大于被试能意识到的组合数。在证据评价阶段,研究者主要关注正确推论的数量以及推论的策略。这类任务的测量常常结合访谈和观察,比较费时、费力,成本较高,所以不适合团体施测,但这类测验能够更深入、更精细地考察被试科学推理的过程。

多数研究者进行推理能力的测评研究时,都是直接应用前几种经典的测试工具,或对原试题略加修改,或改变分析维度、视角。除此之外,也有研究者根据理论基础,从探究式教学出发,构建出学生科学推理能力复杂性的框架模型。该模型的构建是在反复多次的专家咨询过程中逐步形成的,为把握高中生在科学探究过程中的推理能力及可能表现,研究者综合了大量的理论研究文献,如科学探究、科学实践、认知发展等相关文献,同时也参照了其他研究者的框架。该框架模型将推理认知过程以连续体划分为四个复杂性水平(Levels of Complexity):最低(Least)、较低(Somewhat)、较高(More)、最高(Most)。最高复杂性反映的是科学家做研究的推理深度,当直接把信息提供给学生,而非他们自己收集或推理所得,则表现为最低复杂性的推理。在认知过程(Cognitive Process)维度,将之区分为问题产生(Generating Questions)、初步假设的提出(Posing Preliminary Hypotheses)、研究的设计与实施(Designing and Conducting the Research)和结果解释(Explaining Results)四个部分;研究设计与实施中包含变量选择,考虑实验中的条件控制两方面;最后的结果解释部分,则包含理解数据表征的意义,实验的局限或缺陷,将数据与研究问题建立联系,为后续研究提供建议,交流并论证所得结论等五个方面。由此构成了一个基于科学探究过程的科学推理能力复杂性的框架模型(Complexity of Scientific Reasoning during Inquiry, CSRI)。

伯兰(Berland)等在进行科学论证的研究过程中,从是否提供"脚手架",学生是否能够给出恰当的证据、运用推理思维等多方面进行考虑,形成水平递增的科学推理能力发展进程,在最高阶水平上,学生能够在没有脚手架的情况下,提出主张,建立证据与主张之间的正确关系,推理并建立出完整的科学解释。类似地,宋格(Songer)等人围绕着生物多样性的学习进程,自创了依托于科学探究过程的知识内容与推理能力评价。研制过程依照专家咨询、课程开发、工具研制、测试实施和数据结果共五个步骤依次展开,最终形成 3 学年的学习进阶。

10.3.2 科学推理能力的测评工具的应用

应用科学推理能力或推理思维测评工具的目的在于获得实证数据,评价学生能力水平,为教学方式变革等提供依据和参照,相关研究工作所关注的是推理能力的现状和发展问题。

1. 科学推理能力与知识水平

包雷(Lei Bao)等人在研究中,关注于 STEM 内容知识(Content Knowledge)的学习是否影响学生的科学推理能力发展,利用了经典的 LCTSR 进行一般(Domain-general)推理技能的测查。样本来自美国四所大学、中国三所大学的大学生,均为理工科专业的大一新生,共计 5760 人。除了 LCTSR 之外,利用力学概念测查量表(Force Concept Inventory, FCI)和简要电磁学评估(Brief Electricity and Magnetism Assessment, BEMA)两个应用广泛的物理概念评价工具,对学生的 STEM 内容知识进行测查。

FCI 的结果表明美国学生广泛分布于中间分数区域,而中国学生的得分则主要分布于前 90%,两地被试的 BEMA 得分比 FCI 得分要低,但中国学生仍然具有较大的优势。这与中美两国的物理教育体制、课程学习的差异有关。但在科学推理能力上,中国学生却没有表现突出,两国被试的得分情况基本一致。

由此可见,内容知识上的优异表现,未必能使推理能力表现更优,该数据结果值得我们反思。我们理应正视 PISA 等大型测评项目的突出成就,重新审视我国重视知识教育而忽视探究式科学教学的现状,以多元视角全面评估学生的能力、素养等复杂而个性化的特质表现等。

2. 科学推理能力的发展阶段

劳森的综述中探讨了科学推理能力的阶段性发展水平,他以皮亚杰的认知发展阶段理论为基础,指出儿童几乎从出生开始就具备假设-演绎推理能力的初步形式。

在 7 岁至青少年早期,个体处于具体运算阶段,他们能够运用假设-演绎推理进行连续序列加工,可以结合词语表达,构建变量,构建出物体、事物和情境的较高阶层的类别水平等。发展到形式运算阶段(青少年后期),推理模式与前一阶段相同,但所运用的情境有差异,前一阶段是检验描述性假设,而此阶段是检验因果关系假设(Casual Hypothesis),某个原因是不同的,而其他变量需要控制。之后,个体进入成人时期,其认知发展到后形式运算或理论化阶段(Post-formal or Theoretical Stage),与前一阶段的推理形式相同,但因果关系论证上至少有两方面的差异,其一,在该阶段的推理过程中,所提出的"因"是不可直接观测的,是理论化的;其二,在形式运算阶段,推理过程中提出的原因和实验设计的自变量是相同的,但在这个阶段,需要个体提出自变量,反映"因",但并非确切的"因",所以是不同的。由于提出的"因"和自变量不同,需要结合理论基础、证据去开展一个合理的检验,去解释、推理、预测、得出结论。由此可见,个体的科学推理能力是阶段性的,随着年龄的增长和知识的学习,将会从低水平阶段发展到高水平阶段,同时,后一个阶段需要利用前一阶段的"成果",以检验可能的构念或设想,它们之间是相互联系的。

此外,应注意到有些学生不能发展到形式运算、理论化阶段,出现"阶段延迟"(Stage Retardation)现象。这反映了个体差异性的存在,心智发展的不平衡性,也具有教育启示作用。认知发展与个体的自我管理、反省抽象、认知风格等多种因素有关。如皮亚杰指出,推理能力的发展产生于与其他人接触、交流的过程中,因思想的冲击而引起了怀疑、证明的渴望。

3. 科学推理能力的发展策略研究

有研究者考虑到科学推理能力对科学学习和学生素养习得的重要意义,但不是所有人都能具有高阶的推理能力,因此,展开研究探讨了如何培养、发展该能力。

在一项干预实验研究中,被试是来自于 3 个班级的 6 名 9 年级学生,他们均学习普通科学,并参与了研究所设计的一项合作式科学报告写作任务(Collaborative Writing Assignments)学习。据此探查学生在合作撰写实验报告过程中,如何应用科学推理技能,并对他们所使用能力的发展变化进行质性分析和报告。将 6 名被试分成 3 个合作小组,研究持续了四个半月,其间学生一共撰写了 10 份实验报告。研究者和任课教师设计了报告的指导语,作为脚手架引导、促进学生使用相应的科学推理能力。研究表明,学生在评价他们各自的科学概念理解、进行观察、对结果进行解释,以及根据实验数据和相关的资料、信息等形成新的知识理解模型等的过程中,的确用到了推理技能。而且,研究发现,被试在报告撰写的几个环节上取得了较大的进步,而这些正反映了他们的推理能力,包括选择、处理课本知识,得出结论和阐释知识理解,以及进行对比等的能力。由此可见,在合作式科学报告写作的过程中,学生的科学概念理解得到了自我建构,他们基于前经验、活动观察和其他的信息资源,提升了形成科学解释,进行科学思考、科学推理和讨论等多方面的能力。

此外,一项强调元认知、自我监控和知识建构策略等方面的干预研究,对集体出声思维(Thinking Aloud Together)这种方式的作用效果进行探究。教学内容是关于物质本质的科学单元,为期12星期,4个8年级班级参与此项研究,将其分为控制组和实验组。研究结合了访谈,结果发现,相比于控制组,实验组的学生的合作认知、使用合作推理(Collaborative Reasoning)技能的元认知知识以及推理能力都得到了提升。教师通过改进教学方式,可以实现对学生科学推理能力的培养和发展,通常是从科学探究、科学实践过程进行考虑,正如一直被研究者和教育者们所呼吁的探究式教学(Teaching by Inquiry),还有教师与科学家合作(Teacher-scientist Partnerships),构建共同体等,都可以从不同的角度促进学生的科学学习,锻炼推理思维。

4. 科学推理能力的整体发展水平研究

皮亚杰在其认知发展理论中指出,个体的认知发展在12~15岁以后就进入形式运算阶段,但对世界各地学生的测量研究结果却出人意料,发现只有不到50%的学生科学推理能力已进入形式运算阶段。例如,卡普拉斯等人设计了两个任务,对处于13~15年级来自丹麦、瑞典、意大利、美国、澳大利亚、德国和英国等7个国家,一共3600名学生进行调查研究,分析其比例推理和控制变量推理能力,研究结果显示,仅有25%的学生达到形式运算阶段,32%左右的学生仍处于过渡阶段,余下的学生仍处于具体运算阶段。谢米西(Shemesh)等人对7~11年级学生的调查研究发现,随着学生年龄的增长,达到形式运算阶段的人数也有所增长,但是仍有一半的学生还是处于具体运算阶段。瓦斯(Vass)等人对大学毕业生的调查研究发现,很多学生在比例推理、概率推理和关系推理等方面仍处于具体运算阶段。

5. 科学推理能力的各个子推理的发展研究

调查表明,学生在科学推理各个子推理类型的发展上是不平衡的。例如,韩正河(Han Jong Ha)等人为了确定学生是何时开始利用科学推理来解决问题的,并从皮亚杰认知发展理论的角度分析学生科学推理能力发展到哪个阶段,对韩国初中生多种科学推理能力类型的发展进行了测量评估,如组合、比例、概率、排列和控制变量等。研究结果显示,组合与关系推理较早进入形式运算阶段,而比例与概率推理较晚进入形式运算阶段。比特纳(Bitner)等人对学生的相关推理与概率推理进行调查分析,研究结果显示这两种推理类型的发展水平都较低。

6. 科学推理能力的性别差异研究

科学教育领域中关于性别差异的研究由来已久。我国传统观念认为,男生的理科思维优于女生,因此男生的科学推理能力也会处于优势。但国内外大量定量研究的结果表明,虽然女生在某些子推理类型的表现处于劣势,但男女生整体科学推理能力的差异不大。美国国家教育进展评估(National Assessment of Educational Progress,NAEP)和国际教育成绩评估协会(International Association for the Evaluation of Educational Achievement,IEA)多次说明,几乎全部参加科学推理调查的国家,男生的表现都优于女生,并且这种差异在高分段表现得更加凸出,并随着学生年级的增长还进一步拉大。皮布姆(Pibum)的调查结果却表明,男生只在一个子推理类型上处于优势地位,而在其他子推理类型上并没有显示出优势,男女生的科学推理能几乎没有差别。

7. 科学推理能力影响作用研究

学生在物理学习中,物理核心素养的发展、基本认知能力的发展,都与科学推理能力密切相关。有关科学推理能力对其他学业成就的作用情况,是又一大研究主题。

研究者提出学生在物理课程中的学习困难,可能是由于概念理解的困难,即学科知识方面的欠缺,也可能是空间智能(Spatial Intelligence)、视觉认知(Visual Cognition)方面的问题,还有可能是科学推理能力的不足。由此研究者开展相关探究,检验学生的物理学习与其空间能力、科学推理能力之间的关联性。有研究表明,学生的科学推理能力表现与他们的数学、科学成绩之间有显著的强相关。

10.4　科学推理能力的培养

科学推理能力研究的目的之一,就是要搞清楚科学推理能力发展的机制,摸清目前青少年科学推理能力发展的现状和缺失,从而为发展学生科学推理能力提供依据和策略,以此改进教学,促进学生的科学推理能力发展。

10.4.1　利用测试量表进行评估,提高教学针对性

通过 LCTSR 量表,教师可以对学生的科学推理能力水平做出评估,根据分析结果,了解学生科学推理能力各个维度上相应的能力水平,找出学生在科学推理能力中薄弱的方面。

了解了学生薄弱处,一方面教师可以对自身的教学进行检视,不断提高自身教学水平。另一方面,针对学生科学推理能力的短处,教师可有针对性地进行相应的教学设计,通过创造性的教学,重点弥补学生某方面缺失的能力,从而整体增强学生科学推理能力,提高学生科学素养。

例如,通过测试发现学生守恒推理能力较弱,教师应反思在规律教学的时候是否忽视了规律在不同情境下的迁移,学生是否只片面地了解了规律,而没有掌握其本质。如在浮力测量实验中,物体浸没在液体中的体积等于排开的液体体积就是体积守恒规律教学时机。在教学过程中,教师不能停留在告诉学生这个事实上,而要采用恰当的方法让学生真正理解这个难点。如可以采用实验测量的方法,选择可以直接测量形状规则物体的体积作为实验器材,投入装满液体的溢水杯后,测量排到溢水杯中的液体体积,让学生观察形状规则物体体积与排出液体体积是否在误差范围内相等,从而让学生直观地感受体积守恒规律。

10.4.2　在概念或规律教学中加强科学推理能力的培养

许多教师在教授新概念或规律时,只关注新概念或规律与相关概念或规律之间的演绎推理,而忽视了新概念或规律的由来的教学,从而失去了一次培养学生科学推理能力的好时机。

每一个科学概念或规律的建立都是人们在生活和生产实践中对某种现象或问题产生疑惑,进而为解决问题提出了自己的假设,再对假设进行检验的过程。在检验过程中,常常会否定之前对某一概念的假设,接着又提出新的假设,然后用新的方式去检验假设。多次反复这样的过程后,才最终形成科学概念、建立科学规律。

在这个过程中,如果教师能够以多样的教学方式带领学生领会这样一个曲折、螺旋上升

的过程,学生将在教学过程中学习到科学家们科学推理的思维方式,从而潜移默化地将其变为自身的思维方式,再通过不断练习和实践,最终转化成为自己的推理能力。

例如,在讲授万有引力定律时,如果只是让学生明白万有引力定律可以用来计算星球运行轨道和周期,学生也许只能应对各种习题,而不能从本质上理解万有引力。

教材中的物理学史部分提及牛顿从"苹果落地"这一生活现象出发思考得到万有引力定律,却没有跟学生说明从"苹果落地"到发现万有引力定律过程中牛顿使用的推理方法。第一,牛顿看到"苹果落地"这一现象,这是科学推理的起点。第二,改变高度或质量,从任意高度"苹果落地"推及"重物落地"这一经验规律,这是推理的第一步。第三,从"重物落地"规律到天上"运行的星球不落地",这是推理的第二步。第四,从思想实验"高山上的大炮"到天上的"星球运行"中,联系平抛物体的运动规律,推及"具有水平方向速度的炮弹"的运行轨迹,再到天上的"星球运行",这是推理的第三步。第五,将地球对月球的引力推及所有的天体和地面上的所有物体,这是推理的最后一步。正是在此基础上,牛顿运用数学方法,成功总结出万有引力定律。在教学过程中,教师可以一边给学生讲解万有引力定律的发现过程,一边引导学生站在科学家的角度思考问题,体验科学推理过程,学习推理思维和方法。

又例如,一部分教师常常使用伽利略发现自由落体运动规律的历史进行科学推理方法教学,在教学中引用亚里士多德的观点后再引入伽利略的反驳,借以塑造不畏权威的伽利略的形象。

亚里士多德在自己的著作中提及的是"我们看见一个已知重物或物体比另一个快有两个原因:由于穿过的介质不同(如在水中、土中或空气中),或者,其他情况相同,只是由于各种运动物体的重量或轻重不同",为避免混乱,他特意说明"其他情况相同"是指"分开介质的因素相同"即"形状大小相同"。可见,亚里士多德的落体说法以"物体形状大小相同和介质相同"为前提条件。在伽利略的思想实验中采用了大球、小球和拴在一起的大球和小球进行推理论证,却改变了亚里士多德命题中对运动物体的"内涵和外延"的规定。

事实上,把该推理过程作为伽利略推翻亚里士多德的观点的研究并不必要。他明确提出和定义了加速度的概念,并且认为变速运动中最简单的过程是匀加速运动,为了最简单易行地研究落体运动的自然规律,他将研究的对象确定为不受任何阻力的落体运动,抓住了各种情况下落体运动的共同因素,建立起自由落体运动的理想模型。

伽利略不满足于停留在经验和思辨阶段,而是通过观察实验、科学思维、数学推理相结合的研究方法进行了自己的研究,这才是伽利略落体实验的思想精髓。

10.4.3 在实验教学中加强科学推理能力的培养

如果新概念或规律的教学是将科学家的科学推理经历展示给学生,供学生体验科学推理的过程,那么实验课就是培养学生科学推理能力重要的实践环节。

然而,在许多中学的物理实验课上,学生的实验任务往往是按照给定的步骤,在教师调试好的仪器上观察、记录,并将记录结果填入给出的表格中,再按给定的公式算出基本符合要求的结果,这样就算圆满地完成了实验任务。

但是,在这种课堂中进行的实验训练,学生根本不用自己考虑仪器选择、实验步骤、数据表格。学生对于自主设计实验进行假设检验,根据实验结果得出科学结论的过程体验甚浅。学生实验中的科学推理被限制在某一种或某一类推理背景下进行,导致推理模式固化。例如,高中的单摆实验是一个培养学生变量控制能力的实验。但由于在实验教学过程中,控制哪些量、改变哪些量,在实验前就已经确定,学生做实验时按照要求控制实验变量就可以轻松完成实验,导致学生不能真正深刻地理解控制变量思想的本质。

因此,在实验教学中,教师应该更加注重科学推理能力的培养而非实验过程的机械重复,通过设计性、探究性的实验教学,让学生学会自己提出假设,自己选择控制变量,自己设计实验,自己根据实验数据通过科学推理得出结论,从而提高学生控制变量推理能力和演绎推理能力。例如,在探究摩擦力的实验中,可以让学生自己先对摩擦力影响因素提出猜想,选择控制变量,设计实验表格和实验步骤,在得出实验数据后,对数据进行分析。经历这样的设计过程,学生控制变量能力、假设-演绎推理能力将得到更多的提升。

10.4.4 在教学中注重理论假设与事实的关系

在日常教学中,概念和规律通常都是在预设条件下,或在某个概念或规律的基础上,用逻辑推理方法导出的,这种停留在静态的学科知识间的推理与生活中所需要的科学推理能力是有差距的。

学生如果习惯了命题都是在预设条件下,变量都是被告知的情形中,那么这样培养出来的假设-演绎推理能力和控制变量能力都是片面的。仅仅局限在理论到理论之间、理想化环境中,当遇到复杂的现实问题时,学生不懂得如何对真实证据做出分析,提出合理的假设,进行科学推理。这样培养出来的科学推理能力将缺乏探索性和创造性,难以适应现实生活。

同时,如果教师在教学时没有加以引导,学生会将概念和规律认为是普遍适用的,没有意识到所习得的理论是在特殊条件下获得的,从而对所学的知识有强烈的依赖性,导致在遇到新的问题时,往往依赖自己的理论思考,而不是基于证据进行科学推理,从而进行了错误的推理。这对于学生的成长无疑是有害的。

例如,在学习了自由落体运动规律以后,教师应进一步把知识迁移到实际生活中。自由落体运动规律告诉我们,任何物体在相同的高度下落速度一样快。但在现实生活中,为什么叶子确实比石头下落得慢?教师可以就此开始引导学生对伽利略的理论前提和实际情况进行对比。让学生意识到自由落体运动是一种理想运动,物体只受重力且静止落下的运动才是伽利略所指的理想运动。因此,由于现实环境中存在摩擦力,我们应加以考虑摩擦力的影响。经过这样的迁移以后,学生不仅更好地理解了自由落体运动的概念,同时对物理规律的运用也会更加"谨慎",明白具体问题具体分析的重要性,懂得灵活推理。

总之,教师在教授推理方法时,要帮助学生建立理论和现实之间的联系,教给学生正确的、受用终身的科学推理能力,而非片面的、封闭的、不现实的推理习惯。

10.4.5 利用科学写作策略

科学写作是指学习者通过解释、组织、回顾、反思或联结科学知识进行的书写与记录等形式,经过整合建构的学习方式以理解和掌握科学知识的过程。在科学写作过程中,学习者除使用文字外,还可使用非语言形式,如图形、数字等,将自己所习得的知识、经验或思想通过科学写作,以实现学习结果的有意义转译并予以呈现,从而实现与他人的沟通和交流。科学写作是科学教育的重要组成内容。科学写作具有多方面的应用,诸如考试、写报告、做实验记录、写研究计划等,都是科学写作的重要形式。1994年基斯(Keys)对九年级学生撰写实验报告的情况进行了干预研究,通过实验研究发现科学写作训练有助于提高学生的科学推理技能。在这项研究中,他确定了在学生合作讨论之后撰写实验报告过程中表现出的 11 项科学推理技能:提问式预测;评价预测;解释−判断预测;评价观察现象;辨别形态与特征;引出结论;形成模型;推论;比较/对比;讨论概念意义;辨识相关信息。以上 11 项科学推理技能,根据研究资料数据可分为四类,分别对应着它们在撰写报告中的功能。

① 用于评估先前模型的技能。
② 用于产生新模型的技能。
③ 用于延伸模型的技能。
④ 用于支持的技能。

基斯的研究表明,在撰写实验报告这种科学写作形式中,体现了学生 11 项科学推理技能。写作任务是培养科学推理能力最有效的方法,写作任务要求学生将数据和直接观察到的现象相联结,去构思一个科学事件的新模型。在撰写实验报告的过程中,研究者将合作讨论过程加入写作过程中,结果表明,通过协同写作的实验报告有别于传统实验室报告,并对学生的科学推理能力的增长起积极作用。第一,报告是合作完成的,学生需要讨论各自的意图并达成共识,围绕概念的理解开展积极的讨论活动。第二,写作任务为学生提供一个具体的讨论焦点,如同他们研讨过的报告内容。第三,这个教学方法提示我们要鼓励学生去考虑所有相关信息的来源和厘清科学事件模型。第四,从质疑调查的角度来说,学生要解释他们自己的观察结果。在课堂中营造一个建构主义的学习环境,培养学生建构概念、解决问题的能力和探讨科学的兴趣。基斯的研究表明,在科学写作中加入合作讨论环节,是提高学生的科学推理能力的有效策略之一。

10.4.6 元认知活动下提升科学推理的思维品质

从元认知的角度考虑,学习过程不仅仅是对所学材料识别加工和理解的认知过程,也是对该过程进行积极监控调节的元认知过程。物理课堂中运用到的归纳和演绎推理过程是认知活动,而以推理过程为对象进行回顾分析、讨论点评则是元认知活动过程。元认知层面的回顾与点评,目的是获取推理过程的步骤与规则等策略,积累推理思维的元认知策略。这些推理过程的步骤、规则及元认知策略等的积累都是推理元认知知识的丰富性体现。不断丰富推理思维的元认知知识,使个体推理思维的元认知水平提高,从而使推理思维的自我意识和监控调节水平提高,进而达到科学推理思维品质的提升。

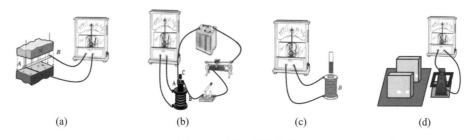

图 10-1 四个实验情境

例如，在讲授"研究产生感应电流的条件"时，教师通常根据教材设计四个实验情境：① 杆在磁场中运动切割，在杆中产生感应电流(图 10-1a)；② 条形磁铁插入或抽出线圈，在线圈中产生感应电流(图 10-1b)；③ 开关打开或闭合，或移动滑动变阻器改变小线圈电流，在相扣的大线圈中产生感应电流(图 10-1c)；④ 在图 10-1d 中，当水平线框在匀强磁场区域上下移动时，线框"切割"磁感线，但线框中没有感应电流；当线框在匀强磁场中旋转或改变磁感线穿过的有效面积时，回路中产生感应电流。观察实验现象后，教师引导学生进行元认知层面的思维活动：单独分析各个场景，各个实验感应电流产生的条件是什么？如果对 4 个实验中感应电流产生的相关条件进行比较，是否具有共性？分析每一情境，并将 4 个实验比较得到：在都有感应电流产生的现象时，4 个实验中共同特点是都有磁场和闭合回路，特别是通过闭合回路的 Φ 都在变化。汇总得到：当磁场中闭合回路的 Φ 变化时，回路中就有感应电流的产生，是上述四个实验的共同特点，是比切割更为广、更为本质的条件。

得到结论后，让学生回顾 4 个实验的学习过程，以学习（认知）过程为对象，在元认知层面回顾分析，得到归纳推理思维的步骤：① 逐个呈现实验，并对每个实验进行分析，以得到各个实验感应电流产生的相关条件；② 对 4 个实验中感应电流产生的相关条件进行比较，得到共同的部分；③ 汇总整理，并用文字表述，得到结论。

常规的教学可能就到此为止，深层嵌入元认知活动下的物理教学，还要通过教师引导下的讨论点评，显化思维的元认知策略，将思维引向深入，以提高推理思维的灵活性和深刻性。在本节中，教师可以让学生思考：在都有感应电流产生的情况下，4 个实验不断改变的是什么？改变的目的是什么？引导学生对实验、对思维步骤讨论、点评，总结得出：第一个实验是显性（学生原有）的导体运动切割条件；第二个实验改变为（导体不动）磁场运动切割的显性条件；第三个实验改变为导体、磁场都不运动（无切割），回路中电流变化，也能产生感应电流；第四个实验的目的是说明切割磁感线不是产生感应电流的本质条件，只有 Φ 变化才是产生感应电流的本质条件。即以学生学过的知识"切割条件"为基础，通过改变显性条件，呈现不同的 4 个情境，凸显 4 个情境共有的 Φ 变化因素；使学生获得本实验研究采取的元认知策略：以递进方式改变显性实验条件，挖掘隐性的 Φ 变化条件。

学生获得的推理思维元认知策略，作为元认知知识，把握着推理思维认知活动的方向，使学生对自己的推理思维走向有确切的引领依据，也利于进行有效的监控；作为推理思维的概括，使学生减少了照搬僵化步骤的情况；使学生能够在不同的情境下合理运用和调整思维步骤，发生有效的迁移，提高了推理思维的灵活性。

物理作为理科主要学习科目之一，承担着培养学生科学推理能力的重要任务。在物理教学中应注意不断提高学生的科学推理能力，使学生的物理核心素养得到充分的发展。

总之，科学推理能力的重要性不言而喻，希望读者在本章的启发下，更加重视科学推理能力的培养，促进学生科学素养的全面提高。

思考与实践

1. 选择一个高中学校，利用 LCTSR 量表，对这个高中学校的高一年级或高二年级的科学推理能力水平进行测试，并报告分析结果。
2. 你以往的物理学习经历对你的科学推理能力水平有影响吗？为什么？
3. 对于科学推理能力的培养，你还能提出其他的培养途径吗？

参考文献

[1] 张静,丁林,姚建欣.国外科学推理研究综述及其对素养评价的启示[J].上海教育科研,2019(7).

[2] 朱丽杰.国外科学推理能力内涵与策略的发展研究[D].长春:东北师范大学,2012.

[3] 尹璐,臧敏,王晶莹.国内外物理推理能力的研究述评[J].中学物理,2010(10).

[4] 严文法,胡卫平.国外青少年科学推理能力研究综述[J].外国中小学教育,2009(5).

[5] LEI B,TIANFAN C,KATHY K,Learning and scientific reasoning[J],Science,2009,323.

[6] 杨燕,郭玉英,魏昕,等.高师理科教学与学生科学推理能力的培养[J].教育学报,2010(2).

[7] 魏昕,郭玉英,等.中小学生科学推理能力发展现状研究——以北京市中小学生为样本[J].北京师范大学学报(自然科学版),2011(5).

[8] 艾彤.科学推理能力和物理问题解决能力的对比研究[D].北京:首都师范大学,2013.

[9] 邢红军,蔡晓华,胡扬洋.初中生科学推理能力与原始问题解决能力的比较研究[J].物理教师,2017(7).

[10] 曹雪艳.同伴互助对中学生物理推理能力发展的实证研究[D].武汉:华中师范大学,2017.

[11] LAWSON A E,Science teaching and the development of thinking[M].Belmont:Wadsworth Publishing Company,1995.

[12] 刘冠军.经验归纳与外推方法的成功运用——对牛顿从看到"苹果落地"到发现万有引力定律的哲学思考[J].理论学刊,2011(2).

[13] 王璐霞.物理学科科学推理能力的模型建构及测量工具探讨[D].上海:华东师范大学,2018.

[14] 廖小兵.元认知活动下物理推理思维品质的提升[J].课程教学研究,2018(11).

附录： 科学推理能力测验

（单项选择题，共 24 题）

1. 设想给你两个大小和形状质量都一样的黏土小球。其中一个小球被压扁，变成一个薄饼状的薄片。比较这个薄片与剩下的小球，以下陈述中哪个是正确的？

   a. 薄饼状薄片的质量比小球的质量大。
   b. 两者一样重。
   c. 小球的质量比薄饼状薄片的质量多。

2. 原因是：

   a. 薄片覆盖了更大的区域。
   b. 球的重量更集中在一点上。
   c. 当物体被压扁时会损失质量。
   d. 黏土既没有增加也没有损失。
   e. 当物体被压扁时会增加质量。

3. 如图 1 所示，两个圆筒中装有同样高度的水。圆筒有同样的大小和形状。另有一个玻璃球和一个钢球，球的大小一样，但钢球比玻璃球要重得多。当玻璃球被放入圆筒 1，球沉入水底。水面上升至第 6 条刻线。

   如果将钢球放入圆筒 2，水面将升至 _____。

   a. 与圆筒 1 中水面高度相同。
   b. 比圆筒 1 中的水面高。
   c. 比圆筒 1 中的水面低。

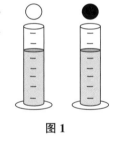

图 1

4. 原因是：

   a. 钢球下落较快。
   b. 两个球用不同材料制作。
   c. 钢球比玻璃球重。
   d. 玻璃球产生较低的压强。
   e. 球的大小相同。

5. 如图 2 所示，有一个粗的圆筒和一个细的圆筒，其上的刻线等高。首先将水注入粗圆筒至第 4 条刻线（见图 2(a)）。然后，将粗的圆筒的水倒入细圆筒中，细圆筒水面升至第 6 条刻线（见图 2(b)）。现在，若两个圆

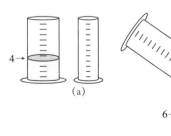

图 2

筒都是空的。将水注入粗圆筒至第 6 条刻线。如果再将粗的圆筒的水倒入空的细圆筒中,细圆筒水面将升至多高?

  a. 至大约第 8 条刻线位置。

  b. 至大约第 9 条刻线位置。

  c. 至大约第 10 条刻线位置。

  d. 至大约第 12 条刻线位置。

  e. 以上答案都不正确。

6. 原因是:

  a. 无法由已知条件作出判断。

  b. 因为粗圆筒中的水面比前一种情况高出 2 条刻线,所以细圆筒中的水面也高出 2 条刻线。

  c. 粗圆筒中占据 2 条刻线等量的水倒入细圆筒中将占据 3 条刻线。

  d. 第二个圆筒更细。

  e. 必须通过实际观察才能知道结果。

7. 先将水倒入细圆筒至第 11 条刻线(如题 5 所示)。若将等量的水倒入空的粗圆筒,水面将升至多高?

  a. 至大约 15/2。

  b. 至大约 9。

  c. 至大约 8。

  d. 至大约 22/3。

  e. 以上答案都不正确。

8. 原因是:

  a. 比例保持不变。

  b. 必须通过实际观察才能知道结果。

  c. 无法由已知条件作出判断。

  d. 因为粗圆筒中的水面比细圆筒中的水面总是少 2 条刻线,所以这一次也是。

  e. 每当细圆筒中的水面减 3 条刻线,等量的水在粗圆筒中水面减 2 条刻线。

9. 如图 3 所示,由三根细绳悬挂在横木上,三根细绳的末端都悬挂了金属重物。绳 1 和绳 3 长度相同。绳 2 较短。在绳 1 和绳 2 末端悬挂 10 单位的重物。在绳 3 的末端悬挂 5 单位的重物。悬挂重物的细绳可以来回摇摆,且摇摆的时间可以测量。设想你想发现细绳的长度是否对来回摇摆一次的时间有影响。你会用哪一个或一组细绳测试?

  a. 只需用其中任何一根细绳。

  b. 需用全部三根细绳。

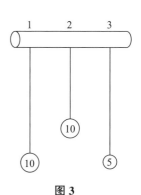

图 3

c. 绳 2 和绳 3。

d. 绳 1 和绳 3。

e. 绳 1 和绳 2。

10. 原因是：

a. 你必须用最长的细绳。

b. 你必须比较悬挂轻和重的物体的细绳。

c. 只需考虑细绳长度的不同。

d. 进行所有可能的比较。

e. 考虑重量的不同。

11. 在 4 只密封的试管内各放入 20 只果蝇。试管 I 和试管 II 部分地包裹了黑色的纸。试管 III 和试管 IV 未被包裹。试管如图 4 中位置放置。再用红色的光照射 5 分钟。果蝇在每根试管上未被覆盖的部分分布的数量以图中数字所示。

这个实验显示果蝇会对什么情况作出反应(即向特定方向移动或离开)？

a. 红光照射,而非重力产生影响。

b. 重力产生影响,而非红光照射。

c. 红光照射和重力都产生影响。

d. 红光和重力都不产生影响。

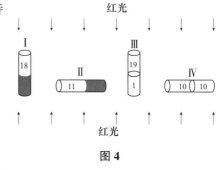

图 4

12. 原因是：

a. 试管 III 中的大多数果蝇位于顶端,而试管 II 中的果蝇均匀分布。

b. 试管 I 和试管 III 中的大多数果蝇不在试管的底部。

c. 果蝇需要光线才能看见,并必须逆着重力方向飞行。

d. 大部分果蝇在试管的上端和光线亮的一端。

e. 每根试管的两端都有一些果蝇。

13. 在上述实验中,我们用不同类型的果蝇和蓝色的光照射。实验结果如图 5 所示。这些数据显示果蝇会对什么情况作出反应(即向特定方向移动或离开)？

a. 蓝光照射,而非重力产生影响。

b. 重力产生影响,而非蓝光照射。

c. 蓝光照射和重力都产生影响。

d. 蓝光和重力都不产生影响。

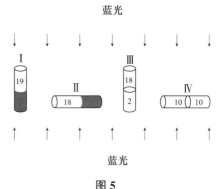

图 5

14. 原因是：

a. 在每根试管的两端都有一些果蝇。

b. 果蝇需要光线才能看见,并必须逆着重力方向飞行。

c. 试管Ⅲ中的大多数果蝇位于顶端,而试管Ⅳ中的果蝇均匀分布。

d. 大多数试管Ⅱ中的果蝇位于光线亮的一端,但是试管Ⅰ和试管Ⅲ中的果蝇不怎么到试管的下部去。

e. 试管Ⅰ中的大多数果蝇位于上端,试管Ⅱ中的大多数果蝇位于试管中光线亮的一端。

15. 如图6所示,将6块木方块一同放入布袋里并充分混合。这些木方块大小和形状相同,但是3块为红色(R),另3块为黄色(Y)。设想有人将手伸进布袋取出1块方块(此过程中不可以用眼睛观察),则取出木块为红色(R)的概率有多大?

  a. 六次中有一次。

  b. 三次中有一次。

  c. 二次中有一次。

  d. 一次中就有一次。

  e. 不确定。

图 6

16. 原因是:

  a. 6块中的3块是红的。

  b. 无法判断哪块会被取出。

  c. 袋中的6块方块中只有1块会被取出。

  d. 所有6块方块有同样的大小和形状。

  e. 3块红色的方块中只会有1块被取出。

17. 如图7所示,将3块红色(R)的木方块,4块黄色(Y)的木方块和5块蓝色(B)的木方块一同放入布袋里。然后再放入4个红色(R)的球,2个黄色(Y)的球和3个蓝色(B)的球。所有物体混合放置。设想有人用夹子伸进布袋取出1件(此过程中不可以用眼睛看也不能感觉物体形状的不同),则取出红色(R)圆球或蓝色(B)圆球的概率有多大?

  a. 不能确定。

  b. 三次中有一次。

  c. 二十一次中有一次。

  d. 二十一次中有十五次。

  e. 两次中有一次。

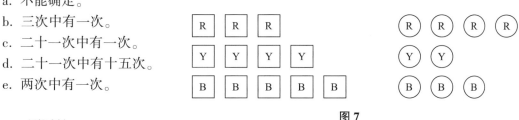

图 7

18. 原因是:

  a. 两种形状中,有一种是圆形。

  b. 21件中的15件是红色或蓝色的。

  c. 无法判断哪件会被取出。

  d. 21件中只有1件会被从布袋中取出。

  e. 平均每3件中就有1件是红色圆球或蓝色圆球。

19. 农夫布朗发现他的地里有田鼠。他发现所有的田鼠或胖或瘦,它们的尾巴不是白色的就是黑色的。他想知道田鼠的胖瘦和尾巴的颜色有无关系?于是他抓住了他的一块田地中的所有田鼠加以观察。他抓住的田鼠如图 8 所示。你认为田鼠的胖瘦和尾巴的颜色有无关系?

   a. 看上去有关。
   b. 看上去无关。
   c. 无法进行合理的推测。

20. 原因是:
   a. 各种情况的田鼠都有一些。
   b. 田鼠的胖瘦与尾巴的颜色有遗传关系。
   c. 没抓住足够多的田鼠。
   d. 大多数胖的田鼠有黑色的尾巴,而大多数瘦的田鼠有白色的尾巴。
   e. 当田鼠长胖的时候,尾巴的颜色会变深。

图 8

21. 如图 9(a)所示,有一只玻璃杯,还有一支生日蜡烛由一小块黏土粘在水盆的底部。当用玻璃杯反过来扣住蜡烛并放入水中时,蜡烛迅速熄灭,并且玻璃杯中的水面上升,如图 9(b)所示。

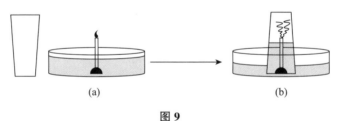

图 9

这项观察引出一个有趣的问题:为什么玻璃杯中的水会上升?这里有一种可能的解释。火焰将氧气转变为二氧化碳。因为氧气不能迅速地溶于水,而二氧化碳可以迅速溶于水,于是新形成的二氧化碳迅速地溶于水,降低了玻璃杯中的空气压强。设想你有上述材料,另加上一些火柴和一些干冰(干冰是冷冻的二氧化碳)。用这些材料,你如何测试这可能的解释的正确性?

   a. 使水中的二氧化碳达到饱和,再重做这个实验,并记录水面上升的高度。
   b. 水上升是因为氧气被消耗。因此用同样的方法重做这个实验,显示水面上升是因为氧气损失了。
   c. 通过改变蜡烛的数量进行实验,看结果有没有变化。
   d. 水面升高是因为吸力,将一个气球套在两端开口的玻璃管上端,并将管子在点燃的蜡烛上方加热。
   e. 重做实验,但是使实验中所有独立变化的参数都保持某个常数值,再测量水面的升高量。

22. 第21题中,什么样的测试结果将显示那个解释可能是错误的?
a. 水面升到与前一次同样的高度。
b. 水面升高后的位置较前次低。
c. 气球膨胀。
d. 气球收缩。

23. 你将一滴血液放置在显微镜前的载玻片上,再通过显微镜观察。你看到的景象如图10所示,经放大后的红细胞看起来像小圆球。在血液中加入少量盐水之后,红细胞看起来变小了。经观察产生一个有趣的问题:

为什么红细胞缩小了?

以下是两种可能的解释:

1) 盐离子(Na^+和Cl^-)压迫细胞膜使细胞变小。

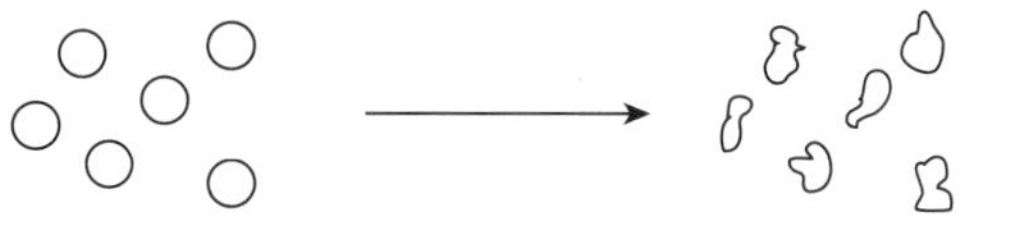

经放大后的红细胞　　　加入盐水之后的状态

图 10

2) 水分子被盐离子吸引,于是细胞中的水分子离开细胞,使细胞变小。

为了检验这两种解释,学生使用一些盐水、一个能非常精确称量的装置和一些装满清水的塑料袋,假定这些塑料袋的性能像红细胞的细胞膜。实验中首先精确称量装满清水的塑料袋;然后将其在盐溶液里浸泡十分钟后再次称量。

什么实验结果最能体现第一种解释可能是错误的?
a. 袋子的重量减少。
b. 袋子的重量不变。
c. 袋子变小了。

24. 什么实验结果最能体现第二种解释可能是错误的?
a. 袋子的重量减少。
b. 袋子的重量不变。
c. 袋子变小了。

科学推理能力测试参考答案:
1. b 2. d 3. a 4. e 5. b 6. c 7. d 8. a 9. c 10. d 11. c 12. a 13. b 14. e 15. a 16. d 17. a 18. a 19. a 20. b 21. b 22. c 23. a 24. b

后 记

近年来,随着我国中学物理教育改革的不断深入,以学生为中心的理念凸显出来,学习结果导向的教学得到重视。人们也越来越清楚地认识到,物理教育改革成败的关键取决于物理课程标准所确定的课程目标能否在学生身上落实。要做到这一点,不认真研究和掌握学生学习物理的心理特点和心理规律是难以实现的。国内外的教学实践也表明,学科教学的成功必须以学生的心理活动为基础,学生的物理学习的有效指导也必须以学生学习物理的已有认识为基础。具有学生学习物理的心理学知识和技能是物理教师学科教学知识(PCK)的重要组成部分。基于以上认识,我们在华南师范大学物理与电信工程学院,依托国家一流学科"物理学"和国家一流专业"物理学",为本科师范专业、课程与教学论(物理)专业及教育硕士(学科教学·物理)研究生开设了"物理学习心理学"选修课程。本教材就是我们在总结多年课程教学经验的基础上,结合当前我国基础教育物理课程改革的实际和国内外物理学习心理学研究的最新成果编写的。

本书是华南师范大学创建国家教师教育创新实验区首批教师教育专家工作室主持人张军朋教授的研究成果。提供本书初稿的人员有:郑曼瑶、郭小玲、倪纯孜、文莹莹、陈舒婷、谢瑾、和晓东、石峰、孟亚茹、丁格曼。参加本书初稿讨论修改的人员有:张军朋、许桂清、茹秀芳、杨敏、詹伟琴、王恬、肖洋、王丽、梁利雄、陈路畅、陈锦云、陈敬业、李振芳、赵志维、方颖、曹嘉琪。参加本书审校的有:胡嘉莹、尹文慧、李捷、黄泽璇、邱文婷、周珏谊、许建、谢晓妹、杨佳婷、李丹瑶、李雨茜、赵家隆、陈颖怡、余嘉懿。最后由张军朋教授负责全书的修改、统稿和定稿工作。

本书的出版得到北京大学出版社李淑方和刘清愔编辑,华南师范大学教师教育学部、物理与电信工程学院的大力关心、支持和帮助,在此表示衷心感谢!同时,本书的编写参考和引用了国内外出版、发表的科学学习、物理学习心理研究的文献和一线优秀教师的教学案例,正是这些成果和案例充实和丰富了本书的内容,在此一并表示衷心的感谢,同时,由于种种原因,有些成果(尤其是网上相关资料)无法找到作者和出处,故未能在书中一一标出和注明,在此向这些作者表示深深的歉意。

希望本书的出版能对我国物理学习心理学的理论与实践研究起到积极的作用,对提升职前职后物理教师的物理学习心理学的理论和实践水平产生帮助,对推动我国物理学习心理学的学科建设发挥积极影响,限于时间和作者水平,书中肯定存在许多缺漏和不足,敬请广大读者予以批评和指正!

张军朋
2022 年 6 月 30 日于广州

北京大学出版社
教育出版中心 精品图书

21世纪高校广播电视专业系列教材

电视节目策划教程	项仲平
电视导播教程（第二版）	程晋
电视文艺创作教程	王建辉
广播剧创作教程	王国臣
电视导论	李欣
电视纪录片教程	卢炜
电视导演教程	袁立本
电视摄像教程	刘荃
电视节目制作教程	张晓锋
视听语言	宋杰
影视剪辑实务教程	李琳
影视摄制导论	朱怡
电影视听语言——视听元素与场面调度案例分析	李骏
影视照明技术	张兴
影视音乐	陈斌
影视剪辑创作与技巧	张拓
纪录片创作教程	潘志琪
影视拍摄实务	翟臣

21世纪信息传播实验系列教材（徐福荫 黄慕雄 主编）

网络新闻实务	罗昕
多媒体软件设计与开发	张新华
播音与主持艺术（第二版）	黄碧云 睢凌
摄影基础（第二版）	张红 钟日辉 王首农

21世纪数字媒体专业系列教材

视听语言	赵慧英
数字影视剪辑艺术	曾祥民
数字摄像与表现	王以宁
数字摄影基础	王朋娇
数字媒体设计与创意	陈卫东
数字视频创意设计与实现（第二版）	王靖
大学摄影实用教程	朱小阳

21世纪教育技术学精品教材（张景中 主编）

教育技术学导论（第二版）	李芒 金林
远程教育原理与技术	王继新 张屹
教学系统设计理论与实践	杨九民 梁林梅
信息技术教学论	雷体南 叶良明
信息技术与课程整合（第二版）	赵呈领 杨琳 刘清堂
教育技术学研究方法（第三版）	张屹 黄磊

21世纪高校网络与新媒体专业系列教材

文化产业概论	尹章池
网络文化教程	李文明
网络与新媒体评论	杨娟
新媒体概论	尹章池
新媒体视听节目制作（第二版）	周建青
融合新闻学导论（第二版）	石长顺
新媒体网页设计与制作	惠悲荷
网络新媒体实务	张合斌
突发新闻教程	李军
视听新媒体节目制作	邓秀军
视听评论	何志武
出镜记者案例分析	刘静 邓秀军
视听新媒体导论	郭小平
网络与新媒体广告	尚恒志 张合斌
网络与新媒体文学	唐东堰 雷奕
全媒体新闻采访写作教程	李军

21世纪特殊教育创新教材·理论与基础系列

特殊教育的哲学基础	方俊明
特殊教育的医学基础	张婷
融合教育导论（第二版）	雷江华
特殊教育学（第二版）	雷江华 方俊明
特殊儿童心理学（第二版）	方俊明 雷江华
特殊教育史	朱宗顺
特殊教育研究方法（第二版）	杜晓新 宋永宁 等
特殊教育发展模式	任颂羔

21世纪特殊教育创新教材·发展与教育系列

视觉障碍儿童的发展与教育	邓猛
听觉障碍儿童的发展与教育（第二版）	贺荟中
智力障碍儿童的发展与教育（第二版）	刘春玲 马红英
学习困难儿童的发展与教育	赵微
自闭症谱系障碍儿童的发展与教育	周念丽
情绪与行为障碍儿童的发展与教育	李闻戈
超常儿童的发展与教育（第二版）	苏雪云 张旭

21世纪特殊教育创新教材·康复与训练系列

特殊儿童应用行为分析（第二版）	李芳 李丹

特殊儿童的游戏治疗	周念丽
特殊儿童的美术治疗	孙 霞
特殊儿童的音乐治疗	胡世红
特殊儿童的心理治疗（第二版）	杨广学
特殊教育的辅具与康复	蒋建荣
特殊儿童的感觉统合训练（第二版）	王和平
孤独症儿童课程与教学设计	王 梅

21世纪特殊教育创新教材·融合教育系列

融合教育本土化实践与发展	邓 猛等
融合教育理论反思与本土化探索	邓 猛
融合教育实践指南	邓 猛
融合教育理论指南	邓 猛
融合教育导论（第二版）	雷江华
学前融合教育	雷江华 刘慧丽

21世纪特殊教育创新教材（第二辑）

特殊儿童心理与教育（第二版）	杨广学 张巧明 王 芳
教育康复学导论	杜晓新 黄昭明
特殊儿童病理学	王和平 杨长江
特殊学校教师教育技能	昝 飞 马红英

自闭谱系障碍儿童早期干预丛书

如何发展自闭谱系障碍儿童的沟通能力	朱晓晨 苏雪云
如何理解自闭谱系障碍和早期干预	苏雪云
如何发展自闭谱系障碍儿童的社会交往能力	吕 梦 杨广学
如何发展自闭谱系障碍儿童的自我照料能力	倪萍萍 周 波
如何在游戏中干预自闭谱系障碍儿童	朱 瑞 周念丽
如何发展自闭谱系障碍儿童的感知和运动能力	韩文娟 徐 芳 王和平
如何发展自闭谱系障碍儿童的认知能力	潘前前 杨福义
自闭症谱系障碍儿童的发展与教育	周念丽
如何通过音乐干预自闭谱系障碍儿童	张正琴
如何通过画画干预自闭谱系障碍儿童	张正琴
如何运用ACC促进自闭谱系障碍儿童的发展	苏雪云
孤独症儿童的关键性技能训练法	李 丹
自闭症儿童家长辅导手册	雷江华
孤独症儿童课程与教学设计	王 梅
融合教育理论反思与本土化探索	邓 猛
自闭症谱系障碍儿童家庭支持系统	孙玉梅
自闭谱系障碍儿童团体社交游戏干预	李 芳
孤独症儿童的教育与发展	王 梅 梁松梅

特殊学校教育·康复·职业训练丛书 （黄建行 雷江华 主编）

信息技术在特殊教育中的应用	
智障学生职业教育模式	
特殊教育学校学生康复与训练	
特殊教育学校校本课程开发	
特殊教育学校特奥运动项目建设	

21世纪学前教育专业规划教材

学前教育概论	李生兰
学前教育管理学（第二版）	王 雯
幼儿园课程新论	李生兰
幼儿园歌曲钢琴伴奏教程	果旭伟
幼儿园舞蹈教学活动设计与指导	董 丽
实用乐理与视唱	代 苗
学前儿童美术教育	冯婉贞
学前儿童科学教育	洪秀敏
学前儿童游戏	范明丽
学前教育研究方法	郑福明
学前教育史	郭法奇
学前教育政策与法规	魏 真
学前心理学	涂艳国 蔡 艳
学前教育理论与实践教程	王 维 王维娅 孙 岩
学前儿童数学教育	赵振国
学前融合教育	雷江华 刘慧丽

大学之道丛书精装版

美国高等教育通史	[美]亚瑟·科恩
知识社会中的大学	[英]杰勒德·德兰迪
大学之用（第五版）	[美]克拉克·克尔
营利性大学的崛起	[美]理查德·鲁克
学术部落与学术领地：知识探索与学科文化	[英]托尼·比彻 保罗·特罗勒尔
美国现代大学的崛起	[美]劳伦斯·维赛
教育的终结——大学何以放弃了对人生意义的追求	[美]安东尼·T.克龙曼
世界一流大学的管理之道——大学管理研究导论	程 星
后现代大学来临？	[英]安东尼·史密斯 弗兰克·韦伯斯特

大学之道丛书

市场化的底限	[美]大卫·科伯
大学的理念	[英]亨利·纽曼
哈佛：谁说了算	[美]理查德·布瑞德利
麻省理工学院如何追求卓越	[美]查尔斯·维斯特
大学与市场的悖论	[美]罗杰·盖格

高等教育公司：营利性大学的崛起	［美］理查德·鲁克
公司文化中的大学：大学如何应对市场化压力	［美］埃里克·古尔德
美国高等教育质量认证与评估	［美］美国中部州高等教育委员会
现代大学及其图新	［美］谢尔顿·罗斯布莱特
美国文理学院的兴衰——凯尼恩学院纪实	［美］P.F.克鲁格
教育的终结：大学何以放弃了对人生意义的追求	［美］安东尼·T.克龙曼
大学的逻辑（第三版）	张维迎
我的科大十年（续集）	孔宪铎
高等教育理念	［英］罗纳德·巴尼特
美国现代大学的崛起	［美］劳伦斯·维赛
美国大学时代的学术自由	［美］沃特·梅兹格
美国高等教育通史	［美］亚瑟·科恩
美国高等教育史	［美］约翰·塞林
哈佛通识教育红皮书	哈佛委员会
高等教育何以为"高"——牛津导师制教学反思	［英］大卫·帕尔菲曼
印度理工学院的精英们	［印度］桑迪潘·德布
知识社会中的大学	［英］杰勒德·德兰迪
高等教育的未来：浮言、现实与市场风险	［美］弗兰克·纽曼等
后现代大学来临？	［英］安东尼·史密斯等
美国大学之魂	［美］乔治·M.马斯登
大学理念重审：与纽曼对话	［美］雅罗斯拉夫·帕利坎
学术部落及其领地——当代学术界生态揭秘（第二版）	［英］托尼·比彻 保罗·特罗勒尔
德国古典大学观及其对中国大学的影响（第二版）	陈洪捷
转变中的大学：传统、议题与前景	郭为藩
学术资本主义：政治、政策和创业型大学	［美］希拉·斯劳特 拉里·莱斯利
21世纪的大学	［美］詹姆斯·杜德斯达
美国公立大学的未来	［美］詹姆斯·杜德斯达 弗瑞斯·沃马克
东西象牙塔	孔宪铎
理性捍卫大学	眭依凡

学术规范与研究方法系列

社会科学研究方法100问	［美］萨尔金德
如何利用互联网做研究	［爱尔兰］杜恰泰
如何撰写与发表社会科学论文：国际刊物指南	蔡今忠
如何为学术刊物撰稿（第三版）	［英］罗薇娜·莫瑞
如何查找文献（第二版）	［英］萨莉·拉姆齐
给研究生的学术建议（第二版）	［英］玛丽安·彼得 等
社会科学研究的基本规则（第四版）	［英］朱迪斯·贝尔
做好社会研究的10个关键	［英］马丁·丹斯考姆
如何写好科研项目申请书	［美］安德鲁·弗里德兰德等
教育研究方法（第六版）	［美］梅瑞迪斯·高尔等
高等教育研究：进展与方法	［英］马尔科姆·泰特
如何成为学术论文写作高手	［美］华乐丝
参加国际学术会议必须要做的那些事	［美］华乐丝
如何成为优秀的研究生	［美］布卢姆
结构方程模型及其应用	易丹辉 李静萍
学位论文写作与学术规范（第二版）	李 武 毛远逸 肖东发

21世纪高校教师职业发展读本

如何成为卓越的大学教师	［美］肯·贝恩
给大学新教员的建议	［美］罗伯特·博伊斯
如何提高学生学习质量	［英］迈克尔·普洛瑟等
学术界的生存智慧	［美］约翰·达利等
给研究生导师的建议（第2版）	［英］萨拉·德拉蒙特等

21世纪教师教育系列教材·物理教育系列

中学物理教学设计	王霞
中学物理微格教学教程（第三版）	张军朋 詹伟琴 王恬
中学物理科学探究学习评价与案例	张军朋 许桂清
物理教学论	邢红军
中学物理教学法	邢红军
中学物理教学评价与案例分析	王建中 孟红娟
中学物理课程与教学论	张军朋 许桂清

21世纪教育科学系列教材·学科学习心理学系列

数学学习心理学（第三版）	孔凡哲
语文学习心理学	董蓓菲

21世纪教师教育系列教材

教育心理学（第二版）	李晓东
教育学基础	庞守兴
教育学	余文森 王晞
教育研究方法	刘淑杰
教育心理学	王晓明
心理学导论	杨凤云
教育心理学概论	连榕 罗丽芳
课程与教学论	李允
教师专业发展导论	于胜刚
学校教育概论	李清雁
现代教育评价教程（第二版）	吴钢
教师礼仪实务	刘宵
家庭教育新论	闫旭蕾 杨萍
中学班级管理	张宝书
教育职业道德	刘亭亭

教师心理健康	张怀春
现代教育技术	冯玲玉
青少年发展与教育心理学	张清
课程与教学论	李允
课堂与教学艺术（第二版）	孙菊如 陈春荣
教育学原理	靳淑梅 许红花

21世纪教师教育系列教材·初等教育系列

小学教育学	田友谊
小学教育学基础	张永明 曾碧
小学班级管理	张永明 宋彩琴
初等教育课程与教学论	罗祖兵
小学教育研究方法	王红艳
新理念小学数学教学论	刘京莉
新理念小学音乐教学论（第二版）	吴跃跃

教师资格认定及师范类毕业生上岗考试辅导教材

教育学	余文森 王晞
教育心理学概论	连榕 罗丽芳

21世纪教师教育系列教材·学科教育心理学系列

语文教育心理学	董蓓菲
生物教育心理学	胡继飞

21世纪教师教育系列教材·学科教学论系列

新理念化学教学论（第二版）	王后雄
新理念科学教学论（第二版）	崔鸿 张海珠
新理念生物教学论（第二版）	崔鸿 郑晓慧
新理念地理教学论（第二版）	李家清
新理念历史教学论（第二版）	杜芳
新理念思想政治（品德）教学论（第三版）	胡田庚
新理念信息技术教学论（第二版）	吴军其
新理念数学教学论	冯虹

21世纪教师教育系列教材·语文教育系列

语文文本解读实用教程	荣维东
语文课程教师专业技能训练	张学凯 刘丽丽
语文课程与教学发展简史	武玉鹏 王从华 黄修志
语文课程学与教的心理学基础	韩雪屏 王朝霞
语文课程名师名课案例分析	武玉鹏 郭治锋等
语用性质的语文课程与教学论	王元华
语文课堂教学技能训练教程（第二版）	周小蓬
中外母语教学策略	周小蓬
中学各类作文评价指引	周小蓬

21世纪教师教育系列教材·学科教学技能训练系列

新理念生物教学技能训练（第二版）	崔鸿
新理念思想政治（品德）教学技能训练（第三版）	胡田庚 赵海山
新理念地理教学技能训练	李家清
新理念化学教学技能训练（第二版）	王后雄
新理念数学教学技能训练	王光明

王后雄教师教育系列教材

教育考试的理论与方法	王后雄
化学教育测量与评价	王后雄
中学化学实验教学研究	王后雄
新理念化学教学诊断学	王后雄

西方心理学名著译丛

儿童的人格形成及其培养	[奥地利]阿德勒
活出生命的意义	[奥地利]阿德勒
生活的科学	[奥地利]阿德勒
理解人生	[奥地利]阿德勒
荣格心理学七讲	[美]卡尔文·霍尔
系统心理学：绪论	[美]爱德华·铁钦纳
社会心理学导论	[美]威廉·麦独孤
思维与语言	[俄]列夫·维果茨基
人类的学习	[美]爱德华·桑代克
基础与应用心理学	[德]雨果·闵斯特伯格
记忆	[德]赫尔曼·艾宾浩斯
实验心理学（上下册）	[美]伍德沃斯 施洛斯贝格
格式塔心理学原理	[美]库尔特·考夫卡

21世纪教师教育系列教材·专业养成系列（赵国栋主编）

微课与慕课设计初级教程	
微课与慕课设计高级教程	
微课、翻转课堂和慕课设计实操教程	
网络调查研究方法概论（第二版）	
PPT云课堂教学法	